D0591668

A.M.D.G.

Letras Hispánicas

Ramón Pérez de Ayala

A.M.D.G.

La vida en los colegios de jesuitas

Edición de Andrés Amorós

CUARTA EDICION

CATEDRA

LETRAS HISPANICAS

Ilustración de cubierta: San Ignacio de Loyola.
Martínez Montañés.

© Herederos de Ramón Pérez de Ayala
Ediciones Cátedra, S. A., 1990
Josefa Valcárcel, 27. 28027 Madrid
Depósito legal: M. 30.170/1990
ISBN: 84-376-0398-6
Printed in Spain
Impreso en Fernández Ciudad, S. L. Madrid
Papel: Torras Hostench, S. A.

Índice

Introducción

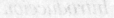

También los libros tienen su historia. No me refiero a su origen, a los motivos —tantas veces paradójicos— que impulsaron a un autor a elegir un tema, encerrarse en casa, sentarse delante de la cuartilla en blanco. Hablo de la otra historia: la pluma ha trazado el último punto. A partir de ese momento, el texto se independiza, vive su propia vida, suscita reacciones diversas: irrita, aburre, emociona, consuela. Si logra vencer la barrera de la indiferencia —la peor sin duda—, da lugar a interpretaciones, a críticas, a respuestas de cualquier signo. El texto posee ya una realidad externa y da ocasión, como cualquier otro objeto, para que un escritor se ponga, otra vez, ante unas cuartillas. Para bien o para mal, ésta sí que es una historia inacabable. El público en el más amplio sentido de la palabra, ha completado la creación individual. Lo seguirá haciendo mientras el texto conserve su capacidad de sugestión, esté vivo: «Mientras vibres todo entero —escribió Unamuno— soy yo, lector, que en ti vibro.» La historia de las sucesivas *lecturas* completa el significado del libro.

En algunos casos, todo esto, tan obvio, resulta especialmente claro. Así sucede con el libro que ahora tienes, lector, entre las manos. Apareció en 1910 y suscitó notable polémica. El estreno de la adaptación teatral dio lugar a un escándalo mayúsculo, sobre todo porque su autor era, en ese momento, embajador en Londres de la República española. No fue incluido en las llamadas *Obras Completas* de Ramón Pérez de Ayala, que pudieron publicarse durante el franquismo con esa condición.

La última edición de esta novela es de 1931. Han pasado, pues, más de cincuenta años sin que el público español pudiera leer normalmente este libro. Restos de la edición de Pueyo solían aparecer de vez en cuando en la madrileña Cuesta de Moyano, a precios bastante elevados, y pasaban rápidamente a manos de los coleccionistas.

Todas estas circunstancias matizan la reedición de esta novela y le otorgan, quizá, un interés especial. A la vez suponen un peligro: durante muchos años, *A.M.D.G.* ha sido considerada una novela polémica y hasta escandalosa. Como tantas veces, las prohibiciones de la censura multiplican la curiosidad por un libro, pero también pueden crear cortinas de humo que oscurezcan su auténtico significado.

Mi opinión es muy clara: no tiene ningún sentido poner dificultades a los lectores y estudiosos de Pérez de Ayala que quieran conocer esta novela. (No tiene ningún sentido prohibir *cualquier* libro, por supuesto.) Durante años, han solicitado mi ayuda para obtenerla lectores españoles, estudiantes norteamericanos, hispanistas alemanes... Esto es, pura y simplemente, absurdo. *A.M.D.G.* forma parte de la historia de nuestra novela —y de nuestra cultura— contemporánea. Era preciso que cualquier persona interesada pudiera leerla sin problemas. Esa es la finalidad fundamental de esta edición.

Desaparecieron ya, felizmente, los obstáculos de la censura[1]. Se ha logrado superar, también, el lógico recelo de los herederos del escritor a que esta edición renovara aquellos escándalos. La elección de la serie en que ahora aparece es, creo, suficientemente significativa. A mi modo de ver, *A.M.D.G.* constituye un texto clásico, uno de nuestros «clásicos contemporáneos». A eso ha obedecido mi trabajo: introducción, inclusión de variantes, cotejo con otros textos, notas aclaratorias. Como toda obra literaria, no cabe entenderla —a mi modo de ver— al margen de la circunstancia histórica en que fue escrita y publicada.

Ha llovido mucho, desde 1910, sobre las «tierras de España». Me hago la ilusión de que casi todas las circunstancias que describe la novela son, ya, simplemente «historia». En todo caso, una historia que vale la pena conocer por su valor literario y testimonial, y para enmendar errores pasados. Espero que, sin escándalos, los lectores de hoy puedan entender el verdadero significado de esta novela y los motivos que impulsaron al joven Ramón Pérez de Ayala a escribirla: a algunos,

---

[1] Por encima de cualquier posible discrepancia, quiero agradecer aquí, porque es justo, la ayuda que prestó en su momento, para la solución de este problema, Ricardo de la Cierva. Como historiador, comprendió perfectamente la importancia de poder leer libremente este texto; a partir de ahí, cada uno lo interpretaremos según nuestro saber y entender.

además, les conmoverán los sufrimientos de Bertuco, admirarán la inteligencia crítica de Pérez de Ayala y reflexionarán, una vez más, sobre los males y los bienes de nuestra tierra.

RAMÓN PÉREZ DE AYALA EN 1910

No voy a ofrecer ahora un panorama general de la vida y la obra de Ramón Pérez de Ayala. Lo he hecho ya varias veces. El lector interesado podrá encontrarlo, por ejemplo, en la introducción a mi edición de *Belarmino y Apolonio,* en esta misma colección. Sí me parece obligado, en cambio, recordar esquemáticamente algunos datos sobre el novelista asturiano en el momento en que escribe esta narración.

Apareció *A.M.D.G.* en Madrid, a fines del año 1910, pocos meses después de concluida su redacción. La primera edición de la novela —que casi nadie ha tenido en cuenta— nos ofrece unos datos bibliográficos sobre su autor. En página par, antes de la portada, anuncia que ha publicado ya dos libros: *La paz del sendero,* su primer libro de poemas, que apareció en 1904, y *Tinieblas en las cumbres,* su primera novela larga, escrita en 1905 y publicada en 1907.

A la vez, anuncia también dos libros «en preparación»: *Troteras y danzaderas* y *Fe y Encarnación.* Como se sabe, *Troteras y danzaderas* cierra la serie juvenil de sus novelas: la fecha en Munich el 10 de noviembre de 1912 y aparecerá en 1913. Es curioso que Pérez de Ayala dé ya en 1910 la noticia de esta novela y omita, en cambio, la referencia a *La pata de la raposa,* que apareció antes, en 1912, y está fechada en Florencia en noviembre de 1911. Quizá sea un dato significativo sobre el plan —menos rígidamente prefijado de lo que el mismo autor luego dijo— de las cuatro primeras novelas.

En cuanto a *Fe y Encarnación,* no llegó nunca a publicarse. Tuve yo la fortuna de hallar un fragmento manuscrito y lo incluí como apéndice a mi libro *La novela intelectual de Ramón Pérez de Ayala*[2].

¿Cómo era Pérez de Ayala hacia 1910? El lector interesado puede encontrar amplia información en las biografías de Fran-

---

[2] Para no sobrecargar las notas de esta introducción, me limito —cuando es posible— a mencionar los títulos de los libros citados. Las referencias bibliográficas completas las encontrará el lector en la bibliografía final.

cisco Agustín, Pérez Ferrero y Solís, así como en el prólogo de García Mercadal a las *Obras Completas*. Recordaré solamente que en esta fecha está al borde de los treinta años. Su madre había muerto en 1903. Se ha dado ya a conocer en círculos literarios próximos al modernismo y ha obtenido un cierto *succès d'estime* con su libro de poemas y su novela. No ha alcanzado todavía, sin embargo, el éxito popular. Concluida *Tinieblas en las cumbres* ha ido a Londres como corresponsal de *El Imparcial* y *La Nación*. No es preciso ponderar, una vez más, la enorme influencia de la cultura inglesa sobre su obra, tal como ha sido estudiado recientemente por Agustín Coletes.

Esa existencia pacífica se ve interrumpida por una noticia trágica: su padre se suicida, ante las dificultades económicas por las que atraviesa su negocio. El joven diletante tiene que hacer frente a la situación familiar y plantearse más profesionalmente la dedicación a las letras. Las cartas a Miguel Rodríguez-Acosta suponen un impresionante testimonio sobre su estado de ánimo en estos momentos.

Esta tragedia familiar se ha producido —no lo olvidemos— después de *Tinieblas en las cumbres*. *A.M.D.G.* será la primera obra que publique después de ella. A la vez, está escribiendo poemas que pasarán, más adelante, a formar parte de los libros *El sendero innumerable* (1916) y *El sendero andante* (1921).

Últimamente se ha subrayado la conexión de *A.M.D.G.* no sólo con la biografía de su autor sino también con acontecimientos históricos importantes; así lo ha hecho María Dolores Albiach, entre otros. Resumiendo telegráficamente recordemos que en el año anterior, 1909, se produce la Semana Trágica de Barcelona. La ley del 27 de abril de 1909 derogó el artículo 556 del Código Penal y autorizó explícitamente los derechos de huelga y *lock-out*. En el mismo año de la novela, 1910, el proyecto de Reforma Agraria de Canalejas es obstaculizado por toda suerte de grupos de presión y queda para siempre entre los papeles de la Mesa del Congreso al ser asesinado su autor. Desde ese año hay en las Cortes un diputado socialista. En el verano en que Pérez de Ayala está escribiendo la novela se produce una oleada de huelgas generales.

Basten estos simples datos, pues no sería oportuno ahora —me parece— extenderse sobre aspectos históricos explicados suficientemente en cualquier manual. Sí me interesa recordar la anécdota de que, cuando Núñez de Arenas y algunos amigos conciben la creación de la Escuela Nueva, Pérez de Ayala está escribiendo una novela centrada, entre otras cosas, en el problema pedagógico.

Dejemos los fáciles paralelismos. Lo que no admite discusión —a mi modo de ver— es que, en *A.M.D.G.* a la vez que recuerdos autobiográficos, Pérez de Ayala está exponiendo su personal respuesta a una crisis social y política que no pueden ignorar los intelectuales españoles[3].

Se trata —como resume Tuñón de Lara— de

> unos años en que si no los vientos de la modernidad, sí las brisas de la marcha del mundo en Europa iban penetrando en una España donde las nuevas fuerzas de producción, los imperativos técnicos y de explotación económica de la época, los cambios demográficos, la transformación del mercado a nivel de las zonas urbanas y otros muchos factores entrañaban contradicciones cada vez más patentes con las estructuras arcaicas del campo, el cual en porcentaje de población y de producción todavía daba la nota mayoritaria, y en contradicción también con el afincamiento en las múltiples esferas del poder de un sector social, cuyo punto cenital en la historia no era sino una evocación tan añeja como los pergaminos. Por consiguiente, el intelectual de estos tiempos vive ya una problemática muy distinta no sólo de la del 68, sino también de la época de fines de siglo[4]...

Escribe su novela Pérez de Ayala durante el verano de 1910, en la tranquilidad de un pueblo gallego. Apenas sabemos nada sobre cómo la redactó. A falta de datos más precisos, podemos recordar lo que declaró el novelista, en una ocasión, con carácter general, sobre su manera de trabajar:

> Yo siempre, desde que empecé a escribir, tenía el libro que iba a escribir en la cabeza: el argumento, sus anexos y desarrollo. Toda mi obra, en el orden del pensamiento, está montada al aire.

---

[3] Sobre este tema he podido leer, por amabilidad de su autor, el manuscrito de un interesante trabajo inédito de Florencio Friera.

[4] Manuel Tuñón de Lara, *Medio siglo de cultura española (1885-1936)*, Madrid, Tecnos, 1970, pág. 158, y, en general, el capítulo IX: «Nuevos impactos del hecho social en la tarea cultural.»

Los testimonios que hemos recogido y el análisis de los manuscritos de sus novelas —desgraciadamente, no se conserva el de *A.M.D.G.*— permiten confirmar estas palabras: Pérez de Ayala tardaba bastante en concebir una novela, pero, después de este periodo de lenta maduración, la redacción avanzaba con asombrosa rapidez.

Muchas veces se olvida que *A.M.D.G.* está ya anunciada al final de *Tinieblas en las cumbres*. En el epílogo —que apareció como prólogo a la primera edición— el autor confía su manuscrito, en el momento de la muerte, a un padre jesuita. Aparecen en este epílogo varios temas que el autor desarrollará más en *AM.D.G.* Estos son los principales, tal como he esquematizado en mi estudio de conjunto sobre el novelista:

a) La absolución de un jesuita vale más que la de un simple sacerdote.
b) El jesuita posee el «orgullo convertidor» de descarriados.
c) Ha sido profesor de todas las materias. (Se sobreentiende: no sabe nada de ninguna).
d) La regla de su Instituto les aconseja hacerse los sordos a lo que no les interesa.
e) Usan efectos de pueril efectismo.
f) Odian el amor natural.
g) En nombre de la religión, no conceden nada positivo a la naturaleza. Piensan que, al margen de Dios, todo es podredumbre.
h) Creen que los libros son causa fundamental de perdición.
i) El jesuita que aparece aquí estuvo en el colegio de San Zoilo (en Carrión: rasgo puramente autobiográfico).
j) La novela acaba con el lema que servirá de título a la siguiente: «A.M.D.G.».

Al escribir *A.M.D.G.*, Pérez de Ayala no quiere hacer una novela de acción, de mucha intriga. Al revés, la limita de modo voluntario. (Algunos críticos tendenciosos han reprochado esto, sin entender su sentido.) Lo que le interesa es suscitar *la emoción intelectual y moral*. Son palabras suyas que deben subrayarse, tomadas de una autocrítica que me parece importante:

> cuando yo escribí *A.M.D.G. La vida en los colegios de jesuitas,* restringiendo adrede la materia artística a la intuición sensible del medio y a la génesis de los primeros conceptos y normas morales en la conciencia de un niño, no faltó quien vituperase

mi novela de pobre de inventiva. Y es que el español carece, por lo regular, de la aptitud para la emoción intelectual y moral, y esto es a causa del exceso de retórica y la propensión a los ímpetus pasionales súbitos[5].

LA PRIMERA EDICIÓN

Como ya he indicado, no era fácil, hasta ahora, poder leer esta novela. Y mucho más difícil conseguir la primera edición, una pieza bibliográfica bastante rara. Aparte de las variantes estilísticas que el lector hallará en las notas a pie de página, quiero subrayar alguna de las peculiaridades principales que en ella se daban.

La novela aparece por primera vez con una dedicatoria a Galdós, que había escrito una carta laudatoria sobre *Tinieblas en las cumbres*. Aunque el arte narrativo de Pérez de Ayala sigue caminos bastante diferentes, estimaba enormemente a Don Benito y le consideraba su maestro[6] —junto a Clarín, por supuesto—; sobre todo, por la actitud liberal, que se traduce en unas consecuencias artísticas muy concretas: recuérdese, por ejemplo, el final de *El curandero de su honra*[7].

La reacción de Galdós, por lo que sabemos, no fue demasiado entusiasta. El 27 de diciembre de 1910 escribe a Pérez de Ayala:

> Mi querido Ayala:
> Ya puede comprender con cuánto gusto recibí —y en parte he leído— su formidable libro *A.M.D.G.*
> A los pocos días de recibir el tomo me sorprendió una inesperada desgracia de familia que, aunque ocurrida en país lejano, ha producido en esta casa un trastorno tan grande que hasta ayer he vivido lejos de la política, de las letras y del trato con los amigos.
> No necesito decirle que la dedicatoria de su libro me honra y

---

[5] *Política y toros,* en *Obras Completas,* Madrid, Aguilar, colección Biblioteca de Autores Modernos, 1969, págs. 1127-1128.

[6] *Vid.,* Hafter, Monroe Z.: «Galdós's Influence on Pérez de Ayala», en *Galdós's Studies,* II, ed. Robert J. Weber, Londres, Tamesis Books, 1974, págs. 13-28.

[7] Comento el tema en la introducción a mi edición de *Tigre Juan,* páginas 62-69.

enorgullece por venir de un escritor, compañero a quien tanto quiero y admiro, bien lo sabe usted.

Reanudo la lectura de su hermosa novela y cuando la termine escribiré una Carta Abierta (publicable) consignando las alabanzas que merecen su arte y su valentía.

Ya sabe usted que es siempre su más cariñoso amigo y compañero

B. Pérez Galdós[8].

La primera edición de la novela incluía también una carta final a Enrique Amado, el dueño de la casa donde la escribió Pérez de Ayala. Enrique Amado había nacido en Caldas de Reyes, escribió la comedia de costumbres gallegas *La madre tierra* (1909) y tradujo al castellano varias obras de Eça de Queiroz. Intervino en la serie de conferencias del Ateneo sobre esta novela.

Al comienzo del capítulo dedicado a los Ejercicios Espirituales existe una nota que no pasó a las ediciones siguientes:

> el apartado I de este capítulo es una desviación de la trama novelesca. Lo escribí, porque no sería posible entender el carácter y alcance de la influencia jesuita sin dedicar alguna atención a los ejercicios de San Ignacio. El lector puede pasarlo por alto y leerlo a modo de epílogo. Si lo pongo en este lugar es por consideraciones de orden cronológico.

Como luego comentaré, es, una vez más, un recurso técnico muy típico de Pérez de Ayala, que he señalado en mis ediciones de sus novelas: los «capítulos prescindibles».

El episodio, quizá, más escandaloso de la novela es el referente a las aficiones del hermano Echevarría. Desde la segunda edición, el párrafo es éste:

> Cierta tarde explicaba yo a mi amigo las aficiones táctiles del hermano Echeverría, que tal es su verdadero nombre, y el colegio donde estaba, el de Gijón...

En vez de eso, la primera edición concretaba con más dureza:

---

[8] *Cartas a Galdós,* presentadas por Soledad Ortega, Madrid, Revista de Occidente, 1964, págs. 437-8.

cierta tarde explicaba yo a mi amigo las aficiones táctiles del hermano Echevarría (que tal es su verdadero nombre) del cual hube de ser yo frustrado sujeto paciente en el colegio de Gijón...

Un último detalle. Según varios críticos, Pérez de Ayala no intentaba dar valor general a sus acusaciones, ya que subtituló la novela «La vida en *un colegio* de jesuitas». No han manejado, sin duda, la primera edición, porque, en ella, el subtítulo era éste: «La vida en *los colegios* de jesuitas.» Es un cambio, me parece, suficientemente expresivo de cuál era la intención del autor al escribir su obra.

EL CICLO DE ALBERTO

No es *A.M.D.G.* una novela aislada: forma parte de un conjunto integrado por las cuatro primeras novelas de Pérez de Ayala. Esta primera época (1907-1913) se caracteriza por el tono autobiográfico, el pesimismo vital y la crítica de España. Narran las cuatro experiencias juveniles de un «alter ego» del autor, Alberto Díaz de Guzmán, equivalente aproximado de Ramón Pérez de Ayala (como ha señalado Miguel Pérez Ferrero, los Díaz de Guzmán eran primos de don Cirilo, el padre del novelista, que fue a vivir con ellos al estudiar el quinto curso de bachillerato en Logroño).

En *Tinieblas en las cumbres* (1907), Alberto acude con un grupo de amigos y unas prostitutas a contemplar un eclipse desde la cumbre de un monte. La progresiva oscuridad que cubre el paisaje es símbolo de la que inunda el alma de Alberto, borrando los ideales en que hasta entonces se había sustentado.

Al final de esta novela, Alberto ha quedado inconsciente, hundido en una simbólica negrura. Pérez de Ayala retomará esa escena al comienzo de *La pata de la raposa* (1912). Ahora, sin embargo, interrumpe la historia, detiene su desarrollo para darnos las causas. En resumen simplista: ¿por qué ha llegado Alberto a un grado tal de pesimismo? Respuesta: Alberto ha llegado a ser de esta manera *porque los jesuitas le educaron* del modo que cuenta la novela. Así pues, ésta nos ofrece las raíces psicológicas de Alberto en relación con ciertas formas de pedagogía clerical que no respetan la libertad del individuo.

Después de *A.M.D.G.*, Pérez de Ayala retoma el hilo de la

historia. La primera escena de *La pata de la raposa* (Alberto dormido, después de la borrachera) continúa absolutamente a la última de *Tinieblas en las cumbres*. Alberto, ahora, se mira al espejo con angustia, se busca a sí mismo en el amor físico o inocente, en el arte, en el juego sin trascendencia; está realizando un viaje interior lleno de idas y venidas, de tanteos y rectificaciones. El novelista nos presenta —he escrito al editar la novela— la *educación sentimental* de Alberto, sus turbulentos *años de aprendizaje*.

Troteras y danzaderas (1913), por último, se extiende cronológicamente en el periodo comprendido entre la segunda y la tercera parte de *La pata de la raposa* y nos presenta a Alberto en Madrid, en medio de un ambiente bohemio y artístico poblado por muchos personajes de clave, luchando por darse a conocer y alcanzar la gloria literaria. Así concluye el ciclo novelesco de Alberto.

No cabe entender *A.M.D.G.* al margen de este ciclo. Se trata —ha llegado a afirmar Carmen Bobes— de una sola novela; a la vez, si se prescinde de ésta, el conjunto pierde su coherencia y su sentido [9].

La acción de la novela se desarrolla, si no me equivoco, en el curso 1894. Como luego veremos, ese es el último año que Pérez de Ayala estudió en el colegio de Gijón. Podemos suponer que Bertuco, el protagonista, tiene entonces catorce años.

De modo muy claro, la novela enlaza el plano individual con el social. Por un lado, expresa vivencias autobiográficas, la crisis de conciencia de Alberto. Ese es el aspecto que yo he querido subrayar —exagerando, como siempre hacemos, para defender nuestras hipótesis.

A la vez, este relato posee una dimensión colectiva evidente. Simplificando al máximo, lo que se plantea es nada menos que el tipo de educación y de religiosidad preferible para los españoles. A esto alude el novelista en un famoso prólogo a la edición argentina de *Troteras y danzaderas* [10]. Explica entonces que sus cuatro primeras novelas formaban parte de un vasto plan en el que aspiraba a «reflejar y analizar la crisis de la conciencia hispánica desde principios de este siglo».

No son pocos los que reducen *A.M.D.G.* a un juvenil

---

[9] Carmen Bobes, en *Pérez de Ayala visto en su centenario*, páginas 80 y 87.

[10] Buenos Aires, Losada, 1942.

panfleto antijesuítico. Con todo respeto, creo que no es así. A mi modo de ver, hay bastantes más cosas en esta novela. Si adoptamos el símil de la piedra que cae en el estanque, los círculos se van ampliando, a partir del punto central: de Alberto pasamos a los alumnos, a los jesuitas y a toda la sociedad, alrededor del colegio. Y todo esto, como precisa Agustín Coletes, lo hace Pérez de Ayala seis años antes del *Retrato del artista adolescente,* de Joyce.

Esquemáticamente, podemos resumir así los cinco niveles que comprende *A.M.D.G.:*

1. Los recuerdos autobiográficos de Pérez de Ayala.
2. La justificación psicológica del personaje Alberto Díaz de Guzmán.
3. La novela de costumbres colegiales.
4. El ataque al sistema pedagógico de los jesuitas.
5. La defensa de una educación formativa, basada en el respeto a la libertad y dignidad humanas.

UN TEMA POLÉMICO

Desde su aparición, *A.M.D.G.* provocó escándalo y dio lugar a polémicas que se prolongaron a lo largo de los años. No es de extrañar, porque trataba con notable virulencia crítica un tema que ha dividido a los españoles.

> Desde la época de la revolución del 68 hasta la primera guerra mundial, muchos intelectuales españoles consideraron que la cuestión religiosa era el problema fundamental con que se enfrentaba España[11].

No era muy original Pérez de Ayala, al hacerlo. Recordemos escuetamente que la novela española realista, después del 68, es frecuentemente novela de tesis, que discute explícitamente los grandes principios de la convivencia nacional. El testimonio de Clarín sigue siendo insustituible:

> la religión y la ciencia, que habían sido aquí ortodoxas, en los días de mayor libertad política, veíamos por vez primera en

---

[11] Traduzco las primeras líneas de la monografía de Brian J. Dendle, *The Spanish Novel of Religious Thesis,* Princeton University-Castalia, Madrid, 1968, pág. 1.

tela de juicio y desentrañábanse sus diferencias y sus varios aspectos: disputábanse los títulos de la legitimidad a cuanto hasta entonces había imperado por siglos, sin contradicción digna de tenerse en cuenta; las dudas y las negaciones que habían sido antes alimento de escasos espíritus llegaron al pueblo, y se habló en calles, clubs y congresos de teología, de libre examen, con escándalo de no pequeña parte del público, ortodoxo todavía y fanático o, por lo menos, intolerante (...) Como a todo lo demás, llegaron a la literatura los efectos de esta fermentación del pensamiento y de las pasiones (...) Es la novela el vehículo que las letras escogen en nuestro tiempo para llevar al pensamiento general, a la cultura común el germen fecundo de la vida contemporánea, y fue lógicamente este género el que más y mejor prosperó después que respiramos el aire de la libertad de pensamiento [12].

Muy pocos españoles —si alguno— afrontaron con serena objetividad desapasionada tema tan polémico (no es de extrañar, viviendo en este país). No fue, sin embargo, el caso de Pérez de Ayala. Su actitud —insisto— no es en esto absolutamente original. Su línea es, desde luego, la de Galdós y Clarín, que Tuñón de Lara resume así:

> En fin, otro aspecto fundamental de la proyección galdosiana —de marcada analogía con Clarín— es el de su anticlericalismo, por tantos mal comprendido, ya que siempre fue un *anticlericalismo cristiano:* Galdós fue un enemigo de la función histórico-temporal de la institución eclesial en la España de su tiempo (desde *Doña Perfecta* hasta *Cánovas),* pero no de la religión. Critica, igualmente, el aprovechamiento que las clases superiores hacen de la religión para sus fines egoístas [13].

Para entender adecuadamente la actitud de Pérez de Ayala, es inevitable situarlo en la línea de esta novela de tesis religiosa o anticlerical. Al primer grupo pertenecen, por ejemplo, *El escándalo* (1875), de Pedro Antonio de Alarcón, y *Pequeñeces* (1890), del padre Coloma. No es difícil señalar ejemplos del segundo.

---

[12] Clarín, «El libre examen y nuestra literatura presente», en *Solos de Clarín,* Madrid, Alianza Editorial, col. El Libro de Bolsillo, 1971, páginas 67 y 72.
[13] Tuñón de Lara, *op. cit.,* pág. 29.

En *Marta y María* (1883), Palacio Valdés presenta cierto tipo de religiosidad como una perversión de los instintos naturales y acusa a los jesuitas de suscitar el desprecio por las alegrías del mundo. En *La araña negra* (1892), Blasco Ibáñez ataca frontalmente la educación jesuita que no es científica, no prepara para la vida y fomenta la repugnancia por todo lo corporal. En *La Tierra de Campos* (1899), Macías Picavea estudia el fanatismo religioso como una de las causas de la decadencia nacional: el jesuita padre Ortega ataca a los conservadores y los carlistas por ser, unos y otros, demasiado liberales. En *El intruso* (1904), Blasco Ibáñez expone la doctrina social de los jesuitas de Deusto y cómo la compañía utiliza los *Ejercicios espirituales* para atemorizar a un industrial. En *César o nada* (1910), Baroja sentencia: «los jesuitas estaban haciendo de su Compañía la más anticristiana de las sociedades en comandita»[14].

En esta línea de novelas anticlericales —y, no pocas veces, antijesuíticas— surge *A.M.D.G.* No debo entrar ahora en el terreno de la historia de España, pues las necesarias limitaciones de espacio me obligarían a una simplificación excesiva. Cualquier tratado histórico ofrecerá al lector datos sobrados sobre el fenómeno del anticlericalismo español. Permítaseme, sólo, insistir en algo absolutamente obvio: todo esto no es sólo ficción. Como muestra simbólica, recuérdese, que en 1884 Sardá y Salvany publicó su libro *El liberalismo es pecado*. ¿Qué impresión podía causar a personas como Pérez de Ayala? El lamentable reverso de la moneda son los motines anticlericales, con quema de conventos, que se repiten en 1834, en 1835, en 1868, en 1901, en 1909...

El año siguiente, en 1910, publica Pérez de Ayala su novela. La influencia clerical —y el anticlericalismo— siguen vivos, después de esto, en la realidad social española. Y en la novela española.

Sólo dos años después, el viejo maestro, Galdós, concluye la serie final de los *Episodios Nacionales* con *Cánovas*. En esta obra, Galdós utiliza también un lema que conocemos, para cerrar un párrafo rotundo como diagnóstico de los males patrios:

Ya nuestra España es de ustedes. Aquí no reina Alfonso XII, sino el bendito San Ignacio, que, a mi parecer, está en

---

[14] *Obras Completas,* V, Madrid, 1947, pág. 586.

el cielo, sentadito a la izquierda de Dios Padre... Los españoles somos católicos borregos, y sólo aspiramos a ser conducidos por el cayado jesuítico hacia los feroces campos de la ignorancia, de la santa ignorancia, que ha venido a ser virtud en quien se cifra la paz y la felicidad de las naciones. Nos prosternamos, pues, ante el negro cíngulo, y rendimos acatamiento al dulcísimo yugo con que se nos oprime *ad maiorem Dei gloriam*[15].

En el año 1926, en fin, coinciden dos obras que no cabría olvidar y que son suficientemente conocidas: *El obispo leproso*, de Gabriel Miró, y *El jardín de los frailes*, de Manuel Azaña.

Dentro de esta línea, los jesuitas han atraído especiales reproches por su actividad pedagógica y por el peso de su influencia social. Un serio historiador de la literatura, José Carlos Mainer, resume así este aspecto al ocuparse de la actividad cultural del clericalismo:

La importante polémica anticlerical de principios de siglo (a la que he aludido al hablar del estreno de la *Electra* de Galdós) definió claramente las posiciones: por un lado, se completó el desenganche de la Compañía de Jesús y de muchos prelados de provincias del carlismo nocedalista (pésimo compañero de viaje político), y, por otro lado, la acción militante de revistas como *Razón y Fe* (publicación jesuita que nace en 1801 para combatir la legislación ¿laicista? de instrucción pública) entrañan un deseo de combatir en la palestra fijada por sus enemigos. Además de ser la lógica defensa de los privilegios educativos de la Iglesia, a cuyo calor (y con fuertes inyecciones de material humano francés) los jesuitas —y otras Órdenes— habían creado entre 1890 y 1900 imponentes colegios (donde, por otro lado, recibirían su instrucción hombres como Manuel Azaña, José Ortega y Gasset, Juan Ramón Jiménez, Azorín, Ramón Pérez de Ayala, etc.). Y aunque la apologética barata y la cerrada defensa de intereses mercantiles son rasgos dominantes, tampoco faltaron aportaciones de valor en la obra del jesuita Zacarías García Villada, de los historiadores benedictinos del Monasterio de Silos, de los estudiosos agustinos de su hermano de Orden Fray Luis de León, etc[16]...

---

[15] Pérez Galdós, *Cánovas*, en *Obras Completas*, III, Madrid, Aguilar, 1945, pág. 1375.

[16] José Carlos Mainer, *La edad de plata*, pág. 283.

No es —repito— *A.M.D.G.* un caso aislado, pero no cabe negar el aura polémica que desde su aparición la acompañó. Al resumir la historia de los heterodoxos asturianos —y él mismo es, hoy, brillante eslabón de esa cadena— concluye Juan Cueto Alas:

> Pues bien, tanto *Vetusta* como *Regium* representaron durante cierto tiempo las dos grandes capitales del anticlericalismo. Y ello al margen de que sus autores hayan sido así o asá, que en esto de la literatura (y el anticlericalismo, ante todo, *es un género literario*) lo de menos son las trayectorias personales de los escritores. Lo que importa es la realidad textual, y, sobre todo, la manera en que las ficciones han sido leídas y asimiladas por los públicos. Y para bien o para mal, en eso no me meto, *La Regenta* y *A.M.D.G.* supusieron en sus respectivos tiempos serios y sendos aldabonazos contra las peculiares ideas que una parte importante de la Iglesia española tenía de entender las industrias del alma y, de paso, las del cuerpo. Del cuerpo individual y del cuerpo social, se entiende [17].

ALGUNAS REACCIONES

Sea o no justo —cada lector tendrá su particular opinión— la novela fue leída mayoritariamente así, desde el comienzo. Por lo que sabemos, atrajo muy pronto la atención del público y de las publicaciones periódicas: *El País, España Nueva, Noroeste, El Motín, El Imparcial...*

Pocos meses después, al realizar una crítica serena de la novela, comenta Tenreiro:

> las catedrales de la prensa de gran circulación echaron a vuelo sus campanas para celebrar el fausto nacimiento; los más claros ingenios del periodismo saludaron el libro con alborozadas jaculatorias; en el Ateneo y en otros centros de cultura, más o menos cultos, hubo un aluvión de conferencias en torno a la novela, la cual, durante muchos días, gozó del privilegio de ser único tema de conversación en nuestros mentideros literarios. No hay ejemplo de un buen éxito igual en el anémico mundo de las actuales letras españolas. Ni al libro de las confesiones del Gallito tocóle tanta parte de los dones de la

---

[17] Juan Cueto, *Los heterodoxos asturianos*, pág. 283.

fama. Pero hay que reconocer que tal triunfo no fue sólo por méritos artísticos, aunque sobrados los tienen para ello, el autor y su libro: esta novela es obra «que sale al mundo con la arriscada pretensión de mejorarlo un poco» y con este propósito se relaciona el triunfo.

Lo que pone en relación con una circunstancia histórica muy concreta:

> Hace unos meses, con el medio siglo de retraso característico de nuestra vida espiritual, pareció que el problema de la neutralidad escolar iba a penetrar por nuestras fronteras, previa la imposición del calañés y las castañuelas, marchamo aduanero a toda idea de fuera, y no solamente surgió la cuestión en el reino de la prensa liberal y motivó en el Presidente del Consejo no sé cuántos párrafos altos, sonoros y poco significativos, sino que en el propio discurso de la Corona, oímos de los más augustos labios del Estado, claras referencias a la expulsión de los dogmatismos de la escuela. Pareció, por tales síntomas, que se avecinaba la hora de la lucha por la secularización de la enseñanza, y el libro de Pérez de Ayala venía a significar una afortunada escaramuza antes de la batalla, por lo cual fue acogido con vítores por los combatientes de la izquierda[18].

Las polémicas sobre el clericalismo eran entonces habituales en la prensa madrileña. No es de extrañar que la novela fuera utilizada pronto como arma arrojadiza. Una publicación tan significada como *El Motín* publicó el 12 de enero de 1911 esta crítica:

> LA VIDA EN LOS COLEGIOS DE JESUITAS.
>
> Con el título que encabeza estas líneas acaba de poner a la venta la Biblioteca Renacimiento una novela cuyo autor es D. Ramón Pérez de Ayala.
>
> Puede asegurarse sin incurrir en exageración, que es una obra que interesa a todo el mundo. En ella se estudia: primero, la vida íntima de los alumnos dentro de esos grandes establecimientos de enseñanza que con tanta intensidad solicitan la curiosidad de las gentes, sus diarios afanes y emociones, la clase de educación que reciben y el género de disciplina a que están sujetos, castigos y premios, solaces y amarguras, cuanto

---

[18] Tenreiro, «*A.M.D.G.*», págs. 82-83.

en fin constituye la vida varia y sentimental del niño; y todo ello con imponderable riqueza de trances, peripecias y tal viveza de estilo, que se acerca a la realidad misma; segundo, la vida y régimen interior de los jesuitas, describiendo punto por punto curiosidades, que hasta ahora no se conocían, cuyo fundamento son experiencias directas y fehacientes de manera que salen a la luz del arte mil misteriosas particularidades sobre las cuales se ha fantaseado sin medida; tercero, las relaciones de la Compañía de Jesús con el siglo y medios de táctica que esta discutida Orden ha puesto y pone en práctica para afianzar, conservar y extender su influencia.

De lo que anteriormente se dice puede deducirse que es una obra completa en su plan, la primera que dentro de lo novelesco, y a propósito para el solaz, se ha producido en España y fuera de España, muy superior en cuanto a la documentación y seriedad al célebre *Sebastián Roch* de Mirbeau.

Interés, emoción, humorismo; tales son las cualidades artísticas que resplandecen en *A.M.D.G.;* añádase la imparcialidad en que Pérez de Ayala se ha inspirado, a igual distancia del sectarismo irreligioso que del fanatismo clerical, de suerte que no creamos equivocarnos, previendo que serviría de terreno neutral de combate a donde uno y otro vengan a medir sus armas.

Los que amen las buenas letras hallarán en *A.M.D.G.* un motivo de estético deleite. Quienes se preocupen del problema español, particularmente en su aspecto educativo, y todos los padres de familia, tienen el deber indeclinable de consultar y repensar el contenido de esta obra.

Poco después, el 26 de enero, publica *El Motín* un artículo de José Ferrandiz, titulado «Pérez de Ayala y los jesuitas», que dice así:

Porque algo debía decir aquí de ella y porque muy particularmente me interesa, he leído atenta y detenidamente la novela de D. Ramón Pérez de Ayala, *A.M.D.G. (Ad majorem dei gloriam). La vida en un colegio de Jesuitas.*

Mucho esperaba del autor; más de lo previsto he hallado con placer sumo en su libro. Franca y decididamente lo declaro: es hermoso, magnífico, porque presenta la verdad como ella es, y esto lo hace con arte de novelador y con galana dicción de castizo literato.

Enormes dificultades lleva consigo escribir un libro sobre o contra los jesuitas. Siempre que alguno me ha manifestado propósito de emprender obra semejante, desista, buen amigo, le he dicho, por muy bien informado y documentado que se encuentre; va a perder el tiempo y a dar una en el clavo y otra en la herradura de los buenos padres.

Es que no basta conocer su historia y lo mucho que contra ellos y a su favor se ha escrito; ni haber tratado a alguno de ellos o de sus devotos, disciplinados, subordinados o víctimas; tampoco, aunque de mucho sirve, ser perito en eclesiásticas disciplinas, teólogo, canonista, versado en historia de la Iglesia, no; para bien escribir de ellos hay que haberlos vivido, por supuesto en pleno goce del don de excelente observador analítico y a la vez sintético, reservado, no sé si por elegancia o por fortuna, a muy pocos mortales.

Aquel de mis profesores que puedo llamar por excelencia mi maestro, pues lo fue del intelecto, del gusto y del corazón, y me nació y mantuvo gratamente por muchos años en el campo del saber, habíase educado interno en el colegio de jesuitas de Madrid, llamado Imperial, de donde salió con extensa cultura, hoy imposible en colegio ignaciano alguno, y con un odio mortal hacia los reverendos padres, sus maestros.

Yo le oía, extraordinariamente interesado, hablar de ellos con serenidad perfecta e implacable; y una vez hube de decirle:

—Usted, por fuerza, vio allí o supo con absoluta certeza, una o varias atrocidades.

—¿Ver? ¿Saber? ¡Quita allá, hijo! Si serían redomadísimos canallas, los muy perros, que con ocho años de vivir con ellos, ojo avizor más de seis, no pude cogerlos en una deficiencia notable; ni yo, ni otros más despiertos. Y la cosa es clara —prosiguió—, cuando somos hombres, buenos o malos o medianos, pero hombres con todas sus consecuencias, y convivimos por algún tiempo, no tardamos en hacer patentes nuestras prendas y nuestros defectos.

—Seguramente tú ya conoces bastantes de los míos; yo, de los tuyos, no pocos; es natural, no somos unos viles y empedernidos hipócritas, deformados, erizados, inaccesibles, actores constantemente en escena; diestros en el disimulo más detallista que comprime hasta las inflexiones del rostro. ¡Miserables! Así eran. Pero andando el tiempo, alguno dejó la Compañía, lo traté, y ya verás lo bueno.

Lo bueno eran varios crímenes cuya memoria conservaré toda mi vida. Decían que ni hay secretos en la Compañía, vaya si los hay; pero...

Cuéntase de un jesuita que a los diez años de serlo, pasó a la orden carmelitana (Convento de San José de Madrid) donde gran parte de los frailes le mareaban con peticiones de que les revelara secretos que sin duda conocería. Ya estaba seguro, era profeso carmelita, y la venganza de los ignacianos no podía alcanzarle; además, allí en el convento, quedaría todo bajo reserva.

Pero el ex jesuita juraba y perjuraba que ningún secreto llegó jamás a su noticia. Él se había salido porque no le probaba bien aquello. No le creían e instábanle de continuo hasta que un padre carmelita de los gordos les dijo:

—¡Mastuerzos! En vano molestan a ese hombre ¿Cómo ha de revelar secretos si no los supo nunca? De conocerlos tales como los imagináis, ¿creéis que lo habrían dejado venir hasta aquí? No era de los pocos iniciados; estos no salen de la Compañía en su vida.

El buen fraile sabía lo que decía. Sin duda estaba al tanto del verdadero misterio jesuita.

Por su parte, mi maestro, siendo todo un sabio, provisto de ciencia vasta y de buenos materiales, amén de su espíritu observador, no hubiera podido escribir una novela como ésta de Pérez de Ayala, y con decirlo yo aquí, hago su más acabado panegírico. Ello demuestra lo mucho que los jesuitas españoles han decaído. Indudablemente la experiencia me ha enseñado, los de hoy no se parecen a los de ayer; ni a su sombra.

Los que educaron a la generación de mi maestro eran por lo regular más cultos, más distinguidos y refinados; más profanos y más liberales, digámoslo así, que estos bodoques de ahora.

Subsistía el espíritu clásico y Renacimiento que produjo a los Eximeno, los Arteaga, Masdeu, Papabrochio y tantos otros realmente eximios. Entre ellos un alumno como Pérez de Ayala no habría sacado tanta materia utilizable para un libro, como entre los vulgarotes y ordinariamente achaparrados del presente; el padre Mir no desmentirá esta mi afirmación que no resta mérito a la labor de Ayala, pero explica el que sea hacedera.

In illo tempore, entre los jesuitas la excepción era el mamarracho; Nostris diebus, la excepción es el hombre de altura: he ahí el progreso que ha producido a la Compañía su cacareado sistema. Y, cosa increíble, ahora es cuando alcanza el dominio con que soñara; hoy es la dueña del catolicismo y del papado; en la iglesia lo es todo cuando no vale casi nada. El fenómeno este demuestra a la perfección la ruina incipiente y rápida del catolicismo.

Ni una palabra de las que van escritas hay en la novela que las motiva y sin embargo su fondo allí está vivo y sangrando. No tengo espacio para reseñarlo, ni sería conveniente. Al que aún no haya leído ese libro, le baste saber que en él se halla pintada, con trazos de una exactitud no lograda por Mirbeau, y que sólo podría esperarse de un Zola, no solamente la vida del alumno en los colegios de Jesuitas, sino la de éstos y el alma de la Compañía toda.

Allí aparece su interior, vulgarísima y asquerosa miseria, su inferioridad sucia, su pequeñez despreciable con sus atavismos tozudos, sus degeneraciones, sus vanos orgullos, sus falsas victorias y efectivas derrotas que le hace sufrir el espíritu humano. Se ve que el sistema pérfido y a la vez idiota de vida y de enseñanza, lo pobre y arcaico de los medios, lo ruin de los recursos que entre necios pasan por la ambigua y sutil política, y lo nulo pero eminentemente inmoral del fruto que la Compañía puede dar: ¿y su cacareada grandeza y superioridad? Pura leyenda.

Todos los tipos de la comunidad jesuita de Gijón, pues esta es la retratada, resultan absolutamente reales; ni uno hay recargado o debilitado; así y por ellos se puede juzgar todo el Instituto; no producen otros al presente.

Y tales como han venido a quedar, pese al orgullo son alma del majadero de San Ignacio: Sint ut sunt, aut non sint, por fuerza en su santa casa debía encontrar y retratar luego Ayala de mano maestra su inmensa bellaquería, acompañada lógicamente de los óptimos frutos naturales: la reconcentrada lujuria; la carencia de toda caridad y humanitarismo; la sordidez egoísta; la asquerosa e inevitable sodomía católica, flor muy cultivada en los jardines de la iglesia de Roma, donde nunca faltan, llámense conventos, seminarios, sacristías, hermandades de Luises o Kostkas, residencias o lo que fueren.

De este libro se ha dicho que será muy discutido y producirá a los jesuitas incalculable detrimento. Lo niego en redondo. No será discutido aunque haya, como acabo de saber, quien tenga el laudable pensamiento de hacerle tema de una conferencia de Ateneo; ni causará a los padres el menor perjuicio.

La discusión se hace imposible siendo jesuita el mundo oficial español, la monarquía, y por necesidad amable con el jesuitismo, la prensa monárquica de gran circulación; la radical dirá lo que debe, la ultramontana... silentium facite, como sucedió con el bello, inimitable, contundente barrido del jesuita Mir, hoy olvidado por desgracia.

Y no haría daño a los ignacianos porque contra estos no hay otra arma que o un Carlos III o una revolución, y bien hecha, que de serlo a medias, los jesuitas pierden poco o nada: la fuerza, la fuerza...

¡Libros! El padre Mora me lo dijo y mi maestro me lo había asegurado: esos libros los leen los que no son ni serán ovejas lanudas y esquilables del jesuita; estas ovejas no los leen; y si los leyeran, servirían antes para aferrarse a su condición corderil, tienen los ojos para no ver; y los que ven no creen en el jesuita ni a él, por lo tanto, le importa un comino su aversión.

Tengo a la vista parte de la prolija bibliografía antijesuita en latín, francés, en castellano, etc., que viene produciéndose desde principios del XVII. Notables son unas treinta y cinco obras como las del jesuita Mañana; la de nuestros Rodríguez, *Misterios de los jesuitas;* la del arzobispo de Burgos; la del jesuita Inchofer, *Monarquía de los Solipios;* la *Instrución a los príncipes sobre la política de los jesuitas* (Madrid, 1768); el jesuita Exenteratus (1694); *El jesuita,* del gran Gioberti; el *Elixir jesuítico* de Collet; *El tizón de la Compañía,* etc. Ahí están todas en el índice romano muertas de risa y los jesuitas vivos y triunfantes.

Cada libro evidenció en su tiempo contra los jesuitas mucho más que este de Ayala hoy; y pasó por Mazo de Fraga o arma mortal contra ellos. Se les combatió en todos los terrenos y bien; se les ha probado ser herejes, falsos, ladrones, asesinos, inmorales, impíos y anarquistas, grandes corruptores de la sociedad, lo que se llama demostrarlo, hacerlo tangible, y hay documentos decisivos, aplastantes. Como si no, mientras existan monarquías devotas que crean al ignaciano un auxiliar potente.

Los jesuitas han venido al mundo para los ricos necios; en tanto los haya y falten estadistas que los sometan por la fuerza a pasarse sin ellos, los jesuitas vivirán dominadores: ni el papado lograría extinguirlos. Dad el libro de Ayala al alfonsino más incrédulo y padre de familia: se enterará, se convencerá de lo que los jesuitas corrompen, atrofian, matan el alma y el corazón de sus alumnos y... en teniendo edad su hijito mayor, lo entregará a los buenos padres porque eso viste y congracia con la Restauración; ésta por su parte dirá, leída la novela: así me conviene que sean.

Consuélese Pérez de Ayala con habernos dado un hermoso libro a los que no comulgamos con los jesuitas, y a la literatura unas páginas admirablemente escritas, que por obra de los monárquicos tardarán poco en caer en el olvido ¡Cuánto desearía equivocarme!

No es mi intención abrumar al lector de esta edición con textos extraídos de la hemeroteca, pero estos dos, además de haber caído en el olvido[19], dan bien idea del ambiente polémico en que aparece *A.M.D.G.* A lo largo de los años, no faltarán ejemplos de utilización partidista de la novela, en un sentido o en el contrario.

El libro dio lugar, también, a algunas conferencias en el Ateneo. Conservamos testimonio escrito solamente de una, la de Fernando Gil y Mariscal[20], titulada *Los jesuitas y su labor educadora. (Comentarios a la novela A.M.D.G., original de don Ramón Pérez de Ayala)*[21]. En ella se alude a otra que dio en la misma tribuna y sobre el mismo tema «el señor Amado»; es decir, Enrique Amado, a quien dedicó Ayala su obra en la postdata de la primera edición. No sé si llegó a imprimirse ni si hubo más intervenciones en este ciclo.

No voy a seguir aquí toda la historia de la crítica sobre *A.M.D.G.* Algunos momentos, sin embargo, no pueden olvidarse. Ante todo, el famoso artículo «Al margen del libro *A.M.D.G.*»[22], en el que Ortega recuerda su experiencia personal como alumno de los jesuitas de El Palo, en Málaga, y centra su atención en el problema educativo.

Como es un texto fundamental, me parece útil reproducirlo aquí en su integridad. Dice así:

> Ramón Pérez de Ayala me envía un libro que acaba de componer. Se titula *A.M.D.G.: La vida en los colegios de jesuitas.* El autor ha sido discípulo de estos benditos padres: yo también. El autor es de mis amigos más próximos, y nos une,

---

[19] No figuran, por ejemplo, en la útil bibliografía de Marigold Best.

[20] De este autor conozco también la novela *En Villabravía* y los ensayos *La ausencia y presunción de muerte en el Derecho Civil español* y *El Patrón-Hombre.* En esta última cita dos más como publicadas, *Ríe* (cuentos fantásticos) y *Jirones,* y dos novelas en preparación: *El gato de don Sandalio* y *El país de Tampinchang.* No conozco ningún estudio sobre él.

[21] Madrid, 1911.

[22] Se publicó en *El Imparcial,* en diciembre de 1910, y luego se incluyó en el libro *Personas, obras, cosas.* Puede verse, ahora, en *Ensayos sobre la generación del 98.*

sobre el afecto, análoga sensibilidad para los problemas españoles.

¿No son estas razones suficientes para que me permita anunciar al público la aparición de este volumen? Por si algo faltara, he de apuntar otra feliz coincidencia: Ayala fue *emperador* en las clases del colegio de Gijón: yo tambien fui *emperador* en el colegio que los jesuitas mantienen en Miraflores del Palo, junto a Málaga. ¿Sabe el lector?... Hay un lugar que el Mediterráneo halaga, donde la tierra pierde su valor elemental, donde el agua marina desciende al menester de esclava y convierte su líquida amplitud en un espejo reverberante, que refleja lo único que allí es real: la luz. Saliendo de Málaga, siguiendo la línea ondulante de la costa, se entra en el imperio de la luz. Lector, yo he sido durante seis años emperador dentro de una gota de luz en un imperio más azul y esplendoroso que la tierra de los mandarines. Desde aquel tiempo, claro está, mi vida significa una fatal decadencia, y mis afanes democráticos acaso no sean otra cosa que una manera del despecho.

Al leer el libro de Ayala esa niñez perdida ha venido correteando hasta mí con peligrosa celeridad, y ahora ya no sé distinguir entre lo que las páginas de esta novela dicen y lo que me recuerdan. Sólo hallo una divergencia: Ayala envuelve las escenas de su muchachez en un paisaje del Norte, que conviene muy bien a la melancolía y al dolor de la vida que describe, al paso que la armadura de una infancia sometida a la pedagogía jesuítica me llega a mí bajo los reclamos de un mediodía magnífico.

Mas yo pongo la mano a modo de visera para resguardarme las pupilas de esa refulgencia excesiva en que flotó mi infancia, y entonces descubro la misma niñez triste y sedienta que formó el corazón tembloroso de *Bertuco*, el pequeño héroe de Ayala.

Los jesuitas tienen varias clases de _____ unos como el *Coste* de *A.M.D.G.*, el mofletudo *Coste*, de alma aún no despierta, separada del ambiente exterior por un fisiologia de novillo, muchacho dotado de alegría biológica incontrastable, capaz de atravesar las redes místicas de los *Ejercicios espirituales* como una bala de cañón por una nube. Para estos nada hay triste: *Coste* se cura cualquier incipiente dolor de corazón entablando con el vecino de mesa una pantagruélica apuesta sobre quién embaula mayor número de huevos fritos, y acaba por escaparse cabalgando tranquilamente en el asno del colegio, la mansueta alimaña a quien la delicadeza de los reverendos padres había apodado *Castelar*.

Otros no son ni serán nunca nada determinado, masa inerte incapaz de reacción, que gravitan hacia el centro en cualquiera esfera que se les coloque. Estos son los más numerosos en una raza exánime como la nuestra.

Pero hay algunos niños de espíritu tremante, sensibilizado antes de sazón, de increíble energía imaginativa, que perciben al punto la asimetría perenne entre lo ideal y lo real: ¿qué haréis de estos niños dueños de tan fuerte poder de imaginar? Mirad que para ellos es toda realidad un trampolín que les lanza a un mundo de su propia creación; procurad retenerlos, proponiéndoles realidades jugosas, francas, amplias, múltiples, de modo que no se escapen demasiado a lo fantástico; haced que vean en las cosas existentes un campo de batalla digno de ellos, donde quede presa su potencia ascendente y creadora. Esas almitas centrífugas, dispuestas a huir en todo instante de la acción selectiva humana, como la flecha de la mano del arquero, son a la vez las únicas que pueden arrastrar en pos de sí las multitudes grávidas hacia formas superiores de existencia: de ellas saldrán los poetas ardientes, los políticos apostólicos, los pensadores honrados, los inventores, los hombres, en una palabra, que son la sal de la tierra; enseñadles, pues, a amar lo comunal: hacedles filantrópicos y activos, respetuosos con el error y confiados en la capacidad de mejorar inmanente al hombre.

Bertuco pertenece a esta clase. ¿De qué modo influyen en él los jesuitas? Léase el libro de Ayala, y se verá. Como los que bajaban al purgatorio de San Patricio. *Bertuco* no volverá a reír nunca del todo: la risa es la expresión de un alma saludable y elástica, unificada y con sus funciones íntegras. Si esto es así, para que un alma fina pueda permitirse el lujo de reír necesita creer con fe profunda estas tres cosas: que hay una ciencia merecedora de tal nombre, que hay una moral que no es una ridiculez, que el arte existe. Pues bien, los jesuitas le llevarán a burlarse de todos los clásicos del pensamiento humano: de Demócrito, de Platón, de Descartes, de Galileo, de Spinoza, de Kant, de Darwin, etc.; le acostumbrarán a llamar moral a un montón de reglas o ejercicios estúpidos y supersticiosos: de arte no le hablarán nunca.

Aún esto fuera pasadero si la desmoralización a que conduce la pedagogía jesuítica se detuviera ante la idea de la fraternidad humana. Pero... apenas entra *Bertuco* en el colegio escucha de labios de aquellos benditos padres una palabra feroz, incalculable, anárquica: los *nuestros*... Los *nuestros* no son los hombres todos: los *nuestros* son ellos solos.

Bertuco verá la humanidad escindida en dos porciones: los jesuitas y luego los demás. Y oirá una vez y otra que los *demás* son gente falsa, viciosa, dispuesta a venderse por poco dinero, ignorante, sin idealidad, sin mérito alguno apreciable. Por el contrario, los *nuestros,* los jesuitas, son de tal condición específica que, a lo que parece, no se ha condenado ninguno todavía.

Saldrá *Bertuco* del colegio inutilizado para la esperanza: por muy graves esfuerzos de reflexión que haga jamás logrará vencer una desconfianza original, un desdén apriorístico ante los demás hombres. En cambio, estudios un poco más serios, meditaciones más vigorosas le harán insoportable el recuerdo de los *nuestros:* los vicios de que ellos acusaban al común de las gentes parecerán a *Bertuco* aletear con grandes alas torpes en torno a los edificios jesuíticos. Y entonces le parecerá que se alza de la historia un hedor horrible de materia, y si mira en torno creerá ver un desierto de hombres habitado por lascivos orangutanes.

¿A quién podrá extrañar que *Bertuco* renuncie a toda labor social cuando avance en la vida? Las hormigas al tiempo que hinchan sus trojes subterráneas saben morder el grano en tal sitio que, sin matarlo, impiden su germinación. San Ignacio, santo administrativo y organizador, ha dotado a sus hijos espirituales con el arte maravilloso de utilizar las criaturas para la mejor gloria de Dios y como las mejores no se resignan fácilmente al papel de instrumentos se las utiliza inutilizándolas.

Los jesuitas han educado a los hijos de las familias españolas que viven en mayor holgura. De ellos tenían que haber salido los hombres constructores de la cultura nacional, productores de un ambiente público más fecundo. Pero no han salido: los jesuitas mordiendo las porciones más enérgicas de sus almas, los han inutilizado *ad majorem Dei gloriam.* ¡Adiós unidad del espíritu, adiós impetuosidad cordial, adiós afán por hacer mejor el mundo en que vivimos!

Ayala escribe prodigiosamente, representa entre los nuevos escritores la tradición castiza del estro fecundo, que suele faltarnos a los demás. Tal vez los pequeños defectos de su estilo provengan de una vena demasiado exuberante que no ha logrado todavía ponerse cauce y continencia.

Mas este libro trasciende de la literatura y significa un documento valiosísimo para el problema de la reforma pedagógica española. Léanlo quienes, prepuestos a nuestro gobierno, son responsables del porvenir nacional. Léanlo los padres antes de elegir educación para sus hijos.

El libro de Ayala, es en todo lo importante, de una gran exactitud. Sólo hallo un olvido, en mi opinión, de suma gravedad: no haber hecho constar de una manera taxativa que el vicio radical de los jesuitas, y especialmente de los jesuitas españoles, no consiste en el maquiavelismo, ni en la codicia, ni en la soberbia, sino lisa y llanamente en la ignorancia.

Al final de la novela pregunta el médico Trelles al padre Atienza, que, aprovechando la salida de *Bertuco,* abandona la Orden:

—¿Cree usted que se debería suprimir la Compañía de Jesús?

Y el padre Atienza responde:

—¡De raíz!

Bueno; yo no soy partidario de que se suprima a nadie ni de que se expulse a nadie de la gran familia española, tan menesterosa de todos los brazos para subvenir a su economía. No obstante, la supresión de los colegios jesuíticos sería deseable, por una razón meramente administrativa: la incapacidad intelectual de los reverendos padres.

Disculpe el lector tan larga cita, pero creo que es un texto básico para entender lo que ha significado *A.M.D.G.* en la España contemporánea.

La novela dio lugar, también, a algunos libros. En mi estudio de conjunto sobre Pérez de Ayala me ocupaba ya de dos de ellos, el de Gil y Mariscal y *Mirando a Loyola,* de Julio Cejador[23]. El interés de éste se debe sobre todo a la personalidad de su autor: ex jesuita, maestro de Pérez de Ayala y personaje retratado en la novela.

Se trata de una extraña novela, de valor literario menos que discreto. Nos presenta a un joven que se enamora de dos hermanas, creyéndolas una sola; a consecuencia de esta pintoresca equivocación decide profesar de jesuita en Loyola. Asistimos luego a su choque con el ambiente jesuítico y a su inadaptación: una de las dos hermanas muere y la otra queda muda, pero recobrará el habla al volver él. En apéndice inclu-

---

[23] Julio Cejador, *Mirando a Loyola. El alma de la Compañía de Jesús,* Madrid, Renacimiento, 1913.

ye los «Diálogos que con otro don Miguel Mir tuvo un discípulo de la Compañía, y tienen no poco que ver con esta historia, por haber podido hacer en ellos de uno y otro interlocutor nuestro Enrique Ortuño». La obra de carácter autobiográfico y con pretensiones de absoluta veracidad, coincide con la novela que examinamos en los siguientes puntos:

1.º Condena de la moral jesuítica, casuística y probabilista.
2.º Interpretación peyorativa del lema «A.M.D.G.».
3.º Léxico degradante: «mugrienta sotana y ajeringada voz», por ejemplo.
4.º Burla de la visión del infierno.
5.º «Todo el mundo llama hipócritas a los jesuitas.»
6.º Condena de su devoción rudimentaria, con misticismos que llegan a la idolatría.
7.º Uso de textos de San Ignacio de Loyola.
8.º Creencia en que todos los jesuitas se salvan.
9.º Régimen autoritario del superior sin ningún límite.
10.º Costumbre de las delaciones entre los religiosos.
11.º Unión política de los jesuitas con el integrismo de Nocedal.
12.º Dedicación a las beatas, a las que llaman «madreselvas».
13.º El fundamento de todo el sistema es que «la naturaleza está corrompida y venimos aquí a pisotearla».
14.º Condena radical de la educación jesuítica, que Cejador extiende a la «dada por las Madres en los Colegios de monjas, que hoy son todas jesuitas».

Casi conmovedora es la ingenua advertencia final:

> El autor como verdadero y ferviente católico que es, ha procurado en esta obra no herir en lo más mínimo al dogma ni a las buenas costumbres; pero si alguna cosa en esta parte hubiera deslizado, desde ahora para siempre lo da por no escrito.

Como hemos visto, son abundantes las coincidencias. Pero también lo son las divergencias. Podemos esquematizarlas en un cuadro:

A.M.D.G.	Mirando a Loyola
Anticlerical en general y algo anti-religiosa	Ferviente religiosa, no anticlerical, sí anti-jesuitas
Duro con los jesuitas	Terriblemente duro con los jesuitas
Novela: creación artística, con personajes vivos	Puro ensayo o tratado, sin arte, sin personajes individualizados
Crítica fragmentaria, hiriente	Crítica total, reiterativa, machacona
Una pizca de documentación	Gran documentación
Intelectual frío, aunque se apasione	Muy apasionado
Novela de fondo autobiográfico	Afirmación de que es totalmente histórica
Sólo ataca a los jesuitas	Extiende el ataque a las monjas educadoras

Directamente inspirado en la novela de Pérez de Ayala está el librito de Fernando Gil y Mariscal: *Los jesuitas y su labor educadora. (Comentarios a la novela «A.M.D.G.», original de don Ramón Pérez de Ayala)*, que reproduce una conferencia leída en el Ateneo de Madrid el 24 de enero de 1911.

Reacciona el autor contra la generalidad del subtítulo de la novela, pero la alaba mucho, así como a su autor. Pretende exponer otro «botón de muestra» de la variada «mercancía jesuítica», basándose en su personal experiencia.

Gil y Mariscal «no reconoce» a algunos profesores y alumnos, y desciende a la mayor o menor verosimilitud de algunos detalles concretos. En cambio, está plenamente de acuerdo con el sentido general de la novela al afirmar que «la labor educadora de los jesuitas es de resultados funestos para la sociedad civil y, de rechazo, también para la misma Compañía». Distingue dos aspectos: «considero su labor instructiva y me parece de las menos buenas». Las consecuencias de esta educación son el fanatismo, los excesos a favor o en contra, la inexperiencia, el recelo, la falta de voluntad y de iniciativa... En resumen, «la educación de los jesuitas, por la misma perfección de su disciplina, además de *antisocial es esterilizadora*».

Leyendo el libro de Gil y Mariscal, escrito por una persona de indudable inteligencia, ha surgido en nosotros la duda de si se trata de un ingenuo, que cree censurar a Pérez de Ayala y lo confirma más, o de un habilísimo disimulador, que disminuye los perfiles más hirientes del libro para insistir en los más profundos. En definitiva, igual da: la aparente réplica se ha convertido en un testimonio confirmatorio.

En fecha reciente, se ha ocupado del anticlericalismo de Pérez de Ayala uno de sus mejores conocedores, el gran periodista asturiano Manuel Fernández Avello. A diferencia de tantos otros, trata el tema con sabiduría, serenidad y comprensión. *A.M.D.G.* queda situada, así, dentro de un marco más general:

> y dentro de la obra ayalina lo más entretenido —divertido— es el anticlericalismo ya anotado por todos aquellos que han estudiado su obra. Algunos pasan de puntillas por encima y otros se hunden hasta los corvejones.
>
> El anticlericalismo no es el ingrediente o componente determinante de su obra, pero sí una de las claves diferenciadoras, esclarecedoras, de esa obra y de su vida.
>
> El anticlericalismo de Ayala es flagrante. Desde *La paz del sendero* hasta *El curandero de su honra* (1904-1926), todos los libros publicados contienen observaciones anticlericales que van desde la sutileza refinada hasta la agresión brutal, procaz. Araña, hiriendo superficialmente, o clava el puñal hasta la empuñadura provocando una herida honda.
>
> Sin embargo, no sería justo negarle honda ternura religiosa. Recordando a su maestro Clarín dijo que había sido un «demagogo a lo divino y un trovador enamorado de Dios». Ayala también lo fue[24].

Queda por mencionar un último punto. Como ya he dicho al comienzo de esta introducción, *A.M.D.G.* no aparece incluida en las llamadas *Obras Completas* de su autor, mal editadas y lamentablemente interrumpidas. Naturalmente, las versiones de este hecho son muy variadas. Debo recordar yo las que me parecen más dignas de crédito.

---

[24] Manuel Fernández Avello, *El anticlericalismo de Pérez de Ayala*, págs. 11-12.

Ante todo, la de su propio autor. En el año 1955, se produce su regreso definitivo a Madrid. Está a punto de cumplir setenta y cinco años: vuelve de un largo exilio, ha muerto su hijo Juan y ha sufrido un grave accidente el otro hijo, Eduardo (familiarmente, Peque). Unamos a esto la desilusión política las dificultades económicas, la creciente melancolía, la abulia... Necesita reeditar sus obras. El ministro Arias Salgado —símbolo de una época de censura inculta— quiere hablar con él. El escritor lo cuenta así, con la confianza de siempre, a su íntimo amigo Miguel Rodríguez-Acosta:

> Las perspectivas a que aludo más arriba son las siguientes: tengo solicitudes de varias casas editoriales responsables (llegan a siete) que me ofrecen condiciones óptimas, incluso anticipos en efectivo muy considerables (uno de ellos 200.000 pts.). Mi elección por la mejor propuesta dependía de mi seguridad en poder republicar (feo verbo; digamos reeditar) mis obras, y publicar otras inéditas, por las cuales los editores muestran sumo interés. Ahora bien: el Ministro de Información y Propaganda, Arias Salgado, me citó espontáneamente a una conferencia: «tête a tête», sobre la publicación de mis obras. Estuvimos hablando una hora, no acerca de mis obras, pues inmediatamente me dijo que se podían publicar como yo quisiera, sino que charlamos de otras mil cosas, literarias, filosóficas, políticas, etc. Yo le expresé espontáneamente que no era mi intención reeditar *A.M.D.G.*, lo cual me agradeció irreprimiblemente. Y, tocante a esto, te diré que los elementos oficiales a lo que se me alcanza, están conmigo, no diré que bailándome el agua, pero sí sumamente amables y deferentes[25].

Muchos han especulado con el hecho de que *A.M.D.G.* no aparece en las *Obras Completas,* atribuyéndolo a la evolución ideológica del escritor y no —como es innegable— a una prohibición de la censura y una condición para que aparecieran esas *Obras Completas,* que él necesitaba.

¿Qué recordaba Pérez de Ayala, poco antes de morir, de aquella novela escandalosa de su juventud? No es posible precisarlo con seguridad, porque abundan los testimonios contradictorios, más o menos desinteresados. A mi modo de ver, debe darse máximo crédito a la opinión de Luis Calvo, cercano de verdad al escritor a lo largo de muchos años —y no,

---

[25] *Cincuenta años de cartas íntimas...,* pág. 386.

como tantos, amigos de última hora o visitantes de una tarde. Según el gran periodista,

> ruborizaba a Ayala que esta novela hubiera sido llevada torpe- mente al teatro por Julio de Hoyos, los mismos días en que se quemaban, por todas partes, iglesias y conventos[26].

Llegó a felicitar a Luis Calvo por haber criticado con dure- za (en *La Nación* de Buenos Aires) el estreno teatral. Eso no quiere decir, sin embargo, que repudiara su novela; al revés, la seguía considerando en algunos aspectos, una de sus mejores obras...

Es, exactamente, lo que nos confirma otro gran periodista asturiano, Carlos Luis Álvarez, discípulo de Luis Calvo y de Pérez de Ayala:

> Nunca abjuró de esa novela que tenía por una de las mejores que había escrito, y Bertuco, el protagonista de ella, por uno de sus más acabados personajes. Otra cosa es lo que pensaba de la deplorable, grosera y oportunista versión teatral que hizo Julio Gómez de la Serna, estrenada en el teatro Beatriz en 1931, estando Ayala en Londres. Consideró no sólo que la versión de *A.M.D.G.* era muy mala, sino que el adaptador había querido aprovecharse políticamente muy por encima de lo permisible, de la pura literatura de la novela[27].

Baste esto para hacerse una idea de las reacciones que suscitó la obra de Pérez de Ayala. Como bien dijo Ortega, «Este libro trasciende de la literatura...».

UN ESTRENO SONADO

Las polémicas sobre *A.M.D.G.* cobraron nuevo impulso y alcanzaron su cumbre con motivo de la adaptación teatral de la novela, que se estrenó en Madrid, en el teatro Beatriz, el día 7 de noviembre de 1931. Téngase en cuenta que Pérez de Ayala era, entonces, embajador de la República española en Lon- dres.

---

[26] Luis Calvo, «Memento de Ramón Pérez de Ayala».
[27] Carlos Luis Álvarez, «Contorno de un clásico. (Contra Dorio de Gadex)», en número extra de *Los cuadernos del Norte,* pág. 32.

Las peripecias a que dio lugar ese estreno han sido mencionadas muchas veces, pero quizá no con la debida precisión. Por eso, me ha parecido útil recurrir a los periódicos de la época para reflejar con la mayor exactitud posible las reacciones que se produjeron. Así, una vez más, ofrezco al lector de esta introducción unos documentos olvidados que pueden servirle para entender mejor el carácter polémico de la novela.

Antes ya del estreno, el «diario independiente de la noche», *La Voz,* nos informa de algunas anécdotas del ensayo general. Se trata de unas notas sueltas, firmadas sólo con las iniciales V. T., que probablemente corresponden a uno de sus redactores de plantilla, Victorino Tamayo. Dicen así:

> Su excelencia el embajador de España en Londres, Ramón Pérez de Ayala, y su majestad el ex emperador del toreo don Juan Belmonte departen animadamente en un rincón del vestíbulo con todos los padres del colegio de Regium. Un fogonazo. El diplomático y el ex torero quedaron perpetuados en la agradable compañía de los santos varones. ¡Qué arma para los enemigos de don Ramón cuando. pasado el tiempo, se pierda memoria de este estreno de hoy y no quede sino el documento vivo de la expresiva fotografía! La tauromaquia y el clero en amigable consorcio con el ilustre república...

> * * *

> Don Ramón y don Juan, a quienes hemos visto en ocasiones quizá menos solemnes con traje de luces —casaca bordada el uno, casaquilla de torear el otro, ambos con las piernas al aire—, visten hoy democráticas trincheras. Otro símbolo. Las trincheras que va conquistando o las que se va replegando la diplomacia en sus luchas de cancillería... Aquellas trincheras que enloquecían al pueblo cuando las ejecutaba su inventor en los ruedos taurinos...

> * * *

> —Don Ramón, ¿quiere usted decirnos algo acerca de la adaptación de «*A.M.D.G.*»?

> —Ya me he negado a hacer declaraciones a dos o tres compañeros suyos que lo han solicitado...

> —No son declaraciones, sino aclaraciones, lo que yo pretendo.

> —Vea usted la obra y juzgue.

> —A mí me está prohibido juzgar... Vamos, precisamente

prohibido, no. Lo que pasa es que yo no puedo anticipar mi juicio... Mi misión es informar al público, y para informar al público tengo que informarme yo antes.

—Bien; pues luego hablaremos.

(La diplomacia, que creíamos, si no cordial, untuosa y meliflua, se ha convertido en algo un poco hosco y seco.)

* * *

La cordial y democrática diplomacia la ejerce en este teatro Cipriano Rivas Cherif.

—Tengo especial interés —nos dice—, y lo tienen Ramón y los adaptadores de *A.M.D.G.*, en hacer constar que ésta no es una obra de tesis, ni de polémica, ni siquiera de crítica ni de sátira, y mucho menos de caricatura. No hemos pretendido luchar con ventaja, a la deriva de las circunstancias, que hubieran sido favorables para cualquier vituperable desliz. Hemos querido dejar un documento plástico, sin exageraciones, como no las tiene la novela —documento escrito, y admirablemente por cierto— de la vida en un colegio de jesuitas. Los cuadros son a modo de planos en que se va proyectando esa película, mezcla de cosas buenas y malas. Claro que ni Pérez de Ayala ni los escenificadores de su obra determinan qué cosas son buenas y cuáles son malas. Una pintura objetiva, sin otro alcance que el de la pintura misma. Cada cuadro tiene su principio y su fin, y al término de la representación se ve cómo todos ligan entre sí el hilo tenue de un sencillo argumento.

* * *

Un actor se arrodilla en una situación en que no tiene por qué hacerlo. Pérez de Ayala corrige por conducto de Cipriano. Éste nos dice: —Como usted ve, todos los detalles están cuidadísimos. No queremos caer en faltas que ningún documentado —y serán muchos los que asistan a las representaciones de *A.M.D.G.*— nos pueda achacar como atentatorias a la más rigurosa verdad...

* * *

Unos niños cantan el himno ignaciano... Hay un momento de honda emoción... El padre Olano clama desde el púlpito... El afán jesuítico de materializar las más espirituales esencias religiosas.

* * *

—Está bien el padre Olano.

—Hemos procedido —aclara Rivas Cherif— a formar la
compañía de modo contrario a lo que hasta ahora era habitual
en el teatro. Un autor, al escribir una obra pensaba en este
actor o en la otra actriz al imaginar sus tipos. Aquí, como los
tipos estaban ya hechos, hemos tenido que buscar actores para
estos tipos. Y hemos conseguido, creo yo, un conjunto ento-
nado.

* * *

Arturo La Riva. El veterano y concienzudo actor, a quien
recordamos haber visto hace, *¡ay!,* algunos años dando la
réplica al jesuita de «La nube», en la interpretación de un cura
lugareño humilde y evangélico, lo encontramos hoy convertido
en superior del colegio de Regium, en el «puño de la espada
cuyo filo apunta donde él quiere, a mayor gloria de Dios»...
¡Cómo cambian las circunstancias y los tiempos!

* * *

El padre Mur... ¡Solapado y energúmeno páter! ¡Bravo padre
Mur el que exterioriza Fernández de la Somera, esforzado
galán en otros tiempos de Miguel Muñoz!

* * *

Recordamos una situación difícil para un actor de *Tosca,* el
dramón de Sardou, que Villagómez —Scarpia— salvaba con
excelente discreción. La experiencia de los años aumenta el
aplomo del actor en un trance análogo, si no igual...

* * *

Luis Martínez Tovar... Ramón Elías... Excelentes y simpáticos «padres»... Domínguez Luna... Discretísimo en el afemina-
do lego... ¿Y los niños? Dos se destacan del conjunto. Siento
no recordar sus nombres. Hay en embrión un galán y un actor
cómico...

* * *

44

—¿Gustará la obra? —nos preguntan, emocionados, algunos actores.

—Dios dirá —contestamos, poniéndonos a tono con la obra.

—¿Cree usted que ocurrirá algo? —interroga, alarmada, una actriz.

—El público sabe hacerse cargo de las cosas. No ocurrirá nada.

—Es que hay cosas muy fuertes.

—Nadie se asusta ya de nada. Todo saldrá bien.

—¿Ad majorem Dei Gloriam?

—A mayor gloria de Dios; pero no a mayor gloria de los hijos de Ignacio de Loyola.

* * *

Termina el ensayo. Las dos de la madrugada. Su excelencia el embajador tiene prisa por irse a dormir... También la tiene el ex emperador del toreo, que ha de rejonear hoy dos toros en la plaza grande, es decir, en la chica, que desaparece de la historia taurina.

Ni declaración ni aclaración, el señor Pérez de Ayala no nos ha dicho absolutamente nada. Hábito adquirido tal vez en la esfera de sus relaciones diplomáticas...

* * *

Sylvio Bermejo, el excelente pintor, queda allí con los electricistas y tramoyistas, corrigiendo efectos de luz, que den la entonación debida a sus lienzos, justos y muy bien vistos.

* * *

López de Carrión y Martín Galiano, adaptadores de la novela de Ayala, reservan también su juicio sobre su obra. Pero confían en la sensatez y cordura del público. No hay agresión. No temen represalias.

* * *

Así lo deseamos, ad majorem Dei gloriam.

Quiero aclarar que la alusión a las «piernas al aire» del escritor se refiere al uniforme diplomático con que se presentó ante el Rey de Inglaterra. Su foto en esa ocasión dio lugar a comentarios maliciosos en los periódicos españoles contrarios a la República o a él, personalmente.

Las fotos de Pérez de Ayala en el ensayo de su obra son curiosas y poseen un valor histórico indudable. Se conservan algunas, por ejemplo, en la Biblioteca de Teatro Español del siglo XX de la Fundación Juan March, en Madrid.

Conviene fijarse, por otro lado, en los nombres de los adaptadores de la obra, pues se corrige así un error habitual.

Durante el estreno de la obra se desencadenó un notable escándalo. He cotejado las versiones que dan los distintos periódicos y me parece que la información más amplia y pintoresca es la que nos ofrece *La Voz,* al día siguiente:

La comedia en el escenario y el drama en la sala

Cuando en la sala se apagaron las luces para dar comienzo a la representación de «A.M.D.G.», y antes de que se alzara la cortina, partieron de las últimas filas de butacas y de unos palcos ocupados por gente joven ciertos gritos que determinaron una protesta de los espectadores inmediatos. El escándalo subió de punto al presentarse en el proscenio el actor encargado de recitar el prólogo. Fue preciso encender de nuevo la sala, y el actor comenzó su parlamento, que es el propio prólogo de la novela de Pérez de Ayala, constantemente interrumpido por una parte del público. Se repitieron las contraprotestas, ya generalizada la intervención de los espectadores, unos en pro y otros en contra y en pleno guirigay bajó el telón, sin lograr entender ni una palabra de lo que hubiera dicho el que estaba en escena.

Arrecia el tumulto. Vivas de distinta índole

Todo el mundo en pie, los de la platea y los de las localidades altas se increpaban sin tregua. En el entreacto se produjeron vivos incidentes. En las últimas filas de butacas se repartieron unas bofetadas y tal cual bastonazo. En la fila cuarta o quinta dos caballeros se acometieron de una manera seria. Los vivas a la República y a la libertad eran contestados desde varios puntos de la sala, especialmente desde un palco principal, con vivas a los jesuitas y vivas a la religión. Salían en grupos a los vestíbulos para dirimir sus diferencias a grito limpio y a puñetazo sucio. Los agentes de servicio eran impotentes para restablecer el orden y para practicar ninguna detención, porque, apenas lo intentaban, el detenido era libertado por sus amigos y partidarios. Desde la contaduría del teatro se llamó por teléfono a la Dirección de Seguridad, dando cuenta de lo que ocurría y solicitando el envío de guardias y de policías.

No hay modo de enterarse de la comedia

Entre tanto el telón subía y bajaba en nuevos cuadros de la obra que era inútil pretender escuchar en aquel lamentable bullicio. Los actores y actrices, sin embargo, no perdieron la serenidad y decían bravamente sus papeles, aprovechando los claritos. A un escándalo sucedía otro escándalo. La mayor parte del público señalaba a los palcos donde estaban los frentes más batalladores de la protesta contra la obra, exigiendo la expulsión de sus ocupantes. Fueron también sacados violentamente del patio de butacas algunos de los que más se significaban en las interrupciones. Cada vez era mayor la tensión de los ánimos y más vivos los apóstrofes que se cruzaban entre los beligerantes. En estas escaramuzas quedaron rotas ya algunas butacas.

Hacen su entrada en el teatro los guardias de asalto

Requerido el envío de fuerzas a la Dirección General de Seguridad como ya se ha dicho, llegaron a las puertas del teatro con toda rapidez unas parejas de seguridad a caballo, el coche celular y el camión de los guardias de asalto, más un capitán y algunos oficiales al mando de estas fuerzas.

Los guardias de asalto penetraron en la sala por la puerta central, y su presencia fue recibida con aplausos; pero tampoco les fue fácil restablecer el orden. Sacaron al vestíbulo a los más contumaces en el alboroto; desalojaron, por fin, en medio de un griterío infernal, los palcos, convertidos en tribuna de mitin, y se envió a la Dirección la primera remesa de detenidos.

Se aquietaron un tanto los espíritus y se escuchó la representación siempre con la luz encendida de la sala y bajo la vigilancia de los guardias y de los policías, convenientemente apostados en los lugares estratégicos.

Don Rafael Sánchez Guerra, agredido y lesionado

Entre los distintos grupos de combatientes se cruzaban miradas, y algo más que miradas, de desafío.

En las últimas filas, donde se encontraba el ex subsecretario de la Presidencia don Rafael Sánchez Guerra y otras personas conocidas, permanecía un importante núcleo de espectadores hostiles francamente a dejar que se oyese la representación. Uno de ellos interrumpió de nuevo una escena, y al pretender detenerlo y sacarlo a la calle se produjo una confusión que se generalizó en aquella parte del teatro, y en la que los bastonazos, y las puñadas menudearon de lo lindo.

De la importancia del tumulto dará idea que resultaron materialmente «pulverizadas» quince o veinte butacas, a lo menos.

El señor Sánchez Guerra combatió contra el grupo y se le apreciaron luego contusiones de pronóstico reservado en el ojo derecho. Hubo también otros contusos. En los cacheos practicados por los guardias de asalto entre los detenidos se encontró a uno con una llave inglesa.

La intervención de la Fuerza Pública hace que se pueda oír el final

El coche de la Dirección hizo cinco o seis viajes desde el teatro a la calle de Gómez Baquero. En total fueron detenidas unas treinta personas.

Con estas detenciones se restableció por completo la necesaria calma y el público pudo escuchar los tres últimos cuadros de la comedia que recibió con gran aplauso.

Denuncia del señor Rivas Cherif

El señor Rivas Cherif, director de escena de la obra origen de los tumultos que dejamos reseñados, elevó al Ministro de la Gobernación el siguiente escrito:

Se ha presentado, señor Ministro, una ocasión excelente de aplicar la ley de Defensa de la República. Anoche se ha representado en el teatro Beatriz una obra nueva, «A.M.D.G.», sacada de la famosa novela de Ramón Pérez de Ayala. Yo he sido director de escena de la compañía formada con tal objeto.

La empresa y la dirección escénica teníamos noticia de que nutridos elementos jesuíticos se aprestaban a impedir el estreno de la comedia. Advertí personal y oportunamente a la Sección de Orden Público de la Dirección de Seguridad, en ausencia del señor director. Me aseguraron que el servicio estaba asegurado. No fue así. No más levantarse el telón y aparecer el prólogo pudimos advertir que la escasa fuerza era impotente, cuando no se resistía a contener los desmanes de un centenar disperso de protestantes irreductibles. Los ha habido muy significativos. Hemos podido comprobar la lenidad de los jefes de la fuerza, que obligados en último extremo a reducir a los escandalosos de un palco, los acompañaba a la salida tratándolos con amistosísima reconvención. Un oficial del Ejército que, sin localidad, escandalizaba en el «foyer» del teatro, ha insultado a uno de los representantes más distinguidos de la empresa.

Como he de denunciar cuanto he visto, y conmigo varios espectadores indignados de la coacción violenta tolerada, y aun, amparada, por la autoridad, me adelanto a protestar públicamente ante vuestra excelencia, que ha de amparar, estoy seguro, el interés de una empresa y el de los republicanos, cohibidos e inermes ante un puñado de vociferadores impunes. *C. Rivas Cherif.*

Una nota de la Dirección General de Seguridad

Anoche, con motivo del estreno en el teatro Beatriz de una obra inspirada en el libro de don Ramón Pérez de Ayala titulado «A.M.D.G.», se produjeron algunos incidentes, que dieron lugar a la intervención de la fuerza pública.

Cierto número de espectadores mostróse disconforme con la tendencia de la obra, y exteriorizó su protesta en forma ruidosa. Se dieron vivas expresivos de aquella disconformidad, y esto dio lugar a una contraprotesta. Entre los bandos se cruzaron insultos y denuestos, y los más exaltados se agredieron mutuamente.

49

Como al empezar el alboroto apenas se encontraban agentes de la autoridad en el teatro, los incidentes impidieron que pudieran oírse los dos primeros actos.

Por fin llegaron los guardias de asalto, que sacaron del salón a los alborotadores.

Una vez en la calle se reprodujo el escándalo, y los guardias iniciaron una carga. Practicaron varias detenciones.

En la refriega resultaron deshechas veinte butacas.

Los detenidos son cuarenta y cinco. El director de Seguridad conferencia con el señor Casares Quiroga.

El total de los detenidos con motivo de los incidentes desarrollados en el teatro Beatriz se eleva a cuarenta y cinco, entre ellos varios militares.

A las cuatro y media de la madrugada llegó a la Dirección General de Seguridad el director señor Galarza, acompañado del Ministro de la Gobernación, señor Casares Quiroga.

Ambos se encerraron en el despacho del director y celebraron una conferencia.

La información de los incidentes queda, así, suficientemente amplia —y pintoresca.

Los periódicos ofrecen también, como es natural, la crítica del espectáculo conflictivo. No hace falta decir que las críticas reflejan la tendencia política y religiosa de cada publicación. A nadie extrañará, por tanto, el tono negativo de la crítica en el periódico católico *El Debate:*

Si la Compañía de Jesús no hubiera tenido que sufrir más ataque que el que representa la novela de Pérez de Ayala y la escenificación que presenciamos anoche, no sería su historia tan gloriosa; la obra, en su aspecto novelero y teatral, no es otra cosa que una bolita de todo, muy bien amasadita que no tiene eficacia ninguna ideológica ni de acción porque la misma saña la particulariza demasiado. No se pintan más que tipos concretos, tan determinados y definidos que pierden toda importancia general y representativa; falta el concepto amplio, la visión de lo substancial, la potencia literaria para que cada una de aquellas individualidades sea la concreción de otros muchos; un profesor vesánico, otro fácil a una tentación sexual, otro rebelde..., personajes de comedia, no tipos, con la equivocación de presentar cómo se van eliminando esos indeseables y qué opinión merecen a sus compañeros, con lo que se da el efecto contrario de que lo que queda es algo fuerte, limpio, sometido a una idea grande y a una disciplina enérgica.

La escenificación es algo teatralmente lamentable: lo primero que ve un hombre de teatro es que las obras del señor Pérez de Ayala no son de escenificación fácil; una superabundancia literaria ahoga siempre en ellas la acción, primera necesidad teatral. No es grande ni intensa la de «A.M.D.G.»; en lugar de exaltarla y destacarla, los adaptadores la dividen en dos: interioridades del colegio e interioridades de la Comunidad, que van alternando en cuadros, a turno impar en cuadros breves, de tan difícil técnica, sólo para grandes autores, cuadros desvalidos y apagados, de pura conversación, en lo que fuera de algunos incidentes sentimentales con los alumnos, todo se refiere, nada se ve, nada vive a la vista del público, con equivocaciones tan fundamentales como la de introducir en una obra falta de dinamismo, un cuadro apagado, casi plástico de ejercicios espirituales, con cerca de veinte figuras de rodillas, largo, pesado, frío, muerto (...).

Del mismo signo es la crítica que firma Buenaventura L. Vidal en *La Nación*. Después de denunciar la equivocación del autor, los adaptadores y el director de escena, enjuicia así la obra:

La novela de donde la obra está tomada o adaptada —mejor lo primero— tiene como eje de toda ella una idea tendenciosa, injusta, contra la que debieron levantarse de un modo airado —oportuna y no tardíamente— cuantos en colegios de jesuitas recibieron educación. No se hizo, la novela pasó de época, sin gran resonancia, y nadie se había vuelto a ocupar de ella —como no fuera en Bélgica y Holanda para pedir ahora que trasladen allí los jesuitas sus colegios—, hasta que se ha presentado el filón de la expulsión. Parece adaptada de encargo para justificar la medida. ¡Cuánta inocencia! El efecto ha de ser el contrario del que se busca. Además resulta una oficiosidad lamentable. Este tardío recuerdo demuestra que no es mucho el valor literario de la novela, o que no había a quién adular con ella. En la adaptación, hecha con bastante desacierto, a pesar de figurar tanta intelectualidad reunida, se ha tratado de conser-

51

var las escenas más repugnantes de la obra. En cambio, y a pesar de ser de sus peores novelas, le falta lo único de mérito que puso en el original Pérez de Ayala: su peculiar estilo de narrador; de modo que en la novela quedó lo poco que en ella hay de agradable, y por el tamiz de la adaptación pasó todo lo procaz, lo chabacano, lo falso, lo... Si fuera verdad —que no lo es— que los colegios de jesuitas son tal y como aparecen en la comedia, sería cosa de creer que muchos hombres de la actual generación se han educado allí.

En cuanto a la interpretación, sólo hemos de decir que nos dio mucha pena ver allí reunidos tantos primeros actores para representar esa farsa —farsa en todos los sentidos—: Arturo La Riva, Luis Martínez Tovar, Villagómez, Fernández de la Somera... Eso nos ha hecho pensar en cómo están este año los negocios de teatros, y nos ha dado tristeza el ver a lo que el teatro está llegando.

Además de los juicios de valor —ideológicos más que estéticos, sin duda alguna—, nos ofrece esta crítica una interesante información sobre la circunstancia histórica concreta con la que se puso en relación el estreno de la polémica obra.

En una tendencia distinta, es preciso recordar la opinión del gran crítico Díez Canedo, en *El Sol:*

No ha sido la batalla de Hernani, pero batalla sí ha sido. La información teatral, si hubiere de recoger el suceso, establecería una competencia difícil con otra sección exactamente del periódico. El cronista, si tuviera que formar juicio sin más dato que el de la representación, encontraría grave dificultad en su cometido. Porque desde luego declara que de los varios cuadros del acto primero no llegó a oír una sola palabra. Las figuras gesticulaban en escena, como en la pantalla del «cine» cuando era mudo; la sala, en cambio, era sonora y vociferante. A las protestas de los que iban a protestar, contestaban los que, ante todo, querían oír. A las palabras que se cruzaban, sucedieron los golpes. Butacas rotas. Guardias. Pero ya estamos en el suceso que, a nuestro entender, es resultado de una táctica errónea y sólo puede servir de reclamo a la comedia. Esta guarda entera fidelidad esencial a su fuente originaria. Los adaptadores han trasladado casi siempre las palabras mismas del autor, sin retroceder ante las más crudas expresiones. En el trabajo de condensación se percibe, sin duda, la violencia que han hecho a determinadas situaciones para refundirlas en una; quebranto inevitable que la plasticidad del teatro impone a la amplitud de la novela. Bien resueltas han dejado dos dificultades de bulto: el cuadro de los ejercicios espirituales, que aún podría acortarse, y el final en que el jesuita que se ahoga en la estrechez de su Orden, proclama su rebeldía.

Esto en cuanto a la parte de técnica teatral. En el pensamiento, la comedia es lo que era la novela, publicada hace veinte años: una pieza de combate. Ortega y Gasset en un artículo escrito entonces, y recopilado más tarde en «Personas, obras, cosas», la analizaba en su alcance pedagógico y la consideraba como un llamamiento a la atención de los gobernantes.

Hoy, en circunstancias muy distintas, conserva ese valor. Su tono, burdamente realista, ennegrece acaso por condensación lo que en la vida se da más disperso; el teatro, aun evitando los pasajes y pormenores que la novela no tiene por qué velar, aun quitándole esa parte de fuerza, hace, condensándolos más aún, ciertos trances, todavía más duros.

En cuanto a la interpretación y postura en escena —sobre unos decorados muy sobrios y justos de Silvio Bermejo— se ha de alabar el conjunto logrado con una compañía formada rápidamente. Actores como Martínez Tovar, Somera, La Riva, Cembreros, Marset, Villagómez, Domínguez Luna, que jamás pensaron formar parte de la Compañía de Jesús, dan a los diversos tipos de jesuitas, el intelectual y el místico, el avieso y el cruel, el sabio y el bobo, sus respectivas facies y cuerpos. Una actriz joven Mercedes Mariño, en el tipo de Ruth Flowers, ha interesado a un público que tenía sobrados motivos de distracción: es la única inglesa de teatro que hasta ahora me ha dado la verdadera sensación de una inglesa. Los muchachos que hacen los escolares (entre los cuales hay un Calvo y un Vico, de apellidos, por supuesto), en su misma imperfección contribuyen a la realidad de las escenas en que intervienen, destacándose los encargados de los papeles de Bertuco, Coste y Manolito Trinidad.

El público, tranquilo al fin, aplaudió las terminaciones de acto y de cuadro que pudieron oírse con calma, y reclamó insistentemente la presencia del señor Pérez de Ayala, que no se hallaba en el teatro.

Con sus elogios y sus reparos, éste es, evidentemente, otro nivel de crítica teatral. Es curioso el elogio de la actriz que hace el papel de Ruth, teniendo en cuenta la reacción de la prensa inglesa que luego recogeré. Por otro lado, resulta evidente la calidad como crítico teatral de Díez Canedo y la amplitud de su información cultural, con la referencia concreta a las variaciones introducidas en la novela y el artículo de Ortega que antes he recogido.

Algo semejante cabría decir de la crítica de Melchor Fernández Almagro, en *La Voz,* añadiendo, todavía, un poco más de brillantez estilística. Me parece éste un texto importante no sólo para la obra dramática sino como interpretación y crítica de la novela originaria. Dice así:

ESTRENO EN EL BEATRIZ DE «A.M.D.G.», ADAPTACIÓN DE UNA
NOVELA DE PÉREZ DE AYALA

Un escándalo formidable y muchos detenidos

No hubo más interés y natural pasión en las Cortes constituyentes al discutirse el artículo 24, que anoche, en el teatro Beatriz al estrenarse la adaptación de *A.M.D.G.,* la famosa novela de Ramón Pérez de Ayala. Lo de menos, con ser mucho, fue el grito, la interrupción desaforada, el rumoreo de los que discutían aquí y allá, desde el paraíso —digámoslo así— hasta el patio. Patio de sainete, con riña y guardias... Lo grave fue esto: que las gentes llegasen a las manos, que se desencajasen butacas, que una estúpida violencia, de espectador a espectador, se apoderase del local; que la fuerza pública tuviera que intervenir... (Antes debió hacerlo, dicho sea entre paréntesis, para evitar el desarrollo que obtuvo la peripecia.)

Ello es que la gente se produjo con una pasión desplazada por entero. No se trataba de abrir polémica sobre un tema político, y mucho menos de promover reyerta. Lo que a todos les congregaba allá era una obra literaria, que para ser juzgada tenía que ser oída. Y no se logró objetivo tan elemental hasta mediar el segundo acto. Entre los guardias de Asalto y el cansancio, se amansó el oleaje. Pero aún persistió en la atmósfera la electricidad del mitin.

* * *

No es de ahora, es de siempre, nuestro convencimiento de que una novela no tiene por qué ser transportada al teatro. La creación artística no cuaja en este o aquel molde caprichosamente, sino que afecta formas impuestas por su profunda necesidad estética. El autor mismo no vacila en seguir uno u otro camino, según vea dominar en el esquema de su obra los elementos narrativos o los plásticos. Ya hecha y rehecha una producción del ingenio, no muda de forma sin mortal desvirtuación. ¡Cuántas hermosas novelas oprimidas por el puño de un adaptador han perdido su jugo vital, quedando reducidas a la pulpa reseca de un argumento o una tesis!... Convengamos, si nos fuerzan en que a veces cabe la excepción, que existen novelas perfectamente aptas para el tránsito a la escena. Pues bien: *A.M.D.G.* no figura entre ellas.

* * *

En 1910 aparece fechada la novela de Ramón Pérez de Ayala, que los señores López de Carrión y Galeno acaban de llevar al teatro. Aunque siempre estuvo vivo, como tema polémico, el jesuitismo, no cabe duda que el autor, al escribir su libro no pensó de ninguna manera en halagar un estado de opinión. Fue más pura la fuente de su inspiración: el recuerdo. Y si la evocación de su vida traspuesta a Bertuco le resultó a Pérez de Ayala combativa o tendenciosa fue porque, naturalmente, todo hecho vivido acarrea por sí mismo un juicio o una lección; una experiencia. El autor consignó la suya, y más bien pudo temer —dados los tiempos— la represalia que el provecho.

Los términos de la cuestión, en el transcurso de veinte años, se han invertido. ¿Qué han podido ver los arregladores de *A.M.D.G.* sino una ocasión de servir la actualidad, de utilizar la obra ajena en beneficio de una pasión pública hoy dominante?... Toda suspicacia habría perdido razón y pretexto si los señores Galeano y López de Carrión hubiesen tenido el buen gusto de aplazar su adaptación a un momento en que nadie pudiera reprocharles que se arrimaban al sol de un interés ajeno al arte.

* * *

R. Pérez de Ayala, escritor al que siempre hemos testimoniado una admiración fervorosa, es el autor inolvidable de *Troteras y danzaderas*, de *Luz de Domingo*, de *Belarmino y Apolonio*... Ha hecho versos con suma inteligencia. Y ensayos que figuran en la primera línea de un género realmente prócer. No se gana la palma del ensayismo sin el talento y la cultura del gran escritor. Todos los géneros, en efecto, los ha trabajado... menos el teatro precisamente. Y en verdad que difícilmente se descubren posibilidades escénicas en las novelas de Pérez de Ayala, señaladas por aquello que el teatro no absorbe a título genuino: intención filosófica y primores de estilo.

Ambos factores entran también —¿cómo no?— en la composición de *A.M.D.G.* La sátira y vejamen de la Compañía de Jesús no es la esencia única de un libro muy complejo. En *A.M.D.G.* hay paisaje natural y conflicto psicológico. Probablemente, nuestra literatura de todos los tiempos no cuenta con páginas que superen a algunas de aquella novela, en la hondura y precisión del análisis. Y es curioso descubrir en determinados pasajes anuncios y gérmenes de un psicologismo que posteriormente ha tenido en Joyce ilustración eminente.

Matices y reflejos del alma y sus problemas insertos en prosa de calidad —ennobleciendo o compensando la angostura de visiones parecidas en punto a la acción externa—, hacen de *A.M.D.G.* una lectura, no un espectáculo teatral. Bien se ve y comprueba en la adaptación. No es que los señores López de Carrión y Galeano lo hayan adaptado mal. Es que materialmente era muy difícil conseguir cosa mejor. ¿Cómo emocionarnos con la belleza de unas formas si una violenta monda y mutilación nos deja al descubierto el simple hueso?

En los huesos ha quedado ahora la novela de Pérez de Ayala. Y hasta el esqueleto aparece incompleto o desarticulado. Además cada cuadro se recarga de color para resolver en un brochazo lo que en la novela es tono que el autor graduó con vistas a efectos de otra clase. Falta claroscuro e hilo conductor. Y el resultado total, en definitiva, no puede apuntarse en el haber de nadie. Ni siquiera en el de los intérpretes. En pésimas condiciones rindieron anoche su trabajo. La segunda mitad de la representación les permitió una normalidad relativa. Advertimos el tino de Martínez Tovar, de La Riva, de alguno más. De la señorita Mariño, especialmente aplaudida. La composición y movimiento de la escena acreditaron pericia en la dirección. Muy bien los niños Bertuco y Coste. Estimable el decorado de Bermejo. Y no hubo más novedades en el frente...

Además de la crítica, algunos periódicos o revistas incluyen gacetillas sobre el estreno de la obra que aportan elementos anecdóticos. *La Gaceta Literaria* (en el número del 1 de diciembre) utiliza la vía de la paradoja, tan habitual en Ernesto Giménez Caballero:

Y nos encontramos que —a pesar del burdo cañamazo dramático— por allí desfilaba vida de España, alma de España. Que un padre Sequeros salvaba —con su sacrificio, dolor y humildad— la grandeza de Loyola. Que un padre rector, con su inflexibilidad casi sublime, con sus «somos fuertes porque somos castos», enaltecía el jesuitismo de modo inconmovible. Que las angustias del niño aquel impresionaban por lo que de sedimento trágico y trascendente le dejarían en la vida. Que a aquel fraile sensual se le expulsaba. Y al violento se le toleró porque la función se acabó. Porque el telón bajó. ¡Qué estafa! Si ya lo decía uno allí: Este Pérez de Ayala se nos ha disfrazado de embajador de la República para hacer propaganda de su orden. Es un verdadero frailuco. ¡Ya lo creo que ha hecho A.M.D.G.!
—Debe ser verdad —decía otro— que este Pérez de Ayala escribió hace unos dos o tres años una carta a una señora arrepintiéndose de la novela *A.M.D.G.*, y confesándole que si pudiera destruiría aquel engendro.
—Algo debe de haber —añadió otro más enterado— por cuanto el nuevo partido conservador y católico que proyecta Miguel Maura cuenta ya con este embajador.
—¿Y esos «luises» que han ido a la cárcel, quiénes creerán que fueron? —remató un chulón de garrota—. ¡Pos conchavaos! ¡Agentes provocativos de la obra! Ya ven, hoy es la representación veinticinco. ¡Ná, las bodas de plata!
Nos quitamos tristemente las gorras todos. Y nos persignamos. No fuera que llegara de pronto al Poder el nuevo partido católico del embajador asturiano y nos cogiese sin confesarnos.

El embajador de Cristo, en España

Pérez de Ayala no ha llegado a ser escandaloso hasta que se ha metido —o le han metido— a dramaturgo. Mientras se dedicó a versificar, a novelear y apostillar todo lo más escandaloso que hizo fue molestar a don Jacinto Benavente, posponiéndole a Carlos Arniches, a los Quintero y a Pérez Galdós.
En cambio, Jacinto Benavente —fiel siempre a su genialidad dramática— no ha hecho en toda su vida más que escandalizar. A diestro y siniestro. A curas, a ateos, a monárquicos, a

republicanos, a tirios, a troyanos, a tontas y a locas, a frigios y a frígidos.

Sin embargo, Benavente es una gloria nacional, a pesar de sus escándalos. Lo que no puede decirse de Pérez de Ayala a pesar de los suyos.

El intríngulis pudiera estar en esto: que Benavente realiza en su obra lo contrario que en su vida. Y Pérez de Ayala intenta llevar a la obra lo contrario de lo que llevó a la vida.

Benavente: un solitario, un escéptico, un anárquico, un cáustico: asienta en su drama español, esencias fundamentales de lo español: la familia, la fe, la disciplina, ingenuidad.

Ayala: un excelente padre de familia, un pánfilo de muchos credos, un disciplinado demócrata, y un poeta a ratos, quiere construir una obra demoniaca y pulverizante.

Un tono mucho más directo y elemental tienen las gacetillas que publica *La Nación,* bajo el título «Entreactos», que concluyen con la sugerencia de que se supriman las representaciones de la obra:

Porque *una sola* frase de una comedia parecía molesta a *un solo* personaje de esta situación, las izquierdas organizaron una serie de escándalos, hasta que la frasecita desapareció.

Porque los católicos protestaron contra falsedades y desfiguraciones que tienen [supongo que es errata por: hieren] los sentimientos de la mayoría de la nación, se indignan las izquierdas contra la protesta.

Ellas son las que han dado la norma: no pueden quejarse.

¿Que fue mayor la protesta anoche? También es infinitamente mayor la causa. Pero, aunque no lo fuera, los de las derechas son tan generosos, que se inspiran siempre en devolver ciento por uno.

* * *

También el Sr. Sánchez Guerra, hijo, habrá podido apreciar lo del ciento por uno.

* * *

El simpático crítico Juanito González Olmedilla se dedicaba anoche a señalar a los guardias de asalto quiénes eran los que protestaban para que fueran arrojados del local. Otros, más

izquierdistas y más republicanos que él, mostraban su ecuani-
midad y su concepto del carácter que ostentaban, permaneciendo pasivos ante el espectáculo.

Costará trabajo creer en la imparcialidad de un crítico tan
impresionable, después de haberle visto dedicado a la tarea de
cazar católicos.

* * *

El precipitar los acontecimientos tiene grandes inconvenien-
tes. Si anoche no hubieran buscado el fracaso antes de tiempo,
el fracaso hubiera llegado estrepitosamente.

* * *

Si a todos los que protestan contra una obra los detienen,
los autores van a tener que dedicar un homenaje al director de
Seguridad.

A menos que el autor tenga que ser embajador de España en
el Extranjero.

* * *

Cuando la frase de *La melodía del jazz-band* provocó protestas —aunque no estacazos— se hicieron gestiones para que se
suprimiera. Y se ha suprimido.

¿Se hará lo mismo con «*A.M.D.G.*»?

Hasta aquí las referencias madrileñas al estreno. No faltan,
desde luego, las notas pintorescas: ese «Extranjero» con ma-
yúscula, esa narración *in crescendo* de gritos, golpes y bastonazos... No faltan tampoco, me parece, los motivos de reflexión
no muy alegre sobre la tendenciosidad de algunas informacio-
nes... En todo caso, son documentos históricos que me ha
parecido útil recordar al reeditar *A.M.G.D.*

El eco de los alborotos llegó también a la prensa inglesa. Al
ordenar los papeles de Pérez de Ayala, en casa de su viuda,

pude ver muchos de estos recortes: los únicos, prácticamente, que habían resistido bien el paso del tiempo y las vicisitudes biográficas del escritor. En mi libro *La novela intelectual de Ramón Pérez de Ayala* me hacía eco ya de estas reacciones. Últimamente, Agustín Coletes[28] ha completado el panorama con datos de gran interés. Resumo aquí los más llamativos.

Hay que recordar, ante todo, que los periódicos conservadores ingleses habían recogido, en el mes de mayo, las noticias sobre la quema de conventos en España, hasta el punto de que el Rey de Inglaterra planteó el tema a Pérez de Ayala, cuando éste le presentó sus credenciales.

Ante el estreno de la obra dramática, la reacción general de los periódicos ingleses es negativa. La longitud y la dureza de la crónica dependen de la actitud de cada una de las publicaciones ante la República española.

El *Daily Telegraph* titula, humorísticamente: «Madrid Theatre Uproar Caused by Ambassador's Play» y dice, entre otras cosas, lo siguiente:

> Scenes of the wildest disorder occurred when a stage version of a novel written by Señor Pérez de Ayala, Spanish Ambassador in London, was presented for the first time in the Teatro Beatriz here last nigth.
>
> Seats in the boxes, stalls, and pits were smashed up, and practically everybody joined in a free fight, in the course of which Señor Rafael Sánchez Guerra, a former Under-Secretary in the Prime Minister's office, received a black eye. Many other persons suffered bruises and other injuries.

Una reacción más acre fue la del *Catholic Herald* del 14 de noviembre, que aprovecha la ocasión para atacar políticamente la designación de este embajador. Con la perspectiva que da el tiempo, resulta pintoresco ver que Pérez de Ayala aparezca designado como «A Soviet's Ambassador». Dice así la reseña:

> It would seem that the Bolshevike of Spain have a man here in London who is of the same type as those sent out from Moscow by the Soviet Cutthroats.
>
> The individual is Mr. Pérez de Ayala who had a play produced the other day in Madrid which was the cause of a grave riot.

---

[28] En su tesis doctoral *Pérez de Ayala e Inglaterra*.

The man had the good taste to call his play *A.M.D.G.*, which, as our readers know, means to the greater glory of God.

It was a caricature of the Jesuits such as one would expect from an apostate, who had got his education from these same jesuits and who repaid their work by the usual lying and contemptible rubbish which the anti-Jesuits have indulged in from the earliest days of that great Order.

Spain has fallen pretty low when such a character represents her as Ambassador in London.

Otro duro ataque es el del *Tablet*. Después de dar noticia del estreno (el 21 de noviembre), insiste en el tema, dos días después, subrayando un dato que encolerizará a sus lectores, la «ofensiva caricatura de una mujer inglesa», Ruth en la versión teatral. Dice así:

From Madrid we receive further details of the abominable play *A.M.D.G.*, which is based on a novel of that name by the Spanish Republic's Ambassador in London. To express their disgust at an offensive caricature of an Englishwoman on the stage, some English ladies, who were present, rose without any dissimulation of their resentment and walked out of the theatre. We are afraid that Señor de Ayala is not cultivating typically English acquaintanceships while he is our guest, and that he is consequently in danger of misinforming his Government concerning public opinion in this country. His connnection with the *A.M.D.G.* is not what England expects from an Ambassador of Spain.

Las críticas aumentaron al asistir Azaña a una representación de la obra. Se trata ya, sin duda alguna, de un *affair* político montado sobre un pretexto teatral. Insiste otra vez el *Catholic Herald* en que la obra es un «unclean and libellous play» y en que «His Excellency came to receive the hospitality of English Society with the doubtful recommendation of having insulted English women». La conclusión del periodista inglés muestra claramente su objetivo político: «one would not be greatly surprised if a current report, that the author is not returning to London, were correct». No fue así, desde luego.

Agustín Coletes, que ha localizado estos textos, resume así el sentido de todos estos incidentes:

Ayala se equivocó al no haber sabido prever la oleada de protestas que iba a suscitar la adaptación de *A.M.D.G.* en un país esencialmente conservador y morigerado como Inglaterra, que aún recordaba con admiración la figura del antiguo embajador monárquico; cuya realeza estaba emparentada con la española y cuya opinión publica había rechazado de modo prácticamente unánime los episodios anticlericales de mayo. Ayala, que entre ese mes y septiembre había logrado, con una serie de gestos más o menos propagandísticos y con su trabajo y dedicación, empezar a *caer bien,* valga la expresión, entre los sectores ingleses más escépticos con respecto al régimen español, da ahora, seguramente por falta de previsión, un paso atrás. A su vuelta a Londres se verá obligado a hacer una exquisita labor de encaje de bolillos para recuperar el terreno perdido[29].

AUTOBIOGRAFÍA

Las cuatro novelas que forman el ciclo inicial de Pérez de Ayala —ya lo he indicado antes— son, a mi modo de ver, profundamente autobiográficas. Puedo aducir ahora un texto que no suele recordarse. En el año 1924, respondiendo a «un interlocutor inteligente y amable», dice esto:

> Es prematuro que yo señale hasta qué punto son esas novelas una autobiografía, y desde qué linde real dejan de serlo. Pero que tienen mucho de autobiografía cuando menos en lo tocante a la génesis de un espíritu individual, especie de monografía de un alma determinada, o anales internos de la formación de una óptica de ideas y sentimientos frente al mundo, esto es bien patente[30].

En el caso de *A.M.D.G.,* el carácter autobiográfico parece evidente, a pesar de que la primera crítica que obtuvo la novela (la de *El País,* 25 y 26 de diciembre de 1910) no advirtió la identidad entre Bertuco y su creador.

---

[29] *Ibídem,* pág. 574.
[30] «Ramón Pérez de Ayala responde a un interlocutor inteligente y amable», en *La Prensa,* Buenos Aires, 31 de agosto de 1924. Recogido en *Divagaciones literarias,* luego en *Obras Completas,* IV, pág. 1002.

Lo afirma rotundamente Pérez de Ayala en una entrevista que le hizo El Caballero Audaz:

> fui luego internado cuatro años en el colegio de la Inmaculada de Gijón, que es el que he pintado, presumo con bastante fidelidad, en mi novela *A.M.D.G.*»[31].

Y en dos artículos incluidos en el volumen *Amistades y recuerdos:*

> Apenas cumplidos los ocho años, mis padres me enviaron a un colegio de jesuitas, en Carrión de los Condes (...) Viví en aquel viejo monasterio los dos últimos cursos que fue colegio laico. Al tercer curso pasé al colegio de la Inmaculada Concepción, en Gijón, de los jesuitas también, que se inauguró aquel año, y es el que describo en mi novela *A.M.D.G.*[32].

El biógrafo del novelista, Miguel Pérez Ferrero, lo corrobora, con rotundidad un poco exagerada:

> Toda la vida de Ramón en el colegio de los jesuitas de la Inmaculada Concepción está en *A.M.D.G.* Todo cuanto Ramón Pérez de Ayala escribió en ese libro referente a los alumnos es absolutamente fiel[33].

Intentaré resumir los hechos, utilizando las aportaciones de varios estudiosos: Miguel Pérez Ferrero, Victoriano Rivas, Constantino Quintela, Florencio Friera... El niño Ramón Pérez de Ayala estudió en dos colegios: primero, en el de San Zoilo en Carrión de los Condes; luego, en el de la Inmaculada de Gijón. Este último es el que aparece en la novela, aunque también incluye rasgos que proceden del otro.

Si no me equivoco, Pérez de Ayala pasó en Carrión los cursos de 1888-89 y 1889-90; estuvo allí matriculado con el número 24[34]. (Allí coincidió con el padre Julio Cejador.) Después pasó a Gijón, donde estuvo cuatro cursos, de 1890

---

[31] Recogida en el volumen *Galería,* II, pág. 536.
[32] *Amistades y recuerdos,* Barcelona, Aedos, 1961, págs. 135 y 202.
[33] Miguel Pérez Ferrero, *Ramón Pérez de Ayala,* pág. 29.
[34] Lo precisa así Florencio Friera, que ha consultado el *Catálogo de los alumnos del Colegio del Sagrado Corazón de Jesús,* Carrión de los Condes, cursos 1888-89 y 1889-90.

a 1894, de los diez a los catorce años. La novela se refiere al cuarto: el grueso de la acción se desarrolla en el curso de 1894.

Revisando los papeles del escritor, Agustín Coletes ha encontrado una vieja postal con la foto del patio del colegio de la Inmaculada. Se la envió Pérez de Ayala a Mabel desde Munich (por lo tanto —supongo— cuando está escribiendo *Troteras y danzaderas,* en 1911 ó 1912). Dice así:

> when I was in this college this courtyard was not a garden, like it is now, but a yard for games, and I played, and sported in it many a time twenty years ago.

A Mabel, su novia, la ha conocido en Italia y todavía se hablan en inglés. El novelista le envió también la traducción alemana de *A.M.D.G.* con esta dedicatoria: «For my darling, dearest Mabel.» (He visto el libro y le pregunté por él a Mabel poco antes de morir pero no lo recordaba.)

Si leemos la novela teniendo presentes los datos de la biografía de su autor, nos saltarán a la vista múltiples coincidencias. Así, la cariñosísima referencia a la criada Teodora, figura que parece repetirse en la vieja Rufa de *La pata de la raposa;* en la vida real

> el pequeño Ramón vivió en realidad con su ama de cría hasta que fue al colegio de Carrión de los Condes, a la edad de ocho años. Asi, el ama fue para el niño como su madre[35].

La psicología de Bertuco coincide absolutamente con lo que sabemos del novelista. Es inteligente sin necesidad de estudiar mucho. Le caracteriza el espíritu crítico, la independencia de criterio. Años después dirá al Caballero Audaz, en la entrevista ya citada:

> Por fortuna, yo fui siempre curioso y descontentadizo. Jamás acepté lo que se me daba o imponía, sino que fui admitiendo lo que juzgué admisible por cuenta propia. El padre Sangrador, que me quería mucho, me llamaba «el anarquista».

---

[35] Miguel Pérez Ferrero, «Con Pérez de Ayala en el Oviedo de su infancia y primera juventud», *Mundo Hispánico,* núm. 253, Madrid, abril de 1969.

A la hora de escoger entre las asignaturas opcionales, Bertu-co se matricula en violín y dibujo. Estas fueron, en efecto, las dos grandes aficiones juveniles del escritor. Es bien sabido que pensaba en dedicarse a pintar y dibujaba bastante bien: he reproducido bastantes dibujos suyos, por ejemplo, en mi edición de su epistolario a Miguel Rodríguez-Acosta. Menos se suele recordar que llegó también a dominar notablemente el violín y que lo tocaba a dúo con el piano de su amigo Masavéu.

En sus memorias íntimas, anota Bertuco varias veces que siente ganas de llorar: al oír una música, al ver cómo crece una planta... Varios años después, en 1906, el joven Pérez de Ayala escribe a su amigo Rodríguez-Acosta:

> ... sólo con la evocación de mi madre me ha entrado un inmenso desconsuelo, y me invaden deseos de llorar, como lloro muy a menudo en sueños, igual que cuando era chico[36].

En la novela vemos cómo están dispuestos los dormitorios de los alumnos:

> Altas como cosa de dos metros y a lo largo de la sala, van en cuatro filas las camarillas, haciendo dos cuerpos, de manera que, de sus portezuelas, la mitad da a un pasillo central y la otra mitad a otros dos pasillos más angostos, los cuales corren siguiendo los muros laterales del recinto.

También se describe la camarilla de Bertuco:

> Como todas las demás, era un mechinal diminuto, con cabida para una cama infantil y una mesa de noche, que hacía de lavabo en alzándole la tapa. Por toda techumbre, una tela metálica. A los pies, una percha; a la cabecera, estampas y una pila; en un ángulo, una rinconera, en donde Bertuco depositó, alineándolos, sus avíos de tocador.

Miguel Pérez Ferrero, en su biografía, nos informa de que

> a los dormitorios de los alumnos se les llamaba camarillas. A lo largo de una gran nave había una porción de pequeñas células separadas, y en cada una de ellas dormía uno. La

---

[36] *Op. cit.*, en nota 27, pág. 66.

camarilla tenía la cabida suficiente para una cama y una mesa de noche, cuya tapa se levantaba y contenía dentro una jofaina con agua para el aseo matinal. Encima de la mesa de noche había una pequeña estantería donde se colocaban las cosas necesarias para asearse. Las camarillas daban a un pasillo central y estaban separadas por una cortina roja, que el inspector de turno, a la hora reglamentaria, entre ocho y media y nueve de la noche, iba levantando para ver si cada chico estaba ya en su lecho y si dormía [37].

Al llegar Bertuco a su camarilla —es uno de los momentos más conmovedores de la novela— siente una honda depresión y desamparo. Este es su testimonio rotundo:

El desfallecimiento más angustioso me acometía cuando, concluida la jornada, siempre uniforme, como de etapas a través de un páramo, nos recluían a cada cual en nuestra camarilla, un pequeño sepulcro, todo blanco de cal y de lino. Era el instante del vacío de la noche, y la noche era el vacío del mundo [38].

Vemos, en la novela, las filas de alumnos que se dirigen a las salas de estudio: las mesas de pino, los pupitres, el púlpito del inspector... Nos parece estar oyendo la triste melodía de Antonio Machado:

Una tarde parda y fría
de invierno. Los colegiales
estudian. Monotonía
de lluvia tras los cristales [39].

Los detalles que nos da Pérez Ferrero coinciden absolutamente:

Las salas donde los chicos estudiaban eran grandes estancias en cuyo muro frontero se hallaba el púlpito del inspector, que de esa manera podía observar y abarcar de un vistazo el

---

[37] *Op. cit.*, pág. 21.
[38] *Amistades y recuerdos*, ed. citada, pág. 203.
[39] Antonio Machado: poema «Recuerdo infantil», de *Soledades*, en *Obras. Poesía y prosa*, edición de Aurora de Albornoz y Guillermo de Torre, 2.ª edición, Buenos Aires, Losada, 1973, pág. 65.

conjunto de los colegiales. A ese púlpito se subía por unas escaleras colocadas a uno y otro lado. Estaban las salas divididas en dos sectores que se componían sucesivamente de hileras de cuatro bancos con su correspondiente pupitre delante de cada asiento. El pupitre tenía dos puertas laterales que se abrían hacia los lados para que en ningún caso, si los chicos habían de abrirlas, interceptasen la visión del inspector desde arriba. En el pupitre se guardaban libros, papeles, cuadernos y demás efectos para el estudio[40].

Una noche, después de la cena, Bertuco no se encuentra bien: va a la enfermería y, a los tres días a la sala de convalecencia donde hay juguetes y un padre bondadoso que acompaña a los niños enfermos.

En el número 1 de la revista *Helios* (3 de abril de 1903), después del manifiesto fundacional, publicó Pérez de Ayala una crítica de *La aldea lejana,* de Palacio Valdés[41]. En ella se desliza este recuerdo autobiográfico:

> También alguna vez estuve enfermo, como ahora, lejos del hogar protector y de las solicitudes familiares. Hasta el pequeño lecho con pabellón de encaje, llegaban apagados, y como con sordina, los ecos de la campana que vibraba a lo lejos regulando la vida de la comunidad, oculta en el laberinto de las celdas monásticas...

Años después, recuerda Pérez de Ayala y confirma el realismo de la descripción:

> En la enfermería había juguetes varios, y acudían a entretenernos cuándo uno cuándo otro padre, de esos hombres inocentes y cuitados que por la gracia de Dios jamás faltan algunos en ninguna comunidad, ni siquiera en la Compañía de Jesús, los cuales, a causa del simplismo y pureza de su corazón, siguen siendo niños toda la vida[42].

En la fiesta de distribución de premios y reparto de dignidades, recibe Bertuco varios diplomas y cruces. Al acabar el

---

[40] *Op. cit.,* pág. 34.

[41] La ha recordado y comentado, hace poco, Dionisio Gamallo Fierros, «Primera etapa de la vida y la obra de Pérez de Ayala», en *Pérez de Ayala visto en su centenario,* pág. 313.

[42] *Amistades y recuerdos,* ed. citada, pág. 203.

acto, arroja todo por el agujero del retrete. Afirma Pérez Ferrero que se trata de un episodio real y prolonga el relato, informándonos de las consecuencias que esto tuvo:

> Entonces al padre Gutiérrez, que figura en *A.M.D.G.* fundido con el padre González en el padre Mur, y que tenía proclividades de rata de alcantarilla, porque andaba siempre husmeándolo todo con el hocico vibrátil, se le ocurrió ¡nada menos!, que ir mirando retrete por retrete, y en uno de ellos halló las cartulinas arrojadas por el chico. Investigó de quién provenían y se precipitó a denunciar el hecho a sus superiores. En la concentración del mes siguiente, el padre Rector, al proclamar los premios de la clase de Ramón, dijo: "Excelencia", sin pronunciar ningún nombre detrás, lo cual repitió con los primeros premios por asignatura. Al apóstrofe dijo: "que se acerque el alumno Ramón Pérez de Ayala". Y cuando le tuvo frente a él le espetó severamente: "tienes una soberbia satánica". El chico no podía explicárselo. Se quedó atónito. A su imaginación escapaban los manejos del padre Gutiérrez[43].

No cabe duda: Bertuco se construye, literariamente, sobre la base de las experiencias reales del chico Ramón Pérez de Ayala, a sus catorce años. No fue feliz allí, aunque algunos lo pretendan. El que no sienta compasión por la melancolía de este niño, a causa del régimen de vida que le imponen, no puede entender la raíz de la que surge esta novela ni su sentido básico.

PERSONAJES DE CLAVE

El escritor —lo he dicho más de una vez[44]— hace literatura con toda su sustancia vital, con el bagaje de experiencias acumulado a lo largo de una vida. En ocasiones, además, decide escribir una obra de clave. ¿Por qué? No lo sabemos con seguridad. Probablemente, a la vez que imagina una obra de ficción intenta salvar de la muerte definitiva a unos amigos, una época, unos lugares, un ambiente irrepetible. Y, a la larga,

---

[43] *Op. cit.*, pág. 38.
[44] Sobre todo en *Vida y literatura en «Troteras y danzaderas»*.

esta *búsqueda del tiempo perdido,* este testimonio personal, acaban adquiriendo un notable valor histórico.

Algunos elementos aparecerán con su propio nombre. Otros —lugares, personajes— con un ligero antifaz. Al lector, entonces, le tocará el suplementario placer de *descifrar* el significado verdadero, oculto bajo la «fermosa cobertura». Al principio, esto resulta muy fácil: los nombres son famosos, la información «está en el aire». Por eso mismo, muchas veces, resulta innecesario, casi absurdo —cuando no enojoso, por múltiples razones— revelar por escrito las claves. Pero pasan los años, mueren las personas, cambian los lugares, se esfuma el aire de una época, y la obra de clave se va convirtiendo en una esfinge cada vez más impenetrable, cada vez más muerta. Es preciso desempolvar periódicos atrasados, releer viejos libros, recurrir a testimonios orales, para que todo vaya coloreándose otra vez, recuperando la sustancia vital de que orignariamente se nutría.

No se trata, naturalmente, de copiar, de reproducir fotográficamente la realidad. El escritor somete a una transfiguración la experiencia realmente vivida para construir su obra de arte. Lo que importa, en definitiva, es el valor estético, la calidad. El hecho de que una obra sea de clave no presupone necesariamente nada en este terreno, el único de verdad importante. Pero la novela, como obra humana que es, está compuesta por materiales humanos, y el conocimiento de esos materiales podrá servir para aproximarnos un poco a su íntimo secreto, para entenderla mejor.

Dentro de las novelas de Pérez de Ayala, es bien sabido que *Troteras y danzaderas* es una obra de clave. Hora es ya de que afirmemos lo mismo, rotundamente, de *A.M.D.G.* Una serie de investigaciones recientes han permitido concretar mucho más lo que antes era, sólo, confesión parcial o hipótesis insuficientemente motivada.

Ya en enero de 1911, en una conferencia del Ateneo madrileño, Enrique Amado dijo que algunos lectores se reconocían en la novela. Transmite la noticia Gil Mariscal[45] y la matiza: otros lectores, ex alumnos también de los jesuitas no reconocían en ella su personal experiencia. De la clave estricta se pasa casi insensiblemente a opinar acerca de si la novela refleja con justicia lo que uno ha vivido. Afirmativo fue, por ejemplo, el testimonio de Julián Cañedo: «El libro de Pérez de

---

[45] *Op. cit.,* pág. 13.

Ayala *A.M.D.G.* es exacto. Recuerdo que los mayores castigos que recibí han sido por no denunciar a los compañeros»[46]. Los principales testimonios del propio Pérez de Ayala se encuentran en *Amistades y recuerdos* y la entrevista con El Caballero Audaz, como ya hemos visto, y en el prólogo al libro de Julio Cejador *Recuerdos de mi vida*[47].

Últimamente, mi alumno Constantino Quintela Rodríguez ha estudiado meticulosamente la correspondencia de los personajes literarios con seres reales[48], en una investigación cuasipoliciaca para la que ha encontrado no pocas dificultades. Resumiré sus conclusiones.

Dentro del friso de jesuitas, Pérez de Ayala ha desarrollado mucho dos personajes, Atienza y Sequeros; trasunto, respectivamente, de Julio Cejador y Eladio Sangrador.

La figura de Sequeros es una de las más complejas y elaboradas literariamente. No es totalmente bueno ni malo, reúne rasgos opuestos: por un lado, es sincero, honesto, cariñoso con el niño Bertuco, partidario de una pedagogía laxa... Por otro, su piedad dulzona, su exagerada devoción por el Corazón de Jesús son claramente enfermizas. Todos estos rasgos corresponden, básicamente, a la realidad histórica. Antiguos compañeros de Pérez de Ayala «recuerdan por ejemplo cómo a él le trató con especial benevolencia el padre Sangrador»[49]. Antes he recogido el comentario del propio novelista en la entrevista al Caballero Audaz: «El padre Sangrador, que me quería mucho, me llamaba "el anarquista".» Existen testimonios de que enseñaba francés y de que acabó flaqueándole la razón, como dice la novela.

En la construcción del personaje, evidentemente, Pérez de Ayala ha combinado las impresiones vividas en la niñez, la información que debió de proporcionarle Cejador y las opiniones del narrador adulto.

Con evidente simpatía aparece retratado, en la novela, Julio Cejador, bajo el nombre de Atienza[50]. Los paralelismos entre

[46] Entrevista en *Norte,* noviembre de 1930.
[47] Madrid, Imprenta Radio, 1927.
[48] En su Memoria de Licenciatura inédita.
[49] Victoriano Rivas Andrés, *Un colegio que saltó a la historia,* página 78.
[50] *Vid.* Ramón García de Castro, «Pérez de Ayala y sus maestros: "El Padre Cejador" y "El padre Atienza"», en *La Nueva España,* Oviedo, 3 y 4 de octubre de 1980.

las dos figuras son evidentes y fáciles de documentar. Precisemos un poco las fechas, ante todo.

He dicho antes que, para su novela, Pérez de Ayala combina sus recuerdos de Carrión de los Condes y de Gijón. En concreto, todo lo que se refiere a Cejador deriva de Carrión, pues él no estuvo en Gijón.

El padre Cejador enseñó en Carrión durante dos cursos: 1889-90 y 1890-91. (Luego se fue, pero no a Oviedo sino a Beyrouth.) Pérez de Ayala coincidió con él en Carrión durante el curso 1889-90: era el primero del profesor, allí, y el segundo del alumno. Los recuerdos de este curso los combina luego el narrador con los del curso de 1894, en Gijón.

Otro cambio notable: Atienza deja la Compañía al final de la novela —es decir, en un momento que se refiere al curso 1894—; en la realidad, Cejador lo hizo cinco años después, en 1899. ¿Supone esto una grave distorsión? Creo que no. Artísticamente, todos los elementos de la novela cristalizan en un final que posee sentido unitario. Poco sentido tendría que, por prurito de fidelidad histórica, Atienza quedara en el colegio, al final de la novela, y el narrador nos dijera que su disgusto con la Compañía le llevaría cinco años después, a abandonarla...

El padre Cejador nos ha dejado la primera imagen del niño Pérez de Ayala:

> Fue para mí un artista y un extraordinario ingenio desde chiquitín. Flaco, amarillo, canijo casi, era Ramonín el primero de la división el primer año de bachillerato [51].

La relación entre el profesor y el alumno fue de gran afecto. Entre otros muchos, baste con recordar un solo testimonio de Pérez de Ayala:

> Lejos del hogar, del cielo, los paisajes y los rostros familiares, creo que me hubiera consumido de nuda y desolada tristeza, singularmente los meses primerizos del colegial bisoño y durante el negro periodo de adaptación al medio, sin la paternal providencia y solicitud con que el padre Cejador sobrevenía de continuo a sustentar, iluminar y entibiar mi pobre almita, asombrada y aterida (...) Debajo de mi almohada jamás falta-

---

[51] Artículo en *Los Lunes de El Imparcial*, 6 de agosto de 1912. Recogido luego en *¡De la tierra!*, Madrid, 1914.

71

ba un cartuchito con cascadientes y caramelos, que había atesorado el padre Cejador[52].

Muchos rasgos de Atienza, en la novela, coinciden plenamente con los testimonios históricos que poseemos sobre Cejador: la talla mediana, la miopía, la vitalidad espontánea, el sentido del humor, la franqueza en el hablar, la peculiar forma de pedagogía... Es, sin duda, el mismo personaje cuyo retrato nos transmite Navarro Ledesma[53].

Fijémonos sólo en un rasgo. Los jesuitas opinan que la obra científica de Atienza no tiene mérito suficiente para ser publicada por un hijo de la Compañía. Pérez de Ayala nos informa de que

> cuando Cejador salió de la Compañía de Jesús, los hasta entonces sus hermanos divulgaban discretamente (...) que el pobre Cejador era muy poca cosa en lo tocante a la ciencia lingüística y que ellos no le habían querido publicar cierta obra sobre el lenguaje porque no alcanzaba aquella jerarquía de autoridad inapelable que los jesuitas han ostentado siempre sobre los diversos órdenes del conocimiento divino y humano[54].

Un dato más, prolongando la historia: al salir de la Compañía, Cejador fue a Oviedo, buscando un medio de ganarse la vida como profesor de griego. El 25 de marzo de 1900 escribe Unamuno a Clarín esta carta:

> Señor don Leopoldo Alas.
> Mi estimado amigo y compañero: tiempo hace que apenas sé de usted, tan de higos a brevas nos correspondemos. Hoy le escribo para anunciarle la visita de mi amigo, el presbítero don Julio Cejador, que va de profesor a ese seminario, y que desea conocerle. Conocíle yo en Deusto, siendo él allí profesor de lengua griega, y me llamó la atención su vivacidad y soltura, su criterio en cuestiones filológicas y la amplitud de su sentido, así como su espíritu nada jesuítico. Claro está, ¡como que al

---

[52] «Julio Cejador: In Memoriam», prólogo al libro de Cejador, *Recuerdos de mi vida*, recogido luego en *Amistades y Recuerdos*.
[53] En Antonio Dominguez Q., *Julio Cejador y Franca*, colección Figuras de la Raza, Madrid, 3 de marzo de 1927.
[54] *Amistades y recuerdos*, pág. 206.

fin tuvo que salir de la Compañía! Es, pues, un ex jesuita. Así
que le conozca no extrañará que no cupiese donde estaba. Es
hombre culto, versado en estudios filológicos; ha residido algún tiempo en Oriente[55].

En estas circunstancias, los Pérez de Ayala acogieron en su
casa al antiguo profesor de Ramón, por el que sentía «cariño
como de padre». Años después, en un tratado científico, lo
confirma Cejador: «Conocíle yo a Ramoncín en Carrión, viví
una temporada en su casa de Oviedo, donde estuve dos años,
recién salido de la Compañía»[56].
    Para el conocedor de los estudios eruditos —más o menos
pintorescos— de Cejador, la imagen que obtenemos de él al
leer A.M.D.G. resulta muy humana y noblemente simpática.
    No voy a detenerme igualmente, por supuesto, con las
restantes figuras de jesuitas. Las pesquisas de Constantino
Quintela han logrado identificar a diez Padres y cinco Hermanos. Estos últimos aparecen con su verdadero nombre: Ortega,
Calvo (en la realidad, Gregorio Calvo), Echevarría (Valentín
Echeverría), Santiesteban (Valentín Santiesteban) y Urbina
(Prudencio Ortiz de Urbina).
    De los Padres, el prior francisco Javier Arostegui se refiere
al padre Domingo María Landa; el bufón Conejo o Eraña, a
Silverio Eraña; Iturria, a Aureliano Iturria; Arroyo, a Andrés
Arroyo; Olano, quizá, a Eduardo García Frutos. Según Pérez
Ferrero, «el padre Mur es el resultado de la fusión de dos
padres, el padre González y el padre Gutiérrez»[57]. A Urgoiti
—Maturana— lo menciona ya Gil Mariscal[58].
    En cuanto a Estich, Pérez Ferrero nos cuenta varias anécdo-
tas[59] de su modelo real, José Lete, al que mencionó el propio
narrador en un artículo de Los Lunes de El Imparcial sobre
Clarín:

<hr />

[55] La reproduce Dionisio Gamallo Fierros (artículo citado, página 263) y hace constar las mutilaciones que sufrió al ser incluida en el
epistolario de Clarín que publicó su hijo Adolfo en la Editora Nacional en 1940.
    [56] Julio Cejador y Frauca, Historia de la lengua y literatura caste-
llanas, XII, Madrid, 1920, pág. 130.
    [57] Pérez Ferrero, op. cit., pág. 30.
    [58] Gil y Mariscal, pág. 29.
    [59] Pérez Ferrero, pág. 31.

> Yo iba de Gijón a Oviedo, muy orondo con mi sobresaliente
> en retórica, obtenido merced a la sabia enseñanza del padre
> Lete, un jesuita tísico, gran admirador de Pereda, que me
> auguró cierta nombradía en el lirismo y en la novela, a no sé
> cuántos años vista... [60].

Todo esto que estoy haciendo (lo sé muy bien) se parece
peligrosamente al inútil procedimiento de pretender aclarar
unos personajes literarios —de los que sabemos algo— poniendo a su lado unos presuntos nombres reales de los que
muy poco sabemos. No me parece, sin embargo, que esta
introducción sea el lugar adecuado para resumir los datos
anecdóticos que poseemos sobre estos jesuitas. Basta, por el
momento, con anotar que los especialistas en este tema han
logrado identificar nada menos que a quince de las figuras
clericales que aparecen en el libro. Es un dato que debemos
tener en cuenta a la hora de apreciar el —digamos— espesor
de realidad del que parte el novelista para su creación estética.

En cuanto se me alcanza, son puramente literarios los personajes Gonzalfáñez, Dorín y el clerófobo Trelles. En las
notas a la novela aclaro ya que el banquero Anacarsis Forjador debe de ser Policarpo Herrero, y el Marqués de
San Roque Fort debe de referirse a Antonio Sarri, Marqués de
San Feliz.

Muy curioso resulta el caso de la prostituta Telva les Burres: aparecía ya en *Tinieblas en las cumbres,* volverá a salir en
Tigre Juan y el novelista la menciona en un cuaderno que he
publicado[61]. Entre los papeles del escritor encontré una carta,
firmada por un tal Aquilino González, que decía: «A Telva les
Burres no llegué a conocerla, pero la fama de su casa andaba
en boca de los chicos del bronce cuando yo tenía veinte años.»
También apunta su nombre en las guardas de un curioso libro,
La llave de oro, que utilizo en mis notas a este episodio de la
novela.

Queda, por último, el episodio de la inglesa Ruth. También
tuvo una base real. Según el jesuita Victoriano Rivas, fue el
padre Sangrador —es decir, Sequeros, como en la novela—
el que en el quinto curso de la vida del colegio «trajo la fe

---

[60] Cito por el artículo de Dionisio Gamallo, pág. 387.

[61] Andrés Amorós, «Un cuaderno de trabajo de Pérez de Ayala»,
en *Cuadernos Hispanoamericanos,* número extra.

católica a dos familias protestantes inglesas, hecho al que se alude maliciosamente en la envenenada novela»[62].

Atinadamente comenta Agustín Coletes:

> El personaje tiene una base real: había vivido en Gijón, años atrás, una señora inglesa, bondadosa y muy religiosa, casada con un español. Pero esto es puramente anecdótico. Lo que interesa destacar es la doble función que cumple la figura de Ruth. Por una parte, da interés a la acción y variedad a la novela, que de otro modo resultaría en exceso sofocante por la constante dialéctica Bertuco-educación jesuítica. Es un recurso parecido al que más tarde utilizaría con la historia de Pedro y Angustias en *Belarmino y Apolonio*. La segunda función es aún más importante: la figura de Ruth le sirve a Ayala para hacer una feroz crítica, por contraste, de ciertas actitudes típicamente hispanas: el machismo y el problema del honor, de modo especialmente señalado[63].

Y, en su tesis doctoral inédita, precisa: «el personaje de Ruth resulta altamente literaturizado. Más que desarrollar su personalidad humana, el novelista utiliza esta figura como encarnación de una serie de importantes funciones narrativas e ideológicas»[64].

Este es —usando una expresión del propio novelista— el trampolín real que utiliza para, a partir de él, disparar su fantasía.

LOS JESUITAS

Cuando el zapatero artista Apolonio se abochorna de que los españoles «no hayamos contribuido con ninguna invención al progreso del calzado», el señor Novillo, picado en su patriotismo, replica: «¿que no hemos descubierto una punta o un tacón?, pero hemos inventado cosas de más provecho y sustancia (...) el pote gallego, la fabada, el bacalao a la vizcaína, la

---

[62] Obra citada en nota 49, pág. 78. Nótese el calificativo que, de pasada, recibe el libro.

[63] Agustín Coletes, «Inglaterra y la novela de Ramón Pérez de Ayala», en número extra de *Los Cuadernos del Norte*. pág. 60.

[64] Agustín Coletes, *Pérez de Ayala e Inglaterra*, pág. 987.

paella valenciana, la sobreasada mallorquina, el chorizo y la Compañía de Jesús»[65].

El tema del jesuitismo aparece muchas veces en las obras de Pérez de Ayala. Recordemos que su primera novela, *Tinieblas en las cumbres,* concluye con un epílogo[66] que es clara anticipación de *A.M.D.G.* Incluso añade, como colofón, el anagrama de la Compañía, que pasará a ser título de la novela siguiente.

Este epílogo, que en la primera edición apareció como prólogo, supone —como he comentado— la utilización de dos esquemas clásicos. Por una parte, el recurso tradicional del manuscrito que, en este caso, es confiado por su autor, en el momento de la muerte, a un padre jesuita. Por otra, la explicación (tan frecuente en nuestra literatura de los siglos de oro) de que se presenta el vicio como mejor medio para moralizar al lector, que escarmentará, así, en cabeza ajena[67].

En cualquier caso, la crítica mordaz de la Compañía de Jesús culmina y se convierte en tema central en *A.M.D.G.* ¿Qué les censura? Me ha parecido útil intentar sistematizar un poco los cargos que hace el novelista, al margen de que la anécdota concreta sea más o menos llamativa. Como fácilmente puede comprobarse, ninguna de las acusaciones de Pérez de Ayala es nueva: todas, prácticamente, han aparecido en la copiosísima literatura antijesuítica a lo largo de los siglos. (Mencionaré, ocasionalmente, algunos ejemplos paralelos, en textos cercanos a nuestro autor.) Lo característico suyo, además del talento expresivo, es la dosis: la importancia que concede a ciertos temas o aspectos, de acuerdo con su concepción liberal del mundo.

Así pues, ¿qué es lo que Pérez de Ayala reprocha fundamentalmente a los jesuitas en su novela?

Primero, una *religiosidad externa, teatral,* que culmina en los Ejercicios Espirituales, con su «composición de lugar», los trucos baratos para asustar a los niños y la devoción sentimental al Corazón de Jesús (Atienza llega a decir que el bondadoso Sequeros roza la idolatría).

Recuérdese que el novelista se burlará también, en *La pata de la raposa,* de la visión infantil del cielo y del infierno:

[65] *Belarmino y Apolonio,* en mi edición, pág. 189. Esta frase no aparecía en la primera edición de la novela.

[66] *Tinieblas en las cumbres,* mi edición, págs. 300-310.

[67] *La novela intelectual...,* págs. 90-91.

¿No se le ha ocurrido a Ud. pensar algunas veces que los teólogos que inventaron el cielo y el infierno eran hombres de escasísima chapeta? Mire Ud. que al mismo demonio no se le hubiera ocurrido imaginar como asilo de la eterna bienaventuranza un lugar en donde toda tediosidad y hastío tiene su asiento. Es un empíreo para los papanatas. Y en cuanto al infierno... Los fieles cristianos se han parado poco a considerar si es terrible o en puridad más amable que el Cielo (...) Ahora supongamos a un hombre zambullido en el fuego infernal. A la vuelta de unos cuantos días, o meses, o años, es seguro que estará sabrosamente adaptado al medio, como la salamandra. Es una ley biológica. Es de creer que la policía de las costumbres será en el infierno bastante laxa, pues ya tenemos a unos cuantos millones de seres, la mayoría de buen humor y de inclinaciones voluptuosas, con un seguro de eternidad sobre la vida, perfectamente adaptados al ambiente y con tiempo y otras cosas por delante para juerguear cuando les venga en gana. ¡Delicioso! Entretanto, en el piso de arriba, los bienaventurados sentirán la pesadumbre del tedio irremisible, oyendo, a lo más, zampoñas etéreas[68].

La censura del franquismo suprimió «frases injuriosas a la religión cristiana».

A pesar de su extremada prudencia, un maestro de Pérez de Ayala, don Juan Valera, no duda en censurar a los jesuitas —en medio de otras defensas y cautelosas reservas— algo semejante:

En los jesuitas hay en nuestro tiempo una limitación y una estrechez de miras harto contrarias a las susodichas aspiraciones. Se olvidan de que la letra mata y el espíritu vivifica, y se olvidan de que el espíritu de verdad hará resplandecer toda verdad ante los ojos de los que le siguen[69].

En Pérez de Ayala es habitual la crítica de la religiosidad exterior, formularia, desde una posición intelectual que, con todas las diferencias lógicas, me recuerda el cristianismo interior de los erasmistas.

Segundo, *hipocresía,* desde el título de la novela, interpre-

---

[68] *La pata de la raposa,* mi edición, págs. 176-177.
[69] Juan Valera, *Obras Completas,* III, 3.ª edición, Madrid, Aguilar, 1958, pág. 852.

tando como maquiavelismo el anagrama de la Compañía, y el lema inicial de Eurípides. No es esto, ciertamente, nuevo. La misma interpretación la hallamos, por ejemplo, en el mesurado libro de Gil y Mariscal:

> esta dualidad de aspectos que hace le sea atribuida la nota de hipocresía, constituye su característica. *Ad maiorem Dei gloriam* es su lema. Cuanto en mayor gloria de Dios redunde, fin de la Compañía, es bueno. De este principio de moral se deduce ya lógicamente aquel otro que, según el decir de las gentes, constituye una de sus máximas secretas: el fin justifica los medios[70].

En la novela, esto se traduce, en concreto, en la lucha contra la espontaneidad, según la terrible máxima: «Háganse los niños recelosos y desconfiados.» Por eso se premia a los soplones o «fuelles». Julián Cañedo afirma[71] que fue expulsado del colegio de los jesuitas por negarse a entrar en este juego.

No se limita esto a los niños, sino que es un sistema general. En un panfleto de fines del siglo XIX leemos esto:

> El jesuita que se sienta afligido, lo mejor que puede hacer es callarse, no decir nada a nadie, no confiar sus penas a ninguno de sus compañeros (...) El jesuita que confía a otro alguna pena que le aflige, puede estar seguro de que no se pasará mucho tiempo sin que este amigo le haga traición y diga el secreto al primero que se le presente, tal vez a quien pueda abusar más de semejante confianza. Así, si el que tiene alguna pena se siente inclinado a gastar confianza declarándola a otro, lo mejor que puede hacer es callar, echar un sello a la boca y acudir a Dios derramando en su presencia la amargura de su corazón y pidiéndole alivio en el duro trance[72].

El ex jesuita don Miguel Mir, en su famosa obra, basándose en textos de San Ignacio y del Padre Nadal, concluye tajantemente:

---

[70] Gil y Mariscal, pág. 45.
[71] Artículo citado en nota 46.
[72] *Los jesuitas de puertas adentro o Un barrido hacia fuera en la Compañía de Jesús,* Barcelona, Tipolitografía de Luis Tasso, 1896, página 87.

Los provechos que resultan de este sistema de acusación pueden ser discutidos; no así los hábitos que dejan en los que están sometidos a él: hábitos de desconfianza respecto de sus compañeros, de fingimiento y deslealtad, de hipocresía y espionaje[73].

Como es bien sabido, en muchos aspectos evolucionó la opinión de Pérez de Ayala sobre los jesuitas. Muchos años después, sin embargo, vuelve a insistir en lo mismo:

En todos los colegios del mundo hay y ha habido acusicas. Lo que distingue uno de otro sistema de educación consiste en que en tal sistema se alienta al acusica y se le recompensa con favor señalado, en tanto en cual otro sistema se le reprueba y afea sus bajos manejos. Otro tanto cabe decir de toda especie de organismo social o régimen de gobierno. En el colegio en que yo estudié, al acusica le llamábamos fuelle (...) El soplón o fuelle es el que avisa y atiza el fuego de la discordia, siempre latente entre los hombres[74].

Tercero, *militarismo,* horror a la democracia, autoritarismo, obediencia ciega... Alude Pérez de Ayala al «fornido ejército ignaciano» y acumula términos de la esfera semántica militar: conquista, avance, disciplina... Anecdóticamente, todo esto cuaja en los «desafíos» de los alumnos y los concursos públicos, que llegaron a anunciarse en la prensa: por ejemplo, se invitaba al público interesado a asistir a un «Certamen de álgebra en el acreditado colegio de la Inmaculada de Gijón»[75].

A lo largo de los siglos, multitud de testimonios han insistido —para elogiarlo o denigrarlo— en este carácter. Un ejemplo:

Háblase continuamente de la Compañía como de un ejército, una milicia, una compañía, en fin, de soldados instituida por San Ignacio para defensa de la Iglesia; tráense a

[73] Miguel Mir, *Historia interna documentada de la Compañía de Jesús,* tomo I, Madrid, Ratés, 1913, pág. 353.
[74] *Fábula y ciudades,* Barcelona, Destino, 1961, pág. 97. Es un artículo que apareció antes en *La Prensa,* Buenos Aires, 12 de octubre de 1947, y en *ABC*, Madrid, 27 de abril de 1956.
[75] *El Carbayón,* Oviedo, 29 de marzo de 1898.

colación el carácter y las empresas militares de la juventud del santo fundador y sobre esto se hacen largos comentarios para equiparar a los jesuitas con los militares, guerreros, guardias de corps, etcétera, etcétera) [76].

Defendiéndose de las acusaciones de Miguel Mir, el jesuita Ramón Ruiz Amado, en fecha muy cercana a *A.M.D.G.*, defiende la obediencia ciega:

> No sólo en las órdenes religiosas, sino en la milicia. ¡Cuántas veces, en lo recio de un combate, han de hacer los militares actos de ciega obedicia! Si se detuvieran a discutir entonces las órdenes del general en jefe, bastaría esto para perder la batalla; por lo cual serían fusilados. Cosa que no se usa en la Compañía [77].

Al liberal Pérez de Ayala este tipo de argumentos, desde luego, no le podían resultar simpáticos. Citaré solamente un testimonio, extraído de *Política y toros:*

> Yo declaro mi amor por aquellos países, como los Estados Unidos de América, en donde no se ven jamás trajes llamativos, ya por lo crudo de los colores, ya por la lobreguez talar: ni arreos militares ni sotanas.

Cuarto, *incultura*. En la novela, por ejemplo, los profesores de idiomas no se entienden con Ruth. Esta es la razón que da Ortega —comentando el libro— para suprimir la Compañía.

El siempre cauto Valera, al defender a los jesuitas, hace esta salvedad:

> Ni en ciencia, ni en literatura, ni en artes, llegan hoy los jesuitas de España a lo que fueron en lo pasado. Quedan además muy por bajo del nivel de los escritores seglares y de los escritores del clero y de los otros institutos religiosos. La fama, al menos, no hace resonar mucho sus nombres ni difunde su gloria [78].

---

[76] *Los jesuitas*... pág. 95.
[77] P. Ramón Ruiz Amado, S. J., *Don Miguel Mir y su «Historia interna documentada de la Compañía de Jesús». Estudio crítico,* Barcelona, Librería Religiosa, 1914, pág. 76.
[78] Valera, *op. cit.,* pág. 850.

Más duro es el autor anónimo del libelo antes citado:

> práctica de enseñar tienen poca o ninguna; a los principios les
> falta a veces hasta el conocimiento elemental de la asignatura
> que van a explicar. Así, han empezado a enseñar francés,
> geografía, historia natural, los que no sabían una palabra de
> estas asignaturas; con lo cual dicho se está qué clase de alum-
> nos podrían salir de sus manos.

La coincidencia con varias anécdotas de la novela es absoluta:

> Otros de grandes talentos y estudios que pudieran emplear-
> los ventajosamente en bien de sus prójimos, al verse objeto de
> recelos y sospechas y tal vez de calumnias, se tumban en el
> surco y nada hacen. Otros, en fin, engañados de todo, retira-
> dos a sus aposentos se dan por muertos y se pudren en la
> ociosidad y en el abandono [79].

En este punto —justo es mencionarlo—, evolucionó consi-
derablemente la opinión de Pérez de Ayala. Años después
pone en conexión la pedagogía jesuítica con el mantenimiento
de las humanidades clásicas, que él tanto amaba:

> En aquellos países (España, Francia, Italia y Alemania)
> donde prevaleció la enseñanza de los padres, el Estado moder-
> no, al crear los institutos oficiales de segunda enseñanza, reme-
> dó y adoptó la pedagogía jesuítica e impuso la disciplina de las
> humanidades clásicas como base y subsuelo de la cultura
> preparatoria y genérica. En cambio en Inglaterra, donde se
> frustró desde el comienzo la colonización académica de los
> hijos de San Ignacio, se cuentan por los dedos los estableci-
> mientos de segunda enseñanza que incluyen en sus *curricula* el
> estudio de las humanidades clásicas [80].

Y muchos críticos han atribuido a la educación con los
jesuitas el conocimiento —excepcional en un novelista español— que tuvo Pérez de Ayala de los autores griegos y latinos,
unido a su esencial clasicismo.

---

[79] *Los jesuitas...* págs. 101 y 377.
[80] Artículo «Los jesuitas y las humanidades», en *Nuestro Séneca y
otros ensayos,* Barcelona, Edhasa, 1966, pág. 170.

Quinto, *moral puritana*. Nos presenta el relato el despertar a la vida sexual del adolescente Alberto, su pérdida de la inocencia por culpa de un preceptor, con igual dolor que el que siente Urbano en *Las novelas de Urbano y Simona*... Además, escuchamos los discursos habituales en la educación religiosa —no sólo jesuítica— de aquella época (¿sólo de aquella?) contra la impureza o sobre el matrimonio como medio de encauzar la sexualidad natural en beneficio de la sociedad.

Creo haber advertido por primera vez una broma maligna del novelista: las admoniciones del jesuita a la prostituta para que abandone su mala vida no han sido escritas por Pérez de Ayala sino que —sin señalarlo de ningún modo— reproduce literalmente frases de un famoso libro del padre Claret[81].

Reflexione cada lector, de acuerdo con su experiencia personal, si la censura de Pérez de Ayala le parece o no justa.

Sexto, *política retrógrada*. Los jesuitas de la novela patrocinan un periódico integrista nocedalino, sienten horror por los procedimientos liberales... ¿Era esto inexacto o injusto en la España de comienzos de siglo?

Según el citado autor anónimo, «los jesuitas, yendo siempre a reata de sus periódicos, se decidieron a abandonar definitivamente a don Carlos para echarse en brazos del llamado integrismo...». Y aporta una anécdota que parece fuente de un episodio concreto de esta novela:

> No ha mucho tiempo, en un colegio de la provincia de Castilla, andaban las cosas tan revueltas por efecto de las imprudencias de un ministro, que varios jóvenes que habían sido víctimas de sus temeridades se decidieron a escribir de mancomún al M. R. P. general exponiéndole el estado de las cosas, dándole todas las garantías de la verdad de sus asertos y pidiéndole remedio. Parece natural que el padre general se apresurase a remediarlo; pues no señor: el general contestó que lo que decían era verdad; pero como habían escrito juntos y eso era procedimiento liberal, tuviesen paciencia y se aguantasen[82].

---

[81] *LLave de oro y serie de reflexiones que, para abrir el corazón cerrado de los pobres pecadores, ofrece a los confesores nuevos el* Excmo. e Ilmo. Sr. D. Antonio María Claret, Barcelona, Librería Religiosa, Imprenta de Pablo Riera, 1860, págs. 86-90.

[82] *Los jesuitas...*, págs. 333 y 386.

Comentando esta acusación el liberal conservador Valera amplía la perspectiva para llegar —con su habitual serenidad en la forma— a una crítica mucho más dura:

Hoy, por el contrario, faltos de fe los jesuitas y engañados por el pesimismo, imaginan, sin duda, que la civilización ha descarriado, que se ha extraviado saliendo de la senda que debía seguir, y, en vez de ponerse delante y servir de guía, se han puesto a la zaga, y hacen todos los posibles esfuerzos por que ceje y retroceda hacia un punto absurdo y fantástico, que jamás existió, y con el que yo sueño. De aquí que todo progreso, toda elevada cultura, todo pensamiento sano de libertad y de mejoras, sea tildado por ellos de *liberalismo* y aborrecido de muerte. Esto es peor que carecer de un ideal; es tener un ideal falso e inasequible, por ser contrario a las ideas y a las esperanzas de la porción más activa, inteligente y hábil de la novísima sociedad humana. En esta situación, sin verdadero entusiasmo, porque reacción tan disparatada no puede inspirarle, no es extraño que los jesuitas modernos tengan todas las flaquezas y pequeñeces e incurran en cuantos vicios y pecados el autor anónimo les imputa en su iracunda y despiadada sátira[83].

En los días de la publicación de la novela, el nada revolucionario Gil y Mariscal apostilla:

Aún resuenan los ecos del discurso pronunciado por uno de los representantes más ilustres del tradicionalismo en nuestra patria, discurso que si algo demostró de manera indubitada, fue, seguramente, que la intervención del clero, de las órdenes religiosas y muy singularmente de la Compañía de Jesús en nuestros destinos políticos no es una vulgar leyenda, ni un temor pueril de espíritus pusilánimes[84].

Para Pérez de Ayala, en cambio, el liberalismo está unido a sus convicciones y dogmas más arraigados: inteligencia, comprensión de la vida, arte literario de calidad, tolerancia, sentido del humor... Recordemos, entre tantas, una sola frase: «No hay dechado, ni obra excelente, ni siquiera artística (...) si no

---

[83] Valera, *op. cit.*, pág. 849.
[84] Gil y Mariscal, pág. 51.

está inspirada por el espíritu liberal y en él embebida»[85]. ¿Hará falta subrayar cuánto le debía de repugnar el integrismo cerril?

Séptimo, *interés económico*. En el libro, los jesuitas intentan atraerse a las clases pudientes, dirigir espiritualmente a los ricos, obtener dinero mediante donativos y herencias...

Es éste uno de los cargos más frecuentes en toda la literatura antijesuítica. Unas veces, de modo general:

> Hoy se habla mucho de las riquezas de los jesuitas, de las empresas que tienen, de los negocios en que están metidos, del río de oro que entra en sus casas.

Otras, refiriéndose a sus centros de enseñanza:

> Los colegios son una explotación. Pasan tales cosas en ellos, que no parece sino que al fundarlos no se tuvo más fin que el de hacer cuartos por todos los medios y lo más pronto que fuese plsible.

O a la búsqueda de donaciones:

> Sería infinito referir lo que pasa a las arcas de los jesuitas por razón de herencias, testamentos, mandas y donaciones. Óyese ya todos los días como cosa corriente que por tal conducto entraron treinta o cuarenta mil duros, por tal otro uno o dos millones, por otro se esperan coger siete u ocho, etcétera[86].

Algo de todo ello pudo haber cuando, para defenderlos, se alega que se trata de una corruptela y no de algo intrínseco a la Orden[87].

Octavo: *humillan, destruyen la dignidad del individuo*. Recordemos el castigo que impone Mur, más doloroso por la humillación que por el sufrimiento físico. El fundamento, para nuestro autor, es que «el sistema pedagógico jesuítico, que viene desde Aguaviva, se prevale del sentimiento de la envidia y de la ambición»[88].

---

[85] Pérez de Ayala, «El liberalismo y *La loca de la casa*», en *Las mascaras, Obras Completas,* III, pág. 51.

[86] *Los jesuitas...,* págs. 278, 282 y 289.

[87] Ruiz Amado, pág. 71.

[88] Artículo «Apostillas y divagaciones. Un cribado de Nietzsche.

Como se ve, rozamos ya aquí algo peculiar de Pérez de Ayala, no habitual en los libelos antijesuíticos. Para nuestro autor, el auténtico liberalismo se basa en el respeto al individuo, en la creencia de que el hombre es bueno o puede serlo, con la adecuada educación —frente a otros sistemas políticos que opinan que es malo o tonto. Por eso, más que denunciar abusos concretos, está defendiendo Pérez de Ayala una concepción del mundo radicalmente opuesta. Es lo que comprobamos en los dos últimos reproches.

Noveno: *se oponen a la naturaleza,* inculcan la obsesión por la muerte. Pretenden «matar el amor a la vida».

En *La pata de la raposa,* en cambio, Pérez de Ayala ha defendido una tesis vitalista: el individuo —y las naciones— deben liberarse de la obsesión de la muerte, sentir la belleza de la vida y obrar creativamente. Para nuestro narrador, el clasicismo supone acompasar su vida al ritmo de las cosas naturales, el primer peldaño de la sabiduría humana consiste en aceptar los dictados de la realidad.

La frase más terrible, quizá, de la novela es la que afirma que Bertuco no reirá más. Por su bien —y el de todos nosotros— confiemos en que sí.

Décimo: *impiden el desarrollo de la sensualidad.* Esto es, para nuestro autor, lo más grave.

Curtius ha resumido así los efectos de este tipo de educación:

> El desprecio del mundo y de la realidad en favor de un trasmundo sobrenatural, que ora atrae con dulce éxtasis, ora empavorece con pesadillas de eternos castigos, supone un trauma psíquico y una paralización del impulso vital que Alberto no podrá superar hasta al cabo de muchos años de dolorosas luchas[89].

Para Pérez de Ayala, sensualidad es igual a sensibilidad. En julio de 1912 escribe a Unamuno desde Munich: «La sensualidad es un componente del temperamento individual; se nace con ella o sin ella, pero no se desarrolla sino en habiendo salido de la tutela jesuítica»[90].

La moral olfativa. Moral relativa y moral permanente», en *La Pluma*, año III, núm. 21, febrero de 1922. Recogido en *Más divagaciones literarias,* en *Obras Completas,* IV, pág. 1132.

[89] Curtius, *Ensayos críticos...,* pág. 111.

[90] He publicado la carta en *La novela intelectual...,* pág. 468.

Se trata de un problema básico de los españoles: necesitamos de modo urgente, según nuestro autor, una nueva sensibilidad, que nos enseñen a abrir bien los ojos y los oídos para comprender, sentir y aceptar la realidad... Por uno y otro lado, una y otra vez, acabamos siempre desembocando en el gran tema: la educación liberal.

Los jesuitas —según Pérez de Ayala— no fomentan eso sino todo lo contrario. Este es su pecado.

Para completar el cuadro, finalmente, recordemos que no todos los que aparecen en la novela son malos: poseen rasgos positivos Urgoiti, Ocaña, Sequeros y, por supuesto, Atienza. Por otro lado, no olvidemos que el necio Pirracas es anticlerical y defensor del honor calderoniano, mientras que la delicadeza y finura espiritual de Ruth va unida a su religiosidad.

Como suele suceder, estas creencias responden, en definitiva, a una experiencia biográfica. En una entrevista con Andrés González Blanco afirmó Pérez de Ayala:

> Lo que no sabe usted, y es muy importante, es que he perdido hace algún tiempo otro divino tesoro, que es la Fe. Pero en cuanto le diga que estudié seis años con jesuitas (dos en Carrión de los Condes y cuatro en Gijón) se explicará usted fácilmente esta segunda pérdida»[91].

Los ataques de esta novela a los jesuitas no nacen de un sistema abstracto de pensamiento sino del dolor de un niño que se sentía solo, por la noche, en la camarilla de su colegio.

LA EDUCACIÓN

En el mismo año de *A.M.D.G.*, 1910, Pérez de Ayala había criticado la educación de los colegios religiosos en un artículo de *La Mañana,* y Unamuno le comenta:

> Está muy bien. La Iglesia no quiere enseñar sino hacer que enseña para evitar que enseñen otros. Ya sabe usted: eso no me lo preguntéis a mí que soy ignorante, etcétera. El comer del árbol de la ciencia del bien y del mal trajo el pecado[92].

---

[91] Lo cita José García Mercadal en su «Prólogo» a las *Obras Completas* de Pérez de Ayala, I, pág. XXXVII.
[92] *La novela intelectual...*, pág. 465.

Lo llamativo de la sátira antijesuítica ha ocultado un poco, quizás, cuál es el tema primero de *A.M.D.G.:* la educación. No es la única vez que este tema preocupa a Ayala, por supuesto[93]. Recuérdese, por ejemplo, su serie de artículos sobre el problema educativo, con motivo de un viaje a Andalucía, y declaraciones tan tajantes como ésta: «La escuela hace hombres, provee a la formación de la primera materia humana, así como el alto horno funde el material ferruginoso convirtiéndolo en dóciles lingotes[94].

Nace esto —como ya he señalado— de su concepción liberal del mundo; también, desde luego, de su raíz institucionista. Profundamente ligado al espíritu de la Institución Libre de Enseñanza, concede Ayala una importancia decisiva a la educación. Como es bien sabido, la primacía del problema educativo es clave del regeneracionismo institucionista:

> El institucionismo se centra cada vez más en el primado de la educación; en 1908, Adolfo G. Posada escribe en *Heraldo de Madrid* (18 de enero), que no hay paralelismo entre *escuela* y *despensa*, sino que la primera debe ser la llave de la *despensa*, es decir, lo educativo prima sobre lo económico[95].

No se limita a los colegios religiosos el interés de Ayala por los problemas educativos. Critica también algunos métodos pedagógicos usados en el Instituto de Oviedo:

> El señor Losada enseñaba todavía latín en verso y les hacía aprender de memoria a los alumnos las coplas de la gramática latina de Iriarte, corregida y aumentada por él. Al pasar en el claustro por delante de la puerta de su clase, se oía el retumbo de un coro infantil, cantando con obstinación un sonsonete cadencioso, como en las escuelas mahometanas. No hay que añadir que los chicos salían de allí tan indemnes al latín como habían entrado.

---

[93] *Vid.* Agustín Coletes, «Educación y pedagogía en Ramón Pérez de Ayala», en *Aula Abierta,* Revista del *ICE* de la Universidad de Oviedo, núm. 30, noviembre de 1980, págs. 29-50. Carmen Díaz Castañón, «Amor, educación, pedagogía», en número extra de *Los Cuadernos del Norte,* págs. 16-22.

[94] *Obras Completas,* I, pág. 1235.

[95] Tuñón de Lara, pág. 54.

[96] *Tributo a Inglaterra,* Madrid, Aguilar, 1963, pág. 280.

Y uno de sus más conmovedores personajes, *el profesor auxiliar,* acaba explicando —como los jesuitas de su novela— «Psicología, Derecho usual, Álgebra, Francés segundo curso y Dibujo de escayola»[97].

No es el anticlericalismo de Pérez de Ayala el que le lleva a ocuparse de los colegios religiosos, sino al contrario: su preocupación por la educación que se da a muchos españoles —y sus recuerdos personales— le conducen a atacar a los jesuitas. Como señala Manuel Fernández Avello,

> su anticlericalismo nace de la educación deformadora e inadecuada, generadora de rebeldía y acritud, que desaparecieron cuando el paso y peso de los años serenaron su juicio y desterraron el dolor acumulado[98].

Tal como lo presenta el novelista, la pedagogía de su colegio de jesuitas ofrece tres variantes: la laxa de Sequeros; la militarista de Conejo; la de Mur, que se opone a los impulsos naturales: tararear, volverse si se oye un ruido, cualquier necesidad fisiológica... Pérez Ferrero, en su biografía del escritor, confirma la veracidad de estos episodios.

En cualquier caso, esta pedagogía está basada en cinco pilares:

Primero, la ignorancia.

Segundo, la disciplina militarista, que no deja nada a la libre iniciativa personal. Recuerda Gil y Mariscal:

> No podéis imaginaros lo que la disciplina es en sus colegios. Allí todas las cosas se hacen igual, todos los días, a la misma hora y de la misma manera. Allí no hay nada que no esté reglamentado: el estudio, el sueño, el juego, la comida, la palabra, las necesidades naturales... todo[99].

Tercero, el miedo a los castigos:

> Ha sido bastante común en algunos colegios andar a cachete limpio con los niños; ha habido vez de hacerles subir y bajar

---

[97] «El profesor auxiliar», en *El ombligo del mundo,* ed. Ángeles Prado, pág. 281.
[98] Manuel Fernández Avello, pág. 17.
[99] Gil y Mariscal, pág. 39.

precipitadamente una escalera de ciento o más escalones, diez, doce o quince veces; de obligarles a levantarse de la cama apenas habían conciliado el sueño, lavarse la cara y tenerlos media hora de rodillas, pasada la cual los hacían acostar y cuando el niño estaba dormido despertarle de nuevo y hacer la misma operación anterior dos y tres veces hasta las doce y más de la noche; castigos que al parecer no tienen mucho de suaves (...) Recordamos una larga procesión de chicos que un día se vio desfilar en cierto colegio de jesuitas, con los vasos de noche colgados al cuello y aún no sé si iba alguno de ellos con la cara embadurnada por razón de no sé que desafuero que habían cometido en las camas durante la noche[100].

Cuarto, negar la posibilidad de crítica.

Quinto, es acumulativa, no formativa —eso es lo que censura el sabio y tolerante Atienza, en la novela. En eso insiste, con sereno rigor, el ponderado Gil y Mariscal, remitiéndose a su experiencia personal:

ahora, cuando después de pasados varios años, con toda serenidad y calma, vuelvo los ojos atrás y contemplo la obra de los jesuitas en lo que yo la conocí; ahora que creo haber desechado cuantas preocupaciones saqué del colegio, recuerdo su labor instructiva y me parece de las menos malas, considero su labor educativa y me parece de las menos buenas[101].

Para Pérez de Ayala, ése es el defecto fundamental de los jesuitas: no educan de verdad. Unos años después de la novela, cuando El Caballero Audaz le pregunta su opinión sobre ellos, afirma con serena rotundidad:

Mire usted: acerca de los jesuitas corren por el mundo opiniones rutinarias, opuestas e ignorantes. Para cierta gente, todos los jesuitas son buenos y listos, y para otros, malos y torpes. Y en la Compañía de Jesús, como en todas las juntas o comunidades de hombres, hay de todo. En mi opinión no son buenos educadores: enseñan bastantes cosas pero no educan[102].

---

[100] *Los jesuitas,* págs. 367-8.
[101] Gil y Mariscal, pág. 28.
[102] El Caballero Audaz, pág. 536.

Reposa este tipo de enseñanza, según la novela, en cuatro fundamentos:

1. Sirve a la moral social burguesa.
2. Subordina todo a lo religioso. Oigamos otra vez el testimonio del ex alumno Gil y Mariscal:

> únase a esto su exagerado celo religioso: misa, rosario y examen de conciencia diarios, sermón semanal, confesión y comunión mensual obligatoria (y por hereje era tenido quien a cumplir la obligación se limitaba), pláticas, desagravios al Corazón de Jesús, ejercicios espirituales, congregaciones, lecturas devotas, vidas de santos, y, por si algo faltara, conversación y trato únicos, durante nueve meses seguidos, con aquellos hombres cuyo fervor religioso les impelía, naturalmente, a hablarnos siempre que tenían ocasión, y cuando no la tenían, de cuestiones sagradas, de las verdades eternas, siendo objeto de su censura, todo lo terreno, todo lo mundano. Allí era anatematizado todo, espectáculos, libros, prensa... Allí aprendimos que el hombre no tiene más fin que el cielo; que aquí abajo nos hallamos de paso; y, claro es, con este fin la educación no podía encaminarse más que a la conquista del cielo, pero no a la del mundo, en el cual a continuación habíamos de vivir [103].

3. Se opone a lo natural y espontáneo.
4. En el fondo, parte de creer que el hombre es malo por naturaleza; es decir completamente todo lo contrario de lo que constituye la base del liberalismo ayalino.

Desde este punto de vista —para mí, evidente—, más que un panfleto antijesuítico, *A.M.D.G.* resulta ser un alegato en favor de una educación liberal, acorde con la naturaleza: formativa, abierta, crítica, humana; una educación que se base en el respeto a la libertad y a la dignidad del individuo —en vez de contrariarlas sistemáticamente.

Es una obsesión personal de Pérez de Ayala, desde luego, pero también se trata de un «compromiso generacional». Lo ha visto bien Víctor de la Concha:

---

[103] Gil y Mariscal, pág. 35.

No es casual que Pérez de Ayala, Miró y, más tarde Azaña hayan coincidido en realizar el examen de su vida colegial de infancia y adolescencia. Ni podemos pensar que se trataba tan sólo de aprovechar un material muy apto para la pintura colorista y la denuncia. No. Sobre esos pedazos de memorias se construye el análisis riguroso de la configuración del propio espíritu.

El destino final de la Segunda República española no afecta a la trascendencia de este proyecto. Concluye Víctor de la Concha:

> Se pretendía, en frase de Gómez de la Serna, "la gobernación intelectual de España", lo que no debe interpretarse como el gobierno de los intelectuales sino como la inserción de principios de racionalidad en el gobierno de la cosa pública. La tarea, preciso es reconocerlo, sigue inconclusa y los textos de ese escritor, nuestro paisano, comprometido con un momento histórico del país, mantienen su vigencia. Hoy como ayer, Ramón Pérez de Ayala puede ejercer pedagogía de sensibilidad estética y ética, base indispensable de una eficaz reforma política[104].

En una entrevista que he citado reiteradamente, El Caballero Audaz preguntó al novelista: «Y de la renovación en la vida política, ¿qué piensa usted? Esta fue su respuesta:

> En esto, los regeneradores empiezan por lo último. Al parecer, la panacea consiste en cortes constituyentes. ¡Aquí, donde no hay educación ni sensibilidad política!... Me hace el mismo efecto que si oyera decir que el mejor, el único remedio para un paralítico consiste en que salga de paseo[105].

Para Pérez de Ayala, un cambio en la educación y la sensibilidad es previo a la solución política; solamente ese cambio permitirá la auténtica regeneración de España. Ese es el objetivo final que busca *A.M.D.G.*

---

[104] Víctor García de la Concha, «Pérez de Ayala y el compromiso generacional», en número extra de *Los Cuadernos del Norte*, págs. 36 y 39.
[105] El Caballero Audaz, págs. 535-542.

Hemos estado hablando de ilusiones, recuerdos, e intenciones... No olvidemos que todo eso se expresa mediante una narración larga, la segunda que escribió su autor. Enlaza con la primera porque, retrocediendo en el tiempo, explica las causas psicológicas del comportamiento de su protagonista. Como señala Carmen Bobes, «temporalmente, pues, es un salto atrás respecto a la primera novela y estructural y funcionalmente es paralelo al capítulo 'el pasado' de *Tinieblas en las cumbres*» [106].

Comienza la novela con la visión del colegio.

Retrocede para la historia de Gonzalfáñez, que asiste a la construcción, y vuelve a retroceder para contar cómo consiguieron el dinero para edificarlo. En el capítulo siguiente se nos dice que han pasado cuatro cursos desde que se abrió. Es el primer día del curso en el Colegio. La novela nos contará el desarrollo de ese curso (sin llegar a terminarlo) a base, en general, de escenas sueltas y cortas, con frecuentes vueltas atrás.

Presenta a cada personaje diciendo cosas de él y haciendo que actúe en un pequeño episodio: generalmente, se trata de un encuentro y charla con otra persona. Téngase en cuenta que es una obra de ambiente, no sólo de protagonista. El subtítulo lo refleja, además de ser propagandístico. Además de Alberto, aparecen tres ambientes: los jesuitas, de los que nos ocuparemos con más calma, los alumnos y la sociedad que rodea al colegio.

Los alumnos sirven de coro para dar verosimilitud a la acción y de condición necesaria para narrar escenas pintorescas. Ayala apenas caracteriza a cinco y se preocupa de darnos su origen, la causa de que estén en el colegio: el travieso y natural Coste es hijo de un marino; Bárcenas, segundón de un marqués, etc. A pesar de estar apenas esbozados, la impresión de conjunto que producen es convincente. El lector siente su presencia viva en los estudios, en los recreos... A lo largo de amplios fragmentos, más que la del propio Alberto. La novela, por eso, posee un elemento de costumbrismo estudiantil regocijado que no puede ser olvidado.

---

[106] Carmen Bobes en número extra de *Ínsula*, pág. 30.

Rodeando el colegio —haciéndolo posible— está la sociedad. La hipocresía moral del ambiente obliga a que aparezca como contrapunto del colegio y de la sociedad burguesa el prostíbulo. A la vez, eso le permite a Ayala hacer una escena claramente de sainete.

Alternan en el relato la tercera persona y la primera: Se inicia en tercera. Introduce enseguida la primera (de repente, sin justificación suficiente) y enseguida la deja. La novela se desarrollará en tercera persona, en general, pero incluyendo —autor omnisciente— la vida interior de Alberto y también, aunque en menor medida, la de sus compañeros. Al principio atiende el autor fundamentalmente a Bertuco, luego al ambiente y, al final, otra vez al protagonista.

En el capítulo primero aparece un momento un yo innominado que es Alberto. En el segundo se nos hará ya una presentación formal del personaje.

He dicho que, en general, la novela está narrada en tercera persona, porque alterna con otros procedimientos:

—El diálogo teatral (en el capítulo «Consejo de pastores») y las acotaciones del mismo tipo en la escena con la prostituta.
—Los efectos de luz desrealizadores, en el capítulo «Mirabile visu», que presenta a los jesuitas disciplinándose.
—Los fragmentos de las memorias íntimas de Alberto, en el capítulo «Hortus siccus».
—La paráfrasis de los ejercicios espirituales, en el capítulo «Vive memor lethi». Según Carmen Bobes, posee igual funcionalidad literaria que el coloquio de Yiddy y Alberto en *Tinieblas en las cumbres:* «Se interrumpe el discurso literario para invitar al lector, mediante otro sistema semiótico (el teatro, el discurso razonable) a reflexionar sobre la validez y licitud de las conductas que se siguen»[107].

En la primera edición de la novela incluía la nota que antes mencioné: «El apartado primero de este capítulo es una desviación de la trama novelesca (...) El lector puede pasarlo por alto y leerlo a modo de epílogo.» Es un ejemplo más de lo que

---

[107] Carmen Bobes en *Pérez de Ayala visto en su centenario*, páginas 89-90.

he denominado «capítulos prescindibles», que emplea también en *Tinieblas en las cumbres,* en *La pata de la raposa* y en *Belarmino y Apolonio.* Aunque aparezcan calificados como «superfluos», estos capítulos, en realidad, constituyen el nervio artístico de toda la obra. El propio autor ha recurrido a la imagen del fruto (la novela) que contiene una pepita o meollo.

No lo hace Pérez de Ayala por un prurito de originalidad o snobismo, sino por estricta necesidad de buscar un medio expresivo adecuado para transmitirnos todo el conflicto humano, que es lo que a él le preocupa. Mediante el empleo de este recurso, se sitúa junto a todos los grandes renovadores del relato que, en nuestro siglo, han intentado «abrir» la novela para expresar con un poco más de justeza la complejidad de nuestra condición humana.

Así pues, una novela de apariencia muy sencilla, que se lee con facilidad, en realidad posee una notable variedad y riqueza técnica. Desde sus primeras obras, Pérez de Ayala está intentando una renovación formal del relato. Carmen Bobes ha estudiado con rigor científico este tema y enumera los recursos más recurrentes en estas novelas:

1. Mezcla de discursos: literario, filosófico, religioso.
2. Mezcla de géneros literarios: relato, lírica, teatro. Y, dentro de cada género, uso de formas distintas: epístolas, memorias, metanarración.
3. Distorsiones temporales: línea seguida, vuelta atrás, paralelismo, tiempo envolvente.
4. Alternancia de personajes en primer plano: Alberto, Rosina, Pajares.
5. Intercalación de historias secundarias: la de Ruth, la de Telva les Burres, la de Pajares y su madre...
6. Perspectivismo incipiente: repetición de motivos; diversos puntos de vista ante una única situación.
7. Intercalación en el relato de descripciones de espectáculos diversos: circo, teatro de varietés, teatro leído *(Otelo)* con comentarios, teatro representado (drama de Pajares); una conferencia y su comentario; bajada a los infiernos del vicio (con Rosina, Márgara y la pandilla de amigos)[108].

---

[108] *Ibídem,* págs. 95-6.

Parecida variedad podemos observar en los recursos estilísticos, incluso ciñéndonos a los más evidentes:

—Abundan, por supuesto, los cultismos: «exoneró la nariz», «oblitera la puerta», «no embargante esto»... Todo ello se contrapesa, por supuesto, con un fondo irónico permanente que incluye, desde luego, la autocrítica.

—Son especialmente frecuentes, en esta obra, las imágenes degradantes —animalización, cosificación[109]...— y el vocabulario del mismo signo, al referirse a los jesuitas: las veredas del jardín parecen «lombrices» que reptan y se agachan hipócritamente para entrar en la casa; el campanario semeja «un jaulón de micos», etc.

—En ocasiones, el narrador recuerda el estilo jesuítico: por ejemplo, habla de «el tráfago del siglo y sus pecaminosas estridencias».

—Como es habitual en él, elige nombres propios significativos, aquí claramente grotescos: el marqués de San Roque Fort, el padre Mur de Alcantarilla... Toda la historia de Ruth —no se ha señalado suficientemente, me parece— se nos ofrece desde una perspectiva literaturizada, cercana al modernismo. No me estoy refiriendo a los excesos retóricos que encarna Teófilo Pajares, de los que se hace irrisión en *Troteras y danzaderas,* sino a algo más serio. Apoyándose en su nacionalidad inglesa —y en los versos de Elisabeth Barret Browning—, la descripción de Ruth parece cercana al ambiente prerrafaelista: «azules los ojos, dulce oración bajo el relicario de la nevada frente; rubio lino cardado, la cabellera. En lo espiritual, era soñadora, sensitiva y dócil a todo linaje de quimeras». De este modo, la religión aparece evocada en una atmósfera espiritual muy cercana a la de *La paz del sendero.* Y la figura femenina, en blancos y negros, parece arrancada de una estampa *modern style:* «Vestía de negro, lo cual sutilizaba su natural sutilidad. A través del velo, flotante y translúcido, la cabellera tomaba reflejos de metal...»

Hablando en términos generales, me parece que la crítica no ha entendido demasiado bien esta novela. No me refiero,

---

[109] Pueden aplicarse también a esta obra los análisis de Pelayo H. Fernández referidos a la novela anterior: «El arte de Ramón Pérez de Ayala en *Tinieblas en las cumbres*», en *Estudios sobre Ramón Pérez de Ayala,* págs. 9-55.

naturalmente, a los que se han acercado a ella con graves prejuicios ideológicos —a favor o en contra—, que les impiden apreciarla en su justo valor, sino a los que la han leído sin ideas previas.

Un excelente crítico, Eugenio de Nora, se ha preguntado si esta obra no constituye «un panfleto iracundo y envenenado, que no retrocede ante los más vulgares efectismos melodramáticos»[110]. De modo más matizado, afirma León Livingstone que, en esta obra, Pérez de Ayala no controla sus reacciones emocionales y, por ello, la calidad artística se resiente[11]. Algo de verdad hay en esto, sin duda, como sucede con las novelas de tesis de Galdós, pero quizá no sea toda la verdad.

Junto a estos, no quiero dejar de recordar otros testimonios de signo distinto. Defienden su valor estético Luis Calvo y Carlos Luis Álvarez; su valor de testimonio, José María Martínez Cachero[112]. La sitúa adecuadamente dentro del «compromiso generacional» de los escritores novecentistas o de la promoción de 1914 Víctor de la Concha[113].

Recuerdo el testimonio espontáneo, no profesional, de Carmen Díaz Castañón: «como vivencia personal, creo que la más fuerte para mí sigue siendo aquella lectura juvenil de *A.M.D.G.* y que ningún conocimiento posterior ha superado aquella curiosidad de lector de quince años»[114]. (Yo, desde luego, tardé mucho más en poder conocer y aun en tener noticia de esta novela.) Y, desde su óptica formalista, concluye Carmen Bobes: «Cuando pasen los siglos y desaparezcan las circunstancias sociales y las experiencias que refleja *A.M.D.G.* su mensaje literario seguirá siendo válido»[115].

Así lo creo yo también, aunque me haya acercado a la novela desde otro ángulo. Mi preocupación fundamental ha sido ahora *editar* la novela: ponerla al alcance de los lectores y estudiosos. Otra cosa, hoy, simplemente no tenía sentido. Para mantener un mínimo de imparcialidad, se imponía, además, tratar de entenderla *históricamente*. Por eso, esta introducción

---

[110] Eugenio de Nora, *La novela española contemporánea,* pág. 476.
[111] León Livingstone, «The Theme of the "Paradoxe..."», páginas 208-224.
[112] José María Martínez Cachero, «Prosistas y poetas novecentistas...», págs. 375-443.
[113] Víctor García de la Concha, artículo citado en nota 104.
[114] Carmen Díaz Castañón, artículo citado en nota 93, pág. 16.
[115] Carmen Bobes, artículo citado en nota 107, pág. 91.

ha acabado convirtiéndose en una desmesurada ristra de fichas. He frenado mi impulso a hacer crítica creativa —impresionista, no científica— y ensayismo (lo que hoy más me interesa). Quería ofrecerle al lector, junto a un texto fidedigno y ampliamente anotado, los datos y los documentos que puedan ayudarle a entender adecuadamente la novela. Sobre esta base, cada uno sacará sus conclusiones, de acuerdo con su gusto personal, y los críticos —yo mismo, quizá, en otra ocasión— construir sus análisis.

Personalmente, no es ésta la novela de Pérez de Ayala que más me gusta, desde luego, pero sí me gusta, sin duda. ¿Deformación de especialistas? ¡Puede ser! De hecho, para realizar este trabajo he vuelto a releerla muchas veces y, como simple lector, he disfrutado.

A lo largo de esta introducción lo he dicho ya varias veces, creo: no es *A.M.D.G.* solamente una «obra envenenada» o el fruto de un resentimiento. A mi modo de ver posee valores artísticos indudables. Como luego hará en *La pata de la raposa,* está intentando ensanchar los límites de la novela de fines de siglo —Galdós, Clarín— de la que parte. Trata de reflejar la aventura interior de su protagonista, a la vez que un mundo social y una atmósfera moral.

Me parece importante, una vez más, la presencia de la naturaleza —central ya en *Tinieblas en las cumbres*—: Gonzalfáñez habla con ella, Coste la encarna, Ruth descubre la religión católica en la naturaleza asturiana, las excursiones al campo son el respiro vital que rompe la artificial disciplina militarista.

Como en las novelas de la segunda etapa, el final es ya optimista: fuera de la negrura del colegio, triunfan la naturaleza, la libertad, la alegría de vivir...

El tema esencial de la novela —ya lo he dicho— no son los jesuitas sino la educación de los niños españoles. «Españolito que vienes...» Postula el narrador una educación liberal, acorde con la naturaleza, que desarrolle en los españoles una nueva sensibilidad. Por eso, su obra intenta suscitar «la emoción intelectual y moral».

La emoción humana, también, ante el acierto con que está reflejada la psicología infantil; la ternura por los sentimientos de estos colegiales[116].

---

[116] Subraya este valor Guillermo de Torre en *La difícil universalidad...,* pág. 179.

A partir de unos recuerdos personales, Pérez de Ayala ha pintado un fresco de costumbres colegiales que supone la denuncia de una pedagogía y una religiosidad que a él le parecen socialmente dañinas y el alegato en favor de una educación liberal, para que los españoles puedan ser más libres y más felices; o, si se prefiere, menos desgraciados.

Todo eso —y mucha inteligencia, mucho espíritu crítico, mucha ironía, mucha ternura...— encontrará, si posee la sensibilidad adecuada, el lector de *A.M.D.G.*

Madrid, 1983

Esta edición

He tomado como base para esta edición el texto de la primera (Renacimiento, 1910), corrigiendo las erratas evidentes y regularizando la ortografía. Anoto a pie de página las variantes de la edición de Pueyo, 1931 (citada: P), última que pudo corregir el escritor.

He procurado aclarar el léxico. Una vez más, me amparo en las palabras de mi admirado amigo Gonzalo Sobejano: «Ruego al lector no tome por pedantería la inclusión de algunas aclaraciones que fácilmente puede encontrar cualquiera en su diccionario, incluso manual: a todos nos ocurre conocer muchas veces el significado de un término o de una alusión, pero sin la precisión requerida en el instante de la lectura, y no siempre hay un diccionario al alcance.»

He intentado aclarar también las alusiones geográficas, históricas o culturales, así como señalar algunos paralelismos —estilísticos o de fondo— con pasajes de otras obras de Pérez de Ayala. Conforme a mi costumbre habitual, he puesto muchas notas; quizá son impertinentes, o, simplemente, excesivas. Me ha parecido interesante recordar algunos pasajes de las obras de San Ignacio que tienen que ver —en mi opinión— con el texto de la novela.

En cualquier caso, el lector hará muy bien en saltar todo esto (introducción, notas y aparato crítico) para centrarse en la novela. Más que nunca, esta vez, he sido consciente del papel ancilar de mi trabajo. Lo importante de esta edición es que muchos lectores puedan conocer de primera mano, por fin, una novela cuyo interés histórico y literario me parece evidente.

Nota a la segunda edición

En esta segunda edición se ha variado solamente un error de traducción latina, en la nota 284, descubierto y publicado por la sabiduría jesuítica del padre Victoriano Rivas Andrés; yo no he estudiado en colegios de jesuitas...

Agradezco los comentarios que han dedicado a mi edición José Luis Bartolomé, José Belmonte, Luis Blanco Vila, Luciano Castañón, Ricardo de la Cierva, Carlos Galán, Juan Gómez Soubrier, Javier Goñi, Enrique Miret Magdalena, Francisco G. Orejas, Rosa M.ª Pereda, Victoriano Rivas Andrés, S. J., y Ana Salado. También agradezco a dos ilustres asturianos, Manolo Avello y Juan Cueto, su participación en el acto de presentación del libro, en Oviedo, organizado por la revista *Cuadernos del Norte*, de la Caja de Ahorros de Asturias.

Con motivo de la nueva aparición del libro me escribió don Jorge Guillén, el 3 de junio de 1983: «Me gusta mucho pensar que, a pesar de ciertos restos de franquismo, hoy ya no sería necesario ni pertinente escribir una obra de ese tipo.»

Habría sido un mal síntoma —he repetido varias veces— que hubiera escandalizado hoy la reedición de *A.M.D.G.* Las reacciones en contra han sido sólo las que de antemano ya cabía esperar.

Septiembre, 1983.

Ediciones de la novela

1. Madrid, Renacimiento, 1910.
2. Madrid, Renacimiento, 1911.
3. Madrid, Imprenta Helénica, 1923.
4. Madrid, Pueyo, 1931.

El carácter polémico de esta novela dio lugar a otras ediciones hispanoamericanas, probablemente piratas, nunca mencionadas en los estudios sobre Pérez de Ayala. He podido localizar dos, pero es fácil que existan otras.

5. Santiago de Chile, Empresa Letras, colección Biblioteca Letras núm. 3, 1933.
6. Santiago de Chile, Empresa Letras, colección Los Grandes Escritores, núm. 59, 1936.

Traducciones

1. *A.M.D.G.,* traducción de Mario Spiro, Berlín, Hans Bond Verlagsbuchhandlung, 1912.
2. *A.M.D.G.,* traducción de Jean Cassou, precedida de un estudio sobre Íñigo de Loyola por René-Louis Doyon, París, La Connaissance, 1929.
3. *La vita in un collegio di gesuiti,* traducción de G. de Medici, introducción de Mario Puccini, Milán, ed. Modernissima, col. Scrittori d'oggi, sin año.

Bibliografía

Bibliografías de Pérez de Ayala

SUÁREZ, Constantino, *Escritores y artistas asturianos. Índice bio-bibliográfico*, edición y adiciones de José María Martínez-Cachero, Oviedo, Instituto de Estudios Asturianos, 1957, tomo VI.

GARCÍA DOMÍNGUEZ, Elías, «Obras de Ramón Pérez de Ayala. Ediciones en volumen», en su artículo «Epistolario de Ramón Pérez de Ayala», *Boletín del Instituto de Estudios Asturianos*, núm. 64-65, mayo-diciembre de 1968, págs. 439-453.

FERNÁNDEZ, PELAYO H., «Bibliografía crítica», en *Estudios sobre Ramón Pérez de Ayala*, Oviedo, Instituto de Estudios Asturianos, 1978.

Bibliografía de Ramón Pérez de Ayala existente en la Biblioteca Pública de Oviedo, Oviedo, 1980.

BEST, Marigold, *Ramón Pérez de Ayala. An Annotated Bibliography of Criticism*, Londres, Grant and Cutler, 1980.

MARTÍNEZ-CACHERO, José María, «Noticia de los últimos años (1957-1962) de don Ramón Pérez de Ayala», en el volumen colectivo *Pérez de Ayala visto en su centenario*, Oviedo, Instituto de Estudios Asturianos, 1981.

MAC GREGOR O'Brien, «Los artículos de Ramón Pérez de Ayala en *La Prensa*», apéndice al libro *El ideal clásico de Ramón Pérez de Ayala en sus ensayos en «La Prensa» de Buenos Aires*, Oviedo, Instituto de Estudios Asturianos, 1981.

FRIERA, Florencio, «Crónica y bibliografía del primer centenario de Ramón Pérez de Ayala», en *Nueva Conciencia*, núm. 20-21, Mieres del Camino, octubre de 1980.

Sobre «A.M.D.G.»

ALBIAC, María Dolores, «La Semana Trágica de Barcelona en la obra de Ramón Pérez de Ayala», *Ínsula,* Madrid, julio-agosto de 1980.

CEJADOR Y FRAUCA, Julio, *Recuerdos de mi vida,* Madrid, Imprenta Radio, 1927.

GIL MARISCAL, Fernando, *Los jesuitas y su labor educadora. (Comentarios a la novela «A.M.D.G.», original de D. Ramón Pérez de Ayala),* Madrid, Librería General de Victoriano Suárez, 1911.

José Ortega y Gasset, «Al margen del libro *A.M.D.G.»,* ahora en *Ensayos sobre la generación del 98,* edición de Paulino Garagorri, Madrid, Revista de Occidente en Alizanza Editorial, 1981.

RIVAS ANDRÉS, S. J., Victoriano, *Un Colegio que saltó a la historia,* Ávila, Gráficas Senén Martín, 1966.

No incluyo aquí las críticas periodísticas (de la novela o su adaptación teatral), que cito en la introducción.

A todo esto hay que añadir la Memoria de Licenciatura, todavía inédita, de Constantino Quintela Rodríguez: *Estudio histórico y literario de «A.M.D.G.», de Ramón Pérez de Ayala,* Madrid, Universidad Complutense, Facultad de Filología, 1981.

En prensa ya este libro, ha aparecido un nuevo y más amplio trabajo del jesuita Victoriano Rivas Andrés: *La novela más popular de Ayala. Anatomía de «A.M.D.G.»,* Gijón, edición del autor, 1983. No me ha dado tiempo ya a utilizar sus datos. Aparte de las lógicas diferencias de tendencia ideológica e interpretación crítica, me parece el arsenal de datos más completo que existe sobre los personajes reales retratados en la novela.

Libros dedicados a Pérez de Ayala

AGUSTÍN, Francisco, *Ramón Pérez de Ayala. Su vida y obras,* Madrid, Imprenta de G. Hernández y Galo Sáez, 1927.

AMORÓS, Andrés, *La novela intelectual de Ramón Pérez de Ayala,* Madrid, Gredos, Biblioteca Románica Hispánica, 1972.

— *Vida y literatura en «Troteras y danzaderas»,* Madrid, Castalia, Literatura y sociedad, 1973.

CONCHA, VÍCTOR G. DE LA, *Los senderos poéticos de Ramón Pérez de Ayala,* Universidad de Oviedo, *Archivum,* XX, 1970

DERNDARSKY, Roswitha, *Ramón Pérez de Ayala,* Frankfort, ed. Vittorio Klostermann, 1970.

FERNÁNDEZ, PELAYO H., *Ramón Pérez de Ayala: Tres novelas analizadas,* Gijón, 1972.

FERNÁNDEZ AVELLO, Manuel, *Pérez de Ayala y la niebla*, Oviedo, Instituto de Estudios Asturianos, 1970.

— *El anticlericalismo de Pérez de Ayala*, Oviedo, Gráficas Summa, 1975.

GENOUD, MARIANA J., *La relación fondo y forma en «Belarmino y Apolonio»*, Universidad de Cuyo, Mendoza, 1969.

GONZÁLEZ CALVO, Jose Manuel, *La prosa de Ramón Pérez de Ayala*, Salamanca, Universidad, 1979.

GONZÁLEZ MARTÍN, Vicente, *Ensayos de literatura comparada italo-española. La cultura en Vicente Blasco Ibáñez y en Ramón Pérez de Ayala*, Salamanca, Universidad, 1979.

MACKLIN, J. J., *«Tigre Juan» and «El curandero de su honra»*, Londres, Grant and Cutler y Tamesis Books, col. Critical Guides to Spanish Texts, 1981.

MATAS, Julio, *Contra el honor. Las novelas normativas de Ramón Pérez de Ayala*, Madrid, Seminarios y Ediciones (Hora H). 1974.

PÉREZ FERRERO, Miguel, *Ramón Pérez de Ayala*, Madrid, Publicaciones de la Fundación Juan March (Monografías), 1973.

RAND, Marguerite C., *Ramón Pérez de Ayala*, Nueva York, Twayne Publishers Inc., 1971.

REININK, K. W., *Algunos aspectos literarios y lingüísticos de la obra de don Ramón Pérez de Ayala*, La Haya, Publicaciones del Instituto de Estudios Hispánicos, Portugueses e Iberoamericanos de la Universidad estatal de Utrecht, 1959.

SALGUES DE CARGILL, Maruxa, *Los mitos clásicos y modernos en la novela de Pérez de Ayala*, Jaén, Instituto de Estudios Giennenses, 1972.

SUÁREZ SOLÍS, Sara, *Análisis de «Berlarmino y Apolonio»*, Oviedo, Instituto de Estudios Asturianos, 1974.

URRUTIA, Norma, *De 'Troteras' a 'Tigre Juan'. Dos grandes temas de Ramón Pérez de Ayala*, Madrid, Ínsula, 1960.

WYERS WEHER, Frances, *The Literary Perspectivism of Ramón Pérez de Ayala*. Chapel Hill, University of North Carolina Press, 1966.

Desgraciadamente, siguen inéditas todavía tres tesis importantes: *La narrativa breve de Pérez de Ayala*, de Miguel Ángel Lozano (Universidad de Alicante, 1982); *Pérez de Ayala e Inglaterra*, de Agustín Coletes (Universidad de Oviedo, 1982), y *Pérez de Ayala: el escritor y su tiempo*, de Florencio Friera (Universidad de Oviedo, 1982). Las tres constituyen aportaciones básicas a los temas que tratan y tengo noticias de que se van a publicar pronto.

Publicaciones con motivo del centenario

Aunque sea muy heterodoxo bibliográficamente, me parece conveniente hacer un apartado con algunas publicaciones que surgieron con motivo del centenario de Pérez de Ayala, en 1980.

Ante todo, algunos libros conmemorativos:

FERNÁNDEZ AVELLO, Manuel, *Recuerdos asturianos de Ramón Pérez de Ayala*, Oviedo, Biblioteca Popular Asturiana, 1980.

PÉREZ DE AYALA, Ramón, *Antología*, edición y prólogo de Manuel Fernández Avello, Oviedo, ALSA, 1980.

Antología asturiana de Pérez de Ayala, Presentación y notas bibliográficas de Elías García Domínguez, Oviedo, Caja de Ahorros de Asturias, 1980.

RUIZ DE LA PEÑA SOLAR, Álvaro, *Pérez de Ayala: apunte biográfico y textos*, Oviedo, Consejo Regional de Asturias, Consejería de Cultura y Deportes, 1980.

Después, algunos volúmenes colectivos:

FERNÁNDEZ, PELAYO H. (Editor), *Simposio Internacional Ramón Pérez de Ayala*, University of New Mexico, Gijón, Imprenta Flores, 1981.

Pérez de Ayala visto en su centenario (1880-1980). Once estudios críticos sobre el escritor y su obra, Oviedo, Instituto de Estudios Asturianos, 1981.

Por último, algunas revistas le dedicaron números extraordinarios:

Los Cuadernos del Norte, año I, núm. 2, Oviedo, junio-julio de 1980.

Nueva Conciencia, núms. 20-21, Mieres del Camino, Instituto Bernaldo de Quirós, octubre de 1980.

Monteagudo, núm. 81, Universidad de Murcia, Publicación de la Cátedra «Saavedra Fajardo», 1980.

Cuadernos Hispanoamericanos, núms. 367-368, Madrid, enero-febrero de 1981.

Ínsula, núms. 404-405, Madrid, julio-agosto de 1980.

Estudios sobre Pérez de Ayala en libros de conjunto

ALBIAC, María Dolores, «Hidalgos y burgueses: la tetralogía generacional de Ramón Pérez de Ayala», en el libro colectivo *Ideología y sociedad en la España contemporánea. Por un análisis del franquismo*, Madrid, Cuadernos para el Diálogo, 1977.

AMORÓS, Andrés, «Pérez de Ayala, la novela total», en *Introducción a la novela contemporánea*, 3.ª ed., Madrid, Cátedra. 1974.

— «Prólogo» a Pérez de Ayala, *Las novelas de Urbano y Simona*, Madrid, Alianza Editorial, El Libro de Bolsillo, 1969.
— «Prólogo» a edición crítica de *La pata de la raposa* de Pérez de Ayala, Barcelona, Labor, Textos Hispánicos Modernos, 1970.
— «Prólogo» a edición crítica de *Tinieblas en las cumbres* de Pérez de Ayala, Madrid, Castalia, Clásicos Castalia, 1971.
— «Prólogo» a edición crítica de *Troteras y danzaderas* de Pérez de Ayala, Madrid, Castalia, Clásicos Castalia, 1973.
— «Prólogo» a edición crítica de *Tigre Juan* y *El curandero de su honra*, de Pérez de Ayala, Madrid, Castalia, col. Clásicos Castalia, 1980.
— «Prólogo» a edición del libro de Pérez de Ayala *Cincuenta años de cartas íntimas (1904-1956) a su amigo Miguel Rodríguez-Acosta*, Madrid, Castalia, col. Literatura y Sociedad, 1980.
ANDRENIO, *Novelas y novelistas*, Madrid, 1918.
— *El renacimiento de la novela en España*, Madrid, 1924.
AUB, MAX, *Discurso de la novela española contemporánea*, México, El Colegio de México, 1945.
AZAÑA, Manuel, *Obras Completas*, edición de Juan Marichal, vol. I, México, Oasis, 1966.
AZORÍN, *Escritores*, Madrid, 1956.
BALSEIRO, José A., *El vigía*, Madrid, 1928.
BAQUERO GOYANES, Mariano, *Perspectivismo y contraste. (De Cadalso a Pérez de Ayala)*, Madrid, Gredos, Campo Abierto, 1963.
BARJA, César, *Libros y autores contemporáneos*, Madrid, 1935.
BOSCH, Rafael, *La novela española del siglo XX*, Nueva York, Las Américas, 1970.
EL CABALLERO AUDAZ, *Galería*, vol. II, Madrid, ed. ECA, 1944.
CANSINOS ASSENS, Rafael, *La nueva literatura, I: Los hermes*, 2.ª edición, Madrid, Páez, 1925.
— *La nueva literatura, IV: La evolución de la novela (1917-1927)*, Madrid, Páez, 1927.
CASARES, Julio, *Crítica efímera*, vol. II, Madrid, 1944.
CLAVERÍA, Carlos, «Apostillas al lenguaje de "*Belarmino y Apolonio*"», en *Cinco estudios de literatura española moderna*, Salamanca, 1945.
CUETO ALAS, Juan, *Los heterodoxos asturianos*, Salinas, Ayalga ediciones, Colección Popular Asturiana, 1977.
CURTIUS, E. R., *Ensayos críticos acerca de literatura europea*, volumen II, Barcelona, Seix y Barral, Biblioteca Breve, 1959.
CHABÁS, Juan, *Literatura española contemporánea (1898-1950)*, La Habana, 1952.
DÍEZ ECHARRI, E., y ROCA FRANQUESA, J. M., *Historia general de la literatura española e hispanoamericana*, Madrid, Aguilar, 1960.

DOMINGO, José, *La novela española del siglo XX*, Barcelona, Labor, Nueva colección Labor, 1973.

ENTRAMBASAGUAS, Joaquín, *Las mejores novelas contemporáneas*, volumen VII, 2.ª ed., Barcelona, Planeta, 1965.

GARCÍA CALDERÓN, Francisco, *La herencia de Lenin y otros artículos*, París, 1929.

GARCÍA MERCADAL, José, «Prólogo» a *Obras Completas* de Ramón Pérez de Ayala, vol. I, Madrid, Aguilar, Biblioteca de Autores Modernos, 1964.

— «Una amistad y varias cartas», prólogo a *Ante Azorín* de Pérez de Ayala, Madrid, Biblioteca Nueva, 1964.

— «Prólogo» a *Troteras y danzaderas* de Pérez de Ayala, Madrid-Buenos Aires, EDAF, 1966.

GONZÁLEZ BLANCO, Andrés, *Los contemporáneos*, 1.ª serie. París, 1907.

— *Historia de la novela española desde el Romanticismo a nuestros días*, Madrid, 1912.

GONZÁLEZ RUIZ, Nicolás, *En esta hora: ojeada a los valores literarios*, Madrid, 1925.

— *La literatura española. Siglo XX*, Madrid, 1943.

LUJÁN, Néstor, «Prólogo» a *Obras selectas* de Pérez de Ayala, AHR, 1957.

MADARIAGA, Salvador, *De Galdós a Lorca*, Buenos Aires, Editorial Sudamericana, 1960.

MAINER, Jose Carlos, *La Edad de Plata (1902-1939). Ensayo de interpretación de un proceso cultural*, Madrid, Cátedra, 1981.

MANACH, Jorge, *Visitas españolas. (Lugares, personas)*, Madrid, Revista de Occidente, 1960.

MARTÍNEZ CACHERO, José María, «Prosistas y poetas novecentistas. La aventura del ultraísmo. Jarnés y los 'nova novorum'», en *Historia de las literaturas hispánicas*, volumen VI, Barcelona, Vergara, 1968.

MEREGALLI, Franco, *Parole nel tempo. Studi su scrittori spagnoli del novecento*, Milán, Mursia, 1969.

MUÑIZ, María Elvira, *Historia de la literatura asturiana en castellano*, Salinas, ed. Ayalga, Colección Popular Asturiana, 1978.

NORA, Eugenio de, *La novela española contemporánea*, vol. I, 2.ª ed., Madrid, Gredos, col. Biblioteca Románica Hispánica, 1963.

PÉREZ FERRERO, Miguel, *Unos y otros*, Madrid, 1947.

PÉREZ MINIK, Domingo, *Novelistas españoles de los siglos XIX y XX*, Madrid, Guadarrama, 1957.

POGGIOLI, Renato, *Pietri di Paragone*, Florencia, 1939.

PRADO, Ángeles, Prólogo a edición de *El ombligo del mundo*, de Pérez de Ayala, Madrid, Orígenes, 1982.

RÍO, Ángel del, *Historia de la literatura española*, edición revisada, tomo II, Nueva York, Holt, Rinehart and Winston, 1963.

SHAW, Donald, *La generación del 98*, Madrid, Cátedra, 1977.

SOBEJANO, Gonzalo, *Nietzsche en España*, Madrid, Gredos, Biblioteca Románica Hispánica, 1967.

SUÁREZ, Constantino, *Escritores y artistas asturianos*, edición y adiciones de José María Martínez Cachero, vol. VI, Oviedo, Instituto de Estudios Asturianos, 1957.

TORRE, Guillermo de, *La difícil universidad española*, Madrid, Gredos (Campo Abierto), 1965.

TORRENTE BALLESTER, Gonzalo, *Panorama de la literatura española contemporánea*, 3.ª ed., Madrid, Guadarrama, 1965.

TREND, J. B., *Alfonso the Sage and other Spanish Essays*, Londres, 1926.

Algunos artículos

BACARISSE, Mauricio, «Dos críticos: Casares y Pérez de Ayala», en *Revista de Libros*, Madrid, 1928.

BATAILLON, Marcel, «*Belarmino y Apolonio*», en *Bulletin Hispanique*, XXIV, núm. 2 (1922).

BECK, Mary Ann, «La realidad artística en las tragedias grotescas de Pérez de Ayala», en *Hispania*, XLVI, 3 de septiembre de 1963.

BOBES, María del Carmen, «Notas a *Belarmino y Apolonio* de Pérez de Ayala», en *Boletín del Instituto de Estudios Asturianos*, XXXIV (1958).

CABEZAS, J. A., «Entrevista con Pérez de Ayala», en *España semanal*, Tánger, 17 de julio de 1960.

CALVO, Luis, «Memento de Ramón Pérez de Ayala», en *ABC*, Madrid, 22 de noviembre de 1980.

CAMPBELL, Breton, «The Esthetic Theories of Ramón Pérez de Ayala», en *Hispania*, L, 3 de septiembre de 1967.

CARAYON, Marcel, «Le roman *Apollonius et Belarmin*, par Ramón Pérez de Ayala», en *Intentions*, París, 1923.

CASSOU, Jean, «*Belarmino y Apolonio*», en *Révue Européenne*, II (1923).

CLAVERÍA, Carlos, «Apostillas adicionales a *Belarmino y Apolonio*», en *Hispanic Review*, XVI (1948).

CÓRDOBA, Santiago, «Entrevista», en *ABC*, Madrid, 6 de febrero de 1958.

CORDUA DE TORRETI, Carla, «Belarmino: Hablar y pensar», en *La Torre*, 32, Puerto Rico, 1960.

CORREA CALDERÓN, Evaristo, «El costumbrismo en la literatura española actual», en *Cuadernos de Literatura*, Madrid, IV (1948).

CUETO ALAS, Juan, «La cuarta persona del singular. El humor literario: dos ejemplos asturianos», en *El Urogallo*, núm. 16, Madrid, 1972.

DÍAZ FERNÁNDEZ, J., «Entrevistas», en *El Sol*, Madrid, 12 de diciembre de 1928.

FABIÁN, DONALD L., «Action and idea in *Amor y pedagogía* and *Prometeo*», en *Hispania*, XLI, 1 de marzo de 1958.

— «The Progress of the Artist: a major theme in the early novels of Pérez de Ayala», en *Hispanic Review*, XXVI, 2 de abril de 1958.

— «Pérez de Ayala and the Generation of 1898», en *Hispania*, XLI, 2 de mayo de 1958.

— «Bases de la novelística de Ramón Pérez de Ayala y el periodismo», en *Gaceta de la Prensa Española*, Madrid, 3.ª época, año XIV, núm. 132, enero-febrero de 1961.

FONT, María Teresa, «La sociedad del futuro en Pérez de Ayala, Huxley y Orwell». en *Revista de Estudios Hispánicos*, IV, Alabama, 1970.

GARCÍA BLANCO, Manuel, «Unas cartas de Unamuno y Pérez de Ayala», En *Papeles de Son Armadans*, XXXVIII (1965).

GARCÍA DOMÍNGUEZ, Elías, «Epistolario de Pérez de Ayala», en *Boletín del Instituto de Estudios Asturianos*, Oviedo, 1969, números 64-65.

GILLESPIE, Ruth C., «Pérez de Ayala, precursor de la revolución», en *Hispania*, XV (1932).

GONZÁLEZ RUANO, César, «Entrevista», en *Arriba*, Madrid, 8 de mayo de 1955.

GONZÁLEZ RUIZ, Nicolás, «La obra literaria de don Ramón Pérez de Ayala», en *Bulletin of Hispanic Studies*, Liverpool, 1932.

JOHNSON, ERNEST A., «The Humanities and the *Prometeo* of Ramón Pérez de Ayala», en *Hispania*, XXVII, 3 de septiembre de 1955.

— Sobre *Prometeo* de Pérez de Ayala», en *Ínsula*, Madrid, números 100-101.

KING ARJONA, DORIS, «*La voluntad and abulia* in contemporary Spanish ideology», en *Revue Hispanique*, vol. 74 (1928).

LAMB, Normana, «The Art of *Belarmino y Apolonio*», en *Bulletin of Spanish Studies*, XVII, Liverpool, 1940.

LEIGHTON, Charles, «La parodia en *Belarmino y Apolonio*», en *Hispanófila*, 6 (1959).

— «The Structure of *Belarmino y Apolonio*», en *Bulletin of Hispanic Studies*, XXXVII (1960).

LEVY, Bernard, «Pérez de Ayala's *Belarmino y Apolonio*», en *Spanish Review*, III Nueva York, 1936.

LIVINGSTONE, León, «The Theme of the 'Paradoxe sur le comédien' in the novels of Pérez de Ayala», en *Hispanic review*, XII, 3 de julio de 1954.

— «Interior Duplication and the Problem of Form in the Spanish Novel», en *PMLA*, LXIII (1958).

MARTINEZ CACHERO, Jose María, «Ramón Pérez de Ayala en dos entrevistas de hacia 1920», en *Boletín del Instituto de Estudios Asturianos*, IX-XII (1975).

MATUS, E., «El símbolo del segundo nacimiento en la narrativa de Pérez de Ayala», en *Estudios Filológicos*, 5, Valdivia, 1969.

NOBLE, Beth, «The Descriptive Genius of Pérez de Ayala in *La caida de los limones*», en *Hispania*, XL, 2 de mayo de 1957.

POSADA, Paulino, «Pérez de Ayala, un humanista del siglo XX», en *Punta de Europa*, núm. 127, noviembre de 1967.

RODRÍGUEZ MONESCILLO, Esperanza, «El mundo helénico de Pérez de Ayala», en *Actas del Segundo Congreso Español de Estudios Clásicos*, Madrid, Sociedad Española de Estudios Clásicos, 1961.

ROMEU, R., «Les divers aspects de l'humour dans le roman espagnol moderne: III: L'humour trascendental d'un intellectuel», en *Bulletin Hispanique*, IX (1947).

SALLENAVE, Pierre, «La estética y el esencial ensayismo de Ramón Pérez de Ayala», en *Cuadernos Hispanoamericanos*, núm. 234, Madrid, 1969.

— «Ramón Pérez de Ayala, teórico de la literatura», en *Cuadernos Hispanoamericanos*, núm. 244, Madrid, 1970.

SÁNCHEZ OCAÑA, Vicente, «Una novela de clave: *Troteras y danzaderas*», en *La Nación*, Buenos Aires, 24 de julio de 1949.

SCHRAIBMAN, José, «Cartas inéditas de Pérez de Ayala a Galdós». en *Hispanófila*, 17 (1963).

SERRANO PONCELA, Segundo, «La novela española contemporánea», en *La Torre*, I, núm. 2, Puerto Rico, abril-junio de 1953.

SHAW, D., «On the ideology of Pérez de Ayala», en *Modern Language Quarterly*, XXII, Washington, 1961.

SOLDEVILA DURANTE, Ignacio, «Ramón Pérez de Ayala. De *Sentimental Club* a *La revolución sentimental*», en *Cuadernos Hispanoamericanos*, núm. 181, Madrid, 1965.

SOPEÑA, Federico, «La 'pietas' de los últimos días», en *ABC*, Madrid, 7 de agosto de 1962.

STURKEN, H. Tracy, «Nota sobre *La pata de la raposa*», en *Nueva Revista de Filología Hispánica*, XI, núm. 2, abril-junio de 1957.

TENREIRO, R. M., «*Tinieblas en las cumbres*», en *La lectura*, Madrid, 1908.

— «*A.M.D.G.*», en *La lectura*, Madrid, 1911.

— «*La pata de la raposa*», en *La lectura*, Madrid, 1912.

— «*Troteras y danzaderas*», en *La lectura*, Madrid, 1913.

ZAMORA, C., «La concepción trágica de la vida en la obra novelesca de Pérez de Ayala», en *Hispanófila*, XLII (1971).

— «Homo impotens and the vanity of human's striving: two related themes in the novels of Pérez de Ayala», en *Revista de Estudios Hispánicos*, núm. 3 (1971).

— «La angustia existencial del héroe-artista de Ramón Pérez de Ayala: la caducidad de la vida», en *Boletín del Instituto de Estudios Asturianos*, 83, septiembre-diciembre de 1974.

— «La negación de la praxis autocreadora en la novelística de Ramón Pérez de Ayala», en *Boletín del Instituto de Estudios Asturianos*, 92 (1977).

A.M.D.G.

DEDICATORIA[1]

A D. Benito Pérez Galdós[2]

Venerado Maestro: La premura con que hube de realizar esta obra[3] no era muy a propósito para lograrla en cumplida sazón y madurez, de manera que temo mucho adolecer de osadía poniendo tan menguado fruto a la sombra inmortal de tan alto nombre. Mi empeño era arduo; las fuerzas, pocas. Considero que si hay algo digno de estimación en mi libro no es sino pretendido reflejo de aquella admirable serenidad, decoro y nobleza con que, en obras de linaje semejante al de la presente[4], vistió usted de

---

[1] Esta dedicatoria no aparece en P.

[2] Pérez de Ayala fue gran admirador de Galdós y elogió enormemente su teatro en las críticas incluidas en *Las máscaras*. Para su concepción liberal del mundo y de la literatura es especialmente importante su trabajo «El liberalismo y *La loca de la casa» (Obras Completas*, III, Madrid, Aguilar, Biblioteca de Autores Modernos, 1964, págs. 47-69). Véase también Soledad Ortega, *Cartas a Galdós*, Madrid, Revista de Occidente, 1964. Sebastián de la Nuez y José Schraibman, *Cartas del archivo de Galdós*, Madrid, 1967.

[3] Carecemos de datos para precisar cuánto tiempo dedicó realmente Pérez de Ayala a escribir esta novela. Sin embargo, conociendo los hábitos del novelista, no es aventurado suponer que, sobre un plan previo muy claro, pudo redactarla durante los meses del verano de 1910.

[4] Me parece verosímil que se refiera a *Casandra*, estrenada en el teatro Español, de Madrid, el 28 de febrero de ese año. Pérez de Ayala la defendió, por esas mismas razones, en su primera crítica teatral (en *Europa*, núm. 3, 6 de marzo de 1910, firmada por «Plotino Cuevas»), que luego pasó a abrir el libro primero de *Las máscaras*. Sobre todo este episodio, véase mi libro *Vida y literatura en «Troteras y danzaderas»*, Madrid, Castalia, col. Literatura y Sociedad, 1973, págs. 78-85.

carne artística y de hermosura inmarcesible el austero principio de la justicia: suum cuique tribuere. *Porque si atinamos a encarecer sin envidia y a censurar sin veneno, participando la alegría de hacer el bien de la pesadumbre de causar tristeza, nos será otorgado el equilibrio interior*[5].

Le ruego acepte con benignidad esta muestra, harto profusa, de mi ingenio.

RAMÓN PÉREZ DE AYALA

Caldas de Reyes[6], 23 de Octubre de 1910

---

[5] Incluso en una novela que muchos han considerado panfletaria, aparece el ideal clásico —equilibrio, serenidad, armonía— que presidirá toda la obra de Pérez de Ayala.

[6] *Caldas de Reyes* o de Reis (Pontevedra), en la línea de ferrocarril de Villagarcía a Pontevedra. Famosa por sus aguas minerales, está situada en la orilla derecha del río Umía, en terreno llano. Se cree que es la antigua Aquis Celemis romana. El sobrenombre «de Reyes» se le da por referencia a Alfonso VII.

AB URBE CONDITA [7]

---

[7] «Desde la fundación de la ciudad», título del libro de Tito Livio sobre la historia de Roma, desde que se fundó en el 753 a. C.

I[8]

Tierra adentro y cara al mar, asentado sobre una loma de los aledaños de Regium está el *Colegio de segunda enseñanza de la Inmaculada Concepción*. Lo regentan los Reverendos Padres de la Compañía de Jesús.

Es una mole cuadrangular, cuyas terribles[9] dimensiones hácenla medrosa; la desnudez de todo ornato, inhóspita y[10] la rojura viva del ladrillo de que[11] está fabricada, insolente[12]. No tiene estilo. Su fachada lisa, de meticulosa austeridad, abierta por tres ringlas de ventanales, se ofrece a la mirada inquisitiva del viandante con la tristeza sorda y hostil de los presidios, los cuarteles y los establecimientos fabriles. Sábese que es casa de religión porque hay una gran puerta ojival, rematada por una cruz, al extremo siniestro del frente, según se mira, a la cual conduce una escalinata de piedra; un campanario voladizo de hierro, a manera de jaulón de micos[13], en el

---

[8] P ha suprimido esta numeración en romanos. (Ya no lo volveré a indicar.)

[9] P: *excesivas.*

[10] P sustituye este *y* por punto y coma.

[11] P: *con que.*

[12] Reinink señala el carácter impresionista de este adjetivo; «es evidente que no le interesa el matiz. Lo que intenta en primer lugar es manifestar una estimación emotiva, una sensación preexistente, en la que la adjetivación que acompaña al color es indicativa de una actitud espiritual determinada» (K. W. Reinink, *Algunos aspectos literarios y lingüísticos de la obra de don Ramón Pérez de Ayala*, El Haya, Publicaciones de la Universidad estatal de Utrecht, 1959, pág. 115).

[13] La metáfora degradante subraya el efecto de los anteriores adjetivos: *terribles, medrosa, insolente, inhóspita, hostil...*

117

tejado y a plomo sobre aquella puerta, y unas letras de oro, contiguas al alar[14], promediando el casón: *A. M. D. G.*

El edificio está a cosa de un tiro de piedra de la carretera real, que conduce a tierras de Castilla. Entre el camino y el colegio, así como aislador de paz que aquiete y embote el tráfago del siglo y sus pecaminosas estridencias[15], hay pradezuelos mullidos, muy rapados y verdes; los cortan aquí y acullá unas veredas de arena pajiza[16], las cuales, reptando y curvándose en cierta blandura jesuítica, van a meterse en el convento, por debajo de las puertas[17]. Véase cómo por medio de un sencillo expediente nos inculcan provechosa leccion a tiempo que se nos pone al cabo del espíritu de la Orden; porque veredicas y pradezuelos, lo mismo que la propincuidad[18] con la carretera, todo ello obedece a plan y concierto. Quiere decirse que no lejos del camino de perdición está el cobijo de la gracia, y que para entrar en el reino de S. M. Divina, de la cual son ministros tan irresponsables como el propio soberano los Reverendos Padres de la Compañía, es menester trocar las holgadas y prósperas vías del mundo por pequeños y tortuosos senderitos, abajarse, rastrear, humillarse.

II

En los alrededores de Regium está la aldea de Arriares, y en ella una casita de campo, flamante y[19] de rusticidad arquitectónica adredemente rebuscada; ventanucas, tejadillos, cuerpos adosados al principal, a modo de establos, cuadras o cubiles. Los huecos están siempre en ceguedad, obturados por cortinas

---

[14] *alar*. 'alero del tejado' (Real Academia Española, *Diccionario de la Lengua Española.* 19.ª ed., Madrid, 1970. Desde ahora citaré sólo: *DRAE).*

[15] En ocasiones, Pérez de Ayala adopta irónicamente expresiones propias del estilo jesuítico.

[16] P subraya lo degradante: *a modo de lombrices.*

[17] Muchos crítiticos han comentado el valor simbólico de esta descripción inicial: contraste entre el colegio y la naturaleza y tema de la hipocresía.

[18] En contraste con los diminutivos, un cultismo típico del estilo de Pérez de Ayala desde su juventud: 'cercanía'.

[19] P suprime esta *y.*

inmóviles de tela blanca. Un jardín sombrío, húmedo, aprisiona a[20] la casa, y una alta cerca, enrejada por uno de sus costados, guarda el jardín. Es una casita que vive de sí misma, que tiene un alma misteriosa y activa. Su dueño, constructor y habitante es Gonzalfáñez.

Gonzalfáñez nació en Regium. De niño tuvo sólo un amigo, Dorín, el de Pedreña, garzón[21] de cuna baja, paupérrima. Adolescente, Gonzalfáñez desapareció de Regium. Fueron cayendo los años en la sima de lo pretérito; murieron los padres de Gonzalfáñez; el pueblo olvidó al hijo.

Cierto día llegó a Regium un señor cenceño, rasurado, con esclavina de capucha, gafas negras y un bastón tremendo de gordo. Preguntó por Dorín, el de Pedreña; fuese a Arriares, en su busca; se aposentó en casa del aldeano, que tal era Dorín; estúvose allí hasta que vio terminada la rústica casita de arbitraria apariencia, y, entonces, Gonzalfáñez y Dorín se acogieron al nuevo nido.

Los dos amigos salían a vagar por el campo, preferentemente carretera adelante, rostro a Castilla, siempre que hubiese buen tiempo. Gonzalfáñez llevaba, en toda ocasión, colgando de sus hombros próceres y un poco claudicantes[22], aquella esclavina de capucha que era como el trasunto de un manto; lo mismo en invierno que en estío[23]. Caminaban en silencio de ordinario. Retenían el paso con frecuencia. Una vaca, un mirlo, un regato, una flor de genciana; todas las cosas y seres de Naturaleza ejercían tanto imperio sobre Gonzalfáñez que, reclamándole hacia sí, le hacían permanecer largo rato suspenso y como ajenado[24].

---

[20] P suprime esta *a*.

[21] Voz de claro aroma modernista, de origen francés: 'joven, mancebo, mozo' *(DRAE)*. Véase el estudio de José María Martínez Cachero, «Ramón Pérez de Ayala y el modernismo», en *Simposio internacional sobre Ramón Pérez de Ayala*, editado por Pelayo H. Fernández, Universidad de Nuevo Méjico, Gijón, 1981, págs. 27-39.

[22] *claudicantes* es claro cultismo, en su sentido inicial: 'el que cojea'.

[23] Pérez de Ayala elige *estío* y no *verano*, exactamente igual que el modernista Valle de las *Sonatas*.

[24] El clasicismo de Pérez de Ayala se basa en imitar la naturaleza. He subrayado la importancia de lo natural, dentro de su sistema de valores, en mi estudio *La novela intelectual de Ramón Pérez de Ayala*, Madrid, Gredos, col. Biblioteca Románica Hispánica, 1972.

En Regium se sustentaban diferentes hipótesis acerca de Gonzalfáñez. Quiénes aseguraban que era demente, habiendo sido su padre alcohólico. Cuáles que era cornudo[25], habiéndose casado en Circasia[26] con una princesa de extraordinario ardor e insaciable venustidad[27]. Éstos, que las complicaciones de cierto horroroso atentado le mantenían recoleto en su fortaleza agreste. Aquéllos, que era un idiota, atacado de misantropía. Lo cierto es que ninguno sabía nada y que Gonzalfáñez, después de su vuelta a Regium, no se había dignado cruzar la palabra con ninguno de sus convecinos y paisanos, como no fuera Dorín.

Desde que se puso la primera piedra de los cimientos, Gonzalfáñez y Dorín seguían, día por día, la diligente erección[28] del colegio jesuítico. El maestro de obras era un lego congestivo, agigantado, de pestorejo y cogullada inmensos, maneras de cómitre y empecatado acento euskera[29]; el hermano Aurrecoechea.

Aurrecoechea intentó en veces diferentes trabar plática con Gonzalfáñez; mas la pertinaz cerrazón de éste hizo desistir al vizcaíno. Afortunadamente, si el uno le negaba este parvo sustento de la palabra, otorgábanselo, con creces, mujeres que conducían la comida a canteros, carpinteros y albañiles, y las mozas labriegas. No era raro verle en apretada cháchara con alguna rapaza pulida y fresca, alongados un trecho de las obras y guardándose bajo los árboles. No tardó en señalarse evidente favoritismo. La preferida fue Teresa, de la aldea de Cabeñes[30], rubia de miel, encendida y gustosa como un fruto. ¡Cuán pronto hubo de marchitarse *su buena color!* Lo que

---

[25] P suaviza: *que sufría de infortunios amorosos.*

[26] *Circasia:* hace poco, Francisco Aguilar Piñal ha encontrado y publicado una tragedia inédita de Cadalso, *Solaya o los circasianos.* Copio de su introducción: «Región de la Rusia meridional, en las vertientes septentrionales del Cáucaso, entre los mares Negro y Caspio. Es un terreno montañoso, que en 1708 pasó a depender de Turquía, pero que en el siglo XIV estaba bajo el dominio de Tamerlán, que impuso la religión mahometana» (Madrid, Castalia, colección Clásicos Castalia, 1982, pág. 33). Para Pérez de Ayala es símbolo claro de país lejano, sobre el que puede fantasear a gusto.

[27] P: *venusismo.*

[28] Me parece que Pérez de Ayala juega con el doble significado de la palabra para introducir el tema del lego Aurrecoechea.

[29] P: *vasco.*

[30] *Cabeñes:* puede referirse a Cabueñes, cerca de Gijón.

perdió en carmín la neña[31], fue compensado en vientre. El bárbaro Aurrecoechea la rechazó entonces. Cierta tarde hubo una llantina de Teresa, con manifestaciones dramáticas; fueron testigos, a distancia, Gonzalfáñez y Dorín. El de la esclavina rezongaba: «¡Mala bestia! ¡Mala bestia!»

Un día amaneció Aurrecoechea muerto, al pie de un muro en construcción. Tenía la cabeza hecha añicos, por obra de un garrotazo. A la tarde, así que llegó Gonzalfáñez, por inspeccionar las obras como de costumbre, interrogó a un pinche:

—¿Y el lego grande?

—Matáronlo, señor, en la noche última.

—¿Del todo?

—Del todo, como a una rata.

Se dijera que Gonzalfáñez sonreía.

El colegio medraba por horas. En corto plazo quedó rematado y en su punto. El lóbrego enjambre ignaciano lo invadió, distribuyéndose por las celdas, a llenar arcanas actividades[32]. Y luego otro enjambre más numeroso, el de la cándida infancia, brotes de futura humanidad.

Y por la tarde, consintiéndolo el tiempo —a las horas postmeridianas en época de otoñada o invernal, al levantarse la noche en verano y primavera—, Gonzalfáñez y Dorín hacían un alto en su paseo y contemplaban el colegio de la Concepción. Cuándo, tañía en la penumbra hermética de los claustros la campana del regulador, escandiendo la medida espaciada de la existencia comunal. Cuándo llegaban de patios y cobertizos la algarabía conmovedora de la infancia en asueto; el *chaschás* seco de la pelota contra el frontón; el *bum*[33] cóncavo de los grandes balones de cuero, que a intervalos surgían en el aire, por encima de los muros.

Y Gonzalfáñez interrogaba:

—¿Te gustan los niños, Dorín?

—Según; cuando son guapos...

---

[31] Es habitual en el estilo de Pérez de Ayala la utilización de algún asturianismo, dentro de un tono predominantemente cultista (véase José Benito Álvarez Buylla, «El 'asturianismo' de Pérez de Ayala: 'color local' y bable en *Tigre Juan*», en *Simposio internacional...*, ed. cit., págs. 39-53).

[32] Uno de los motivos más frecuentes en toda la literatura antijesuítica: el secreto.

[33] Reinink y González Calvo han estudiado la afición de Pérez de Ayala por las voces expresivas, onomatopeyas, etc.

—¿Los quieres, Dorín, sean guapos o feos?
—Hom, querelos... claro. ¿Quién no los quier?
—Los niños... Los niños... ¡Oh puericia![34]. ¡Oh, puericia!
¿Sabes lo que es un parque de puericultura, Dorín?
—Mal rayo me parta...
—Que no te parta, Dorín. Me quedaría yo solo.
Dorín sonreía, con su rostro benévolo y bobalicón.

¡Nunca te olvidaré, Gonzalfáñez; hombre extraño y nombre de romance antiguo![35]. En los paseos nos sorprendías[36] a la vuelta de una calleja, en la linde de un bosque, en la margen de un río, donde menos lo pensáramos. Recuerdo tu esclavina, y tu capucha, y tu bastón enarbolado cual si fuera un báculo, y tu rostro ceñudo y bíblico, cuando repetías infinitas veces según pasábamos y a tiempo que hundías tu pupila torva en los inspectores: «¡Oh, puericia! ¡Oh, puericia santa!» Los inspectores bajaban los ojos y nosotros nos apelmazábamos en las ternas, como rebaño pusilánime, porque los Padres nos habían dicho que eras ateo. ¿Qué habrá sido de ti, Gonzalfáñez, nombre alto y sonoro, deidad esquiva de las encrucijadas rústicas?

III

¿Cómo y con qué recursos se edificó el colegio?

Dios, que viste de piedra, cuando no de ladrillo, las buenas intenciones, y de hermosura el lirio de los valles, y da alimento al pajarillo, y pajarillos al milano[37], dispuso la marcha de los días de manera que en Regium se alzase un cuartel de su amada milicia[38].

---

[34] Un claro contraste entre dos niveles lingüísticos, rústico y clasicista. (Ya no lo señalaré más.)

[35] Otros ecos modernistas: el nombre y las exclamaciones e interrogaciones dirigidas al personaje.

[36] Aquí, por primera vez, el narrador aparece como personaje del relato autobiográfico.

[37] Uso paródico de la predicación de Jesús: «Mirad cómo las aves del cielo no siembran ni siegan, ni encierran en graneros, y vuestro Padre celestial las alimenta (...). Mirad a los lirios del campo cómo crecen: no se fatigan ni hilan. Pero yo os digo que ni Salomón en toda su gloria se vistió como uno de ellos» (Mateo, 6.26-29).

[38] Primera alusión al militarismo de la Compañía.

La Compañía de Jesús tiene por norma indeclinable no comenzar la construcción de una nueva casa si no se cuenta de antemano con todo el dinero preciso para darle fin. Lo contrario redundaría en deshonra del instituto, poniéndole quizá en pie de pedigüeñerías y mendigueces.

Las primeras avanzadas de bastidores, en este fornido ejército ignaciano, llámanse residencias. Son las residencias pequeñas delegaciones que andan desparramadas por capitales de provincia y pueblos ricos, viviendo de la misa y de la predicación y explorando el terreno por si fuera a propósito para hacer una magna sementera de gracia.

En las últimas décadas del pasado siglo llegó a Regium una de estas delegaciones. La componían los padres Anabitarte, Olano, Lafont y Cleto Cueto, con el hermano Mancilla. Los enviaba el cacique de la región, don Nicolás Sol e Il[39], aquel célebre y ridículo político de la barba enmarañada y esponjosa, de la elocuencia enmarañada y esponjosa, del intelecto enmarañado y esponjoso. Alojáronse en un segundo piso de la plaza de Sol e Il, improvisaron una capillita, y con esto rompieron ya el avance hacia la conquista de la *madreselva* que es como ellos, en la intimidad, llaman a la beata[40].

Las primeras jornadas fueron duras. Hubo noche en que los cinco religiosos se acostaron con las tripas horras.

Apenas si se decían misas, a causa del estipendio de cinco pesetas que la Compañía tiene señalado. Las gentes de Regium murmuraban: «¡Mi alma, cinco pesetas! Están locos. ¿Si pagamos una a don Rebustiano, y cuando muncho dos?» En su nesciencia teológica olvidaban que las misas oficiadas por

---

[39] Florencio Friera lo identifica como Pidal y Mon en su tesis doctoral inédita *Pérez de Ayala: el escritor y su tiempo. Literatura e historia en la Asturias de la Restauración,* Universidad de Oviedo, 1982 (págs. 614, 639 y 755). Recuérdese que es también personaje de *El último vástago* y que Belarmino quiere hacerle aprender de memoria a una urraca los versos de Selgas y los discursos de Pidal y Mon (*Belarmino y Apolonio,* mi edición, Madrid, Cátedra, 1976, págs. 174-178). Alejandro Pidal y Mon (1846-1913) fue hijo del marqués de Pidal (el estudioso de la poesía medieval), fundó el grupo político de la Unión Católica, que aceptó la colaboración con Cánovas en 1884, siendo Pidal ministro de Fomento. En 1906 fue elegido director de la Academia Española. Entre sus obras figura *El triunfo de los jesuitas en Francia.*

[40] P: *las madreselvas, que es como ellos, en la intimidad, llaman a las señoras beatas.*

jesuitas logran mayor eficacia que ninguna otra misa. Abundan razones que lo abonan. El Eterno nos ha patentizado, en el curso de lo temporal, su afición a la lengua del Latio. El arameo no lo eligió, ni el griego, ni el sánscrito, ni el hebreo, ni el catalán —nobilísimas lenguas todas—, para lengua litúrgica, sino el latín; infundió[41] en Virgilio el soplo profético y en Ovidio la complejidad y sutileza amatorias que andando el tiempo, habían de ostentar los casuistas[42]. La prosodia latina de los jesuitas es más pura que la de todos esos[43] infelices curas de chicha y nabo; bien lo saben y no se recatan para decirlo[44]. Claro está que en el cielo, así que celebra misa un Padre de la Compañía, el Eterno y su Estado mayor central se vuelven locos de contentos[45], porque le entienden todo lo que dice, y, naturalmente, le hacen caso. Además, los jesuitas tienen muy buenas formas. Esto es, no que resplandezca su[46] urbanidad o que sus miembros se caractericen por cierta turgencia escultórica, sino que las partículas que emplean para consagrar son de clase *extra* y de mucho tamaño, con lo cual, en el punto curioso y sublime de la transubstanciación, Jesucristo encuentra holgado alojamiento, y lo agradece mucho. Todo lo que antecede ha sido revelado a un venerable de la Compañía, y como se supone, fue revelándose, con toda cautela, a las personas piadosas de Regium, las cuales, habiéndose iniciado, satisficieron fervorosamente las cinco del estipendio.

Y, sin embargo, la residencia no prosperaba. El padre Olano había llegado a formar frondoso cerco de *madreselvas* en torno a la vida del Señor; de ellas, carcamales y fétidas[47] momias; de ellas, también, lindísimas muchachas y muy bellas casadas. El padre Cleto Cueto mantenía comercio cotidiano con los politicastros católicos del pueblo; logró fundar un periódico nocedalino, *La Reconquista*[48]. Anabitarte y Lafont cultivaban de su parte sendos círculos de relaciones masculi-

---

[41] P añade: *en Séneca un mucho de moral evangélica.*
[42] P: *los teólogos casuistas.*
[43] P: *esos otros.*
[44] P: *bien lo saben los Padres y no se recatan en pregonarlo.*
[45] P: *contento.*
[46] P: *que resplandezcan en.*
[47] P suprime *fétidas.*
[48] Los carlistas, después de la revolución de 1868, consiguieron llevar a las Constituyentes como diputados por Oviedo a Díaz Caneja y Guillermo Estrada, que mantenían un círculo en la capital, Juntas en algunos pueblos de la región y un periódico, *El pensamiento de*

nas y femeninas. Ninguno de los cuatro daba paz al zapato[49], recorriendo de continuo la provincia. Pero el dulcísimo y fecundísimo dinero acudía con parquedad y dolorosas intermitencias. En vano asediaban la casa de los ricachos santurrones de Pilares, la capital[50], insinuándoseles con dulzura oleaginosa y sahumerios de palabras suaves; cuándo, cerca de don Anacarsis Forjador[51], el multimillonario de semítica traza, bandolero de asalto en guarida, que no era otra cosa su banca; cuándo, sobre el marqués de San Roque Fort, por la gracia de Su Santidad León XIII, forajido sacristanesco más que marqués, que de lo uno llevaba cuatro meses mal contados y de lo otro algunos lustros poniendo a parir caudales ajenos, en amorosa complicidad con un su hermano, canónigo, incurso en simonía. Se les acogía bien, se les proporcionaba lastre para la andorga, hasta se les socorría, a pretexto de ciertas devociones; pero ¡con cuánta miseria! ¡con qué torpe y mal celada avaricia!

Asturias (Friera, *op. cit.*, pág. 580). Cándido Nocedal (1821-1885) fue periodista, orador y político. Fundó el periódico católico *La Constancia*. Sus discursos más famosos fueron los dedicados a defender la unidad católica de España. Valle-Inclán lo retrata en *El ruedo ibérico*.

[49] Quizá es recuerdo paródico de los conocidos versos de Fray Luis, en la «Profecía del Tajo»: «Acude, corre, vuela, / traspasa la alta sierra, ocupa el llano; / no perdones la espuela, / no des paz a la mano, / menea fulminando el hierro insano» (en Oreste Macrí, *La poesía de Fray Luis de león*, Salamanca, Anaya, 1970, pág. 235).

[50] Nombre que da Pérez de Ayala a Oviedo. Es también el título de uno de sus libros juveniles (en *Obras Completas*, I, ed. cit., páginas 861-923). Toma el nombre del «gran acueducto de cuarenta arcos, sobre pilares, que abastecía la población con las puras aguas de Fitoria y Boo, manantiales del monte Naranco (...), demolido por la piqueta municipal en el año 1914 (...) y los 'pilares' en que se apoyaba dieron su nombre a aquel barrio» (Joaquín Manzanares, «Oviedo artístico y monumental», en *El libro de Oviedo,* Oviedo, Naranco, 1974, pág. 157). A eso se une, por supuesto, el simbolismo del nombre, que rima bien con la Vetusta de Clarín: los pilares de la tradición, de las viejas costumbres...

[51] Según Florencio Friera, alude a Policarpo Herrero, que en 1900 aparece como socio inversor del Colegio de la Inmaculada de Gijón. «Etimológicamente, Policarpo significa muchos frutos y Anacarsis es la negación del acto de podar.» Reaparece también en *Pilares* y *Las novelas de Urbano* y *Simona*. En cuanto al marqués de San Roque Fort, puede aludir a Antonio Sarri, marqués de San Feliz, primer director de la Caja de Ahorros de Asturias, que había obtenido el título de León XIII en 1896 *(op. cit.,* págs. 192, 193 y 202).

Recibióse en la residencia una carta del provincial. Decía: «Miren que, a lo que entiendo y por lo que se me dice, esa tierra es rica y va para más; que se abren nuevas minas y muchas fábricas cada día[52], que los tiempos son de impiedad, de peligro para la Compañía y para la Iglesia de Cristo; que toda esa parte la tenemos en barbecho, porque si se quitan las Provincias, puede asegurarse que el Norte nos ignora; que un colegio ahí paréceme que urge, etc., etc.» Luego: «Dícenme que hay una viuda de un tal señor Zancarro, mujer delicada de salud, pero de mucha fortuna. Infórmense con discreción, amadísimos Padres, que el asunto es de mucha monta para el servicio de Dios. Probablemente les enviaremos al padre Sequeros. A.M.D.G.»

Al leer el anuncio del envío, siquiera fuese de un hermano en religión, los de la residencia arrugaron el morro, vejados y hostiles. Luego cambiaron una ojeada, en silencio. Sequeros gozaba de mucho renombre dentro de la Compañía por haber socaliñado, en París, unos millones de pesetas a la vieja duquesa de Villabella, hallándose la dama en trance de muerte.

Llegó Sequeros a Regium. Era un mozarrón de erguida testa y modesto ademán; sanguíneo, hermoso, abierto de corazón y de carácter, candoroso y leal; sus ojos miraban siempre al suelo o al cielo; la voz, clara y masculina, ignorante de inflexiones capciosas e hipócritas; en el espíritu, voraz fuego apostólico y amor divino sin medida.

A poco de llegar a Regium se le tenía por santo. La mayoría de las *madreselvas* se pasaron a Sequeros; le besaban la sotana y el fajín, y le decían: «¡*Santín de Dios!*» A lo cual, el joven religioso sonreía, apartándolas dulcemente de su camino, porque él tenía una alta misión que cumplir: buscar los materiales para la ciudad de Dios[53].

Los vecinos de Regium echaron de ver muy pronto la ventaja que Sequeros hacía a sus hermanos. Por lo pronto, no llevaba los hombros constelados de caspa, como Olano y Anabitarte; ni tenía los dintes podridos, como Lafont; ni se

---

[52] «En los años 1898-1900 Asturias ocupa el quinto puesto del total nacional por el número de sociedades constituidas y el segundo por la importancia del capital asociado en alguno de esos años finiseculares» (Friera, *op. cit.,* págs. 86-87).

[53] En la filosofía de la historia de San Agustín, cuando los hombres se someten a la providencia divina y son fieles a la gracia, se unen por el vínculo de la caridad y constituyen *la ciudad de Dios.*

dejaba la barba de cindo días, como Cleto Cueto. Se puede ser santo sin ser puerco[54]. Sequeros era un *jesuita verdad*, según la leyenda que el vulgo de ellos ha creado. Las *madreselvas* daban por descontada la aristocracia de su cuna. Todas las puertas se le abrían. Se le abrió, por ende, la de la viuda de Zancarro. Había sido[55] el tal un desapoderado bandido que, con ocasión de las guerras coloniales, apilara[56] su fortuna en la administración militar. Negáronle el trato los de Regium, lo persiguieron y afrentaron con tanta saña que él, acorralado, determinó suicidarse. Su viuda cayó en maniática religiosidad; no tenían descendencia.

Los jesuitas, con caritativo desinterés, se aplicaron a consolarla. La viuda rehuyó semejantes consuelos. Cuando Sequeros apareció fue otra cosa. A poco de conocerlo, no podía pasar la vida sin requerir su presencia una vez cada dos días, por lo menos. Fiaba en él y creía en su santidad. Sequeros repartía sus horas entre la oración y la viuda. Habiéndose agravado la enfermedad de la señora, las visitas pasaron a ser diarias.

Una mañana llegó Sequeros a la residencia atropellando con todo y las pupilas en ignición. Se precipitó en la capilla y cayó de hinojos ante un cromo[57] de San Ignacio. Sus compañeros curioseaban desde la puerta del oratorio; pellizcábanse y se hacían guiños. Salió el padre Sequeros. La lumbre de los ojos se había atenuado. El padre Cleto preguntó, balbuciendo:

—Bueno, ¿qué?
—Ha fallecido.
—¿Testamento?
—Testamento.
—¿Cuánto?
—Seis millones de reales.
—Collegium habemus.

Y se abrazaron todos.

A la hora de comer hubo pollo, de extraordinario. Terminados los postres, sorbían plácidamente el café, cuando el padre

---

[54] P: *Se puede ser un santo sin ser un puerco.*

[55] P: *Fue.*

[56] P corrige: *había apilado.* ¿Le ha influido a Pérez de Ayala el hecho de escribir en Galicia para usar la forma *-ra* con valor de pluscuamperfecto?

[57] La falta de sensibilidad estética muestra claramente la clase de educación que pueden dar los jesuitas, según Pérez de Ayala.

Lafont arremete contra el padre Anabitarte, superior provisional.

—¡Ah, mon Pere! ¡C'est un grand jour!*. Yo creo que sería bien oportuno una pequeña copa de ron.

—Sí, Padre. Yo también creo que merece la pena celebrar el día con honesto regocijo.

—Sea. Mancilla, danos acá la botella de ron.

Sequeros se niega a beber. Los demás porfían. Al fin, accede. Levántase, con la copita en alto. Síguenle los otros; chocan las copas. Sequeros tiene el rostro bañado en luz interior:

—¡Ad Majorem Dei Gloriam!

---

* Padre mío; es un gran día.

IANUIS CLAUSIS[58]

---

[58] 'Con las puertas cerradas, en secreto.'

I

El 21 de septiembre comenzaba el curso en el colegio de Regium; era el cuarto, desde su apertura a la enseñanza.

El niño Alberto Díaz de Guzmán [59], conocido familiarmente por un diminutivo, Bertuco, salió de Pilares en el primer tren de la mañana. Acompañábale la vieja sirvienta Teodora, mujer de extremada sencillez, la cual había llenado cumplidamente para con [60] Bertuco maternales menesteres desde la prematura orfandad del muchacho. Teodora iba aderezada con sus más ricos arreos y prendas; monumentales arracadas de aljófar, que le pendían hasta la base del cuello; pañuelo de seda recia y gayos colorines, anudado debajo de la barbeta; gran mantón negro, de seda también, con muchos bordados y luengos flecos torzales [61]; falda muy fruncida, de merino; una docena de enaguas que abombasen y diesen buen aire al cuerpo andando [62], porque en esto consiste el toque del vestir de lujo y a lo señor; almadreñas, y un paraguas rojo. Bertuco, que comenzaba a prever atisbos [63] del arte indumentario, consideraba que semejante acompañamiento le ponía en ridículo [64]. Intentó ir solo a Regium, a lo cual Teodora acudió espantada:

---

[59] Personaje autobiográfico, protagonista de las cuatro primeras novelas de Pérez de Ayala: *Tinieblas en las cumbres, A. M. D. G., La pata de la raposa* y *Troteras y danzaderas.*

[60] P suprime *con.*

[61] *Torzal: 'cordoncillo delgado de seda, hecho de varias hebras torcidas, que se emplea para coser y bordar' (DRAE).*

[62] P: *que se abombasen y contoneasen mucho al andar.*

[63] P: *discernir.*

[64] Varios críticos se han fijado en este rasgo para señalar el orgullo de clase que separa a Bertuco —es decir, al novelista— del pueblo.

131

—¿Tú qué dices, mi neñu?

—Voy para catorce años.

—¿Yo dejate solo?... ¡Non lo premita Dios!

Teodora pretendía tomar billetes de primera clase; mas Bertuco se obstinó en que habían de ser de tercera, y, a lo sumo, a lo sumo, de segunda. Asustábale pensar que las gentes de su propia condición le sorprendieran sometido a tan extravagante tutela.

En las calles de Regium los miraban con asombro, mofándose discretamente de aquella vieja, ataviada a usanza de tiempos remotos[65]. Visitaron el bazar de Badila, en donde Bertuco se proveyó de lo necesario para el aseo personal durante el curso; llegaron hasta el puerto, por contemplar el mar, que andaba muy enfurruñado en aquella ocasión, y, poco antes del mediodía, tomaron el camino del colegio.

—¡Ay Bertuco! ¿Por qué no vamos a comer a una fonda[66]? Tiempo tienes de encerrarte. Otros años, cuando venías con tu padre, ¿entrabas también pa comer? ¡Ay, Joasús!

Bertuco apretaba el paso; Teodora, siguiéndole malamente, enjugaba los ojos en un pañuelo a cuadros. Poco antes de llegar al colegio, Bertuco se plantó delante de la anciana.

—Oye, Teodora: no quiero que vayas con madreñas y con paraguas[67]. Tendrían risa los compañeros para todo el curso; no quiero que me tomen el pelo.

Teodora, sin atinar a decir cosa con cosa, exclamaba, haciéndose cruces:

—¡Joasús, Joasús!

Su consternación era tanta, que Bertuco sintió remordimientos de haber sido cruel.

—No seas boba. Es que los niños son muy malos; no me gusta que digan cosas de ti.

—Pero, ¿dónde los tó dejar, neñín de mío alma?

Bertuco la condujo, a campo traviesa, hasta la espalda del colegio, al pie de cuyas tapias había unas tupidas matucas.

—Escóndelos aquí.

Teodora dudaba.

—¿Y si me lo arroban? ¡Ay! Y cómo están los praos, pingando mismamente. Tó coger un ruma con estos zapatos de satén; Dios mampare.

---

[65] P atenúa: *pasados*.

[66] P: *de fonda*.

[67] P: *con ese paraguas encarnado*.

132

Volvieron a las vereditas que se hacen al frente del edificio. La aldeana detúvose y contempló recogidamente la grave y cejijunta mole.

—¡Joasús! Paez un maricomio[68].

—Teodora, se dice manicomio.

Penetraron en el portalillo, angosto y desnudo, como cosa inútil que es, pues los jesuitas saben no perder espacio ni tiempo en futilidades. Les abrió un fámulo de aborregado semblante. Desde el vestíbulo se columbra, a través de la puerta del fondo, el patio de la tercera división[69], preso en un claustro de arcos de medio punto, por donde discurrían, con paso presto, cuándo un pelotón de niños, cuándo una pareja de Padres. Teodora se mantenía inmóvil, tomada de religioso terror. De la ropería, que está, según se entra, al costado derecho del vestíbulo, salió el hermano ropero, Santiesteban de apellido, esmirriado y amarillento; sonreía con expresión epicena, mostrando la sima lóbrega de una boca letrinal. Saludó a Teodora y Bertuco, acarició al niño y les condujo al salón de visitas, frontero a la ropería. Es el salón una pieza rectangular, muy vasta y severa[70], amueblada con sillas y sillones de enea; en las paredes penden fementidas copias de Murillo, pintadas por el hermano Urbina, aquel prevaricador de insolente brocha que infestó de mamarrachos los colegios de la Orden.

En el salón estaba Coste, mocete desmadejado y bermejo, de ojos montaraces, carrillos tan rotundos y boca tan fruncida, que se dijera estaba tañendo de continuo un invisible instrumento de viento. Acompañábale su padre, un marino de sotabarba a la británica, hirsuta y entrecana, boca breve y ojos de lejanía. Llevaba un traje nuevo, de paño tan rígido que le embarazaba todo movimiento. Tenía la pipa en la boca; sin rechistar, seguía atentamente el discurso del padre Eraña, Conejo de remoquete entre la grey de los alumnos.

En entrando Bertuco, los dos chicos corrieron a abrazarse.

---

[68] En *El curandero de su honra,* otra deformación vulgar de la misma palabra, sin el chiste que hay aquí. Dice Nachín de Nacha a Tigre Juan: «Encomienzas asina y rematarás en el malicomio o el presidio» *(Tigre Juan* y *El curandero de su honra,* mi edición, Madrid, Castalia, col. Clásicos Castalia, 1980, pág. 310).

[69] P: *un gran patio (el de la tercera división).*

[70] P: *adusta.*

Coste traía ya la blusa puesta, un mandilón de dril agarbanzado, con orillas blancas. Conejo acudió también.

—Vienes más delgado, Bertuco, Vamos a ver, ¿se te han olvidado las progresiones aritméticas y geométricas? ¿Sabes que soy Padre Ministro este año? —y le halagaba con suaves toquecitos en las mejillas.

Teodora, haciendo extraordinario acopio de energía, se decidió a besar la mano de Conejo. Mas éste se la apartó con ademán campechano y risa franca. El marino continuaba en su puesto, como clavado en tierra.

Aportó Santiesteban una blusa, que se vistió Bertuco. Luego pidió los envoltorios a Teodora.

—Padre, ¿me permite que lleve a la camarilla las cosas del[71] aseo?

—¿Qué camarilla tiene, Santiesteban? —preguntó el Padre Ministro.

—La del año pasado.

—¿Ya no vuelves? —se atrevió a decir Teodora, con la voz quebrada.

—¿Es tu madre? —añadió Conejo.

Y Bertuco, secamente:

—Es una criada vieja.

Teodora, sin haber oído a su Bertuco, murmuraba entre sollozos:

—¡Probín! ¡Non tien madre![72].

—Cierto, cierto, no recordaba —repuso el jesuita—. Y bien, señor Coste, ¿quiere usted que el niño continúe aquí o que vaya a preparar sus cosas?

El marino extendió el brazo en dirección a los senos misteriosos de la santa casa, como indicando que estaba dispuesto a la separación.

—Despídete, Romualdo. Despídete, Bertuco —ordenó Conejo.

Pero todos continuaban quietos, cortados, sin saber cómo afrontar el trance. Teodora fue la primera en precipitarse sobre Bertuco estrujándolo, besuqueándolo, chillando e hipando con infinito desconsuelo. Bertuco se desasió en dos tirones, se

---

[71] P: *de*.

[72] Varios críticos subrayan esto como raíz de muchos complejos de Bertuco. Por ejemplo, Sara Suárez Solís: «El antifeminismo de Pérez de Ayala», en *Los Cuadernos del Norte*, núm. 2, dedicado a Pérez de Ayala, año I, junio-julio de 1980, págs. 48-52.

arregló la ropa, apretó el entrecejo y refunfuñó, poseído de cólera:

—¡Vaya, vaya! Es ya mucho.

El señor Coste besó a su hijo en la frente.

—Adios, Romualdo; sé formal, rec[73]... —(Conejo bajó la cabeza)— siquiera un año. Adiós, Padre.

Era cosa de ver aquel hombre tieso y sarmentoso, con los ojos empañados y la voz femenina en fuerza de emoción. Echó a andar hacia la puerta, pero como tropezase con Teodora, se detuvo.

—[74] ¿Viene usted sin paraguas, señora? Salga conmigo, que yo la acompañaré hasta donde sea.

Y aquí de los apuros de la anciana. ¿Cómo recogería sus adminículos yendo en compañía de aquel señor tan serio? La pobre mujer interrogaba angustiosamente con los ojos a Bertuco. Este, adivinando el aprieto, no pudo disimular la gracia que le hacía.

—Vete ya. ¿Qué aguardas? ¿Piensas que el papá de Coste va a comerte? Vaya, ¡adiós!

Retozándole la risa en el cuerpo y a impulsos del cariño que allá en el fondo le inspiraba aquella cándida criatura, fue a abrazar a Teodora por última vez.

—No se atribule usted, señora —manifestaba el marino, por hacerse el fuerte, y, tomando del brazo a Teodora, salieron los dos al mundo.

Coste frunció los labios más que de ordinario, como si se esforzara en dar una nota aguda[75], y los ojos azules de Bertuco adquirieron helado fulgor.

---

[73] *¡Recristo!* es la exclamación que emplean Travesedo (en *Troteras y danzaderas*), Tigre Juan y hasta Francisquín (en el poema «Coloquios», de *La paz del sendero*).

[74] P añade: *Paréceme que ya está lloviendo.*

[75] P añade: *en su invisible trompa.*

II

Bertuco subió a las camarillas. Coste iba con él, por especial permiso de Conejo. Tomaron la escalera del torreón.

Los dormitorios ocupan un ala entera del piso tercero, la del mediodía, y una buena parte de las de levante y poniente. Es una sala profunda, en cuya lontananza los ojos se extraviaban entre penumbra. Altas como cosa de dos metros y a lo largo de la sala, van en cuatro filas las camarillas, haciendo dos cuerpos, de manera que, de sus portezuelas, la mitad da a un pasillo central y la otra mitad a otros dos pasillos más angostos, los cuales corren siguiendo los muros laterales del recinto.

Bertuco pegó el rostro a los vidrios de un ventanal. Pensaba en Teodora: «¿Se habrá atrevido? ¿No se habrá atrevido?» Llovía copiosamente. El paisaje era un cuadro brumoso[76], espolvoreado de ceniza.

—¿Qué haces? Paeces fato[77] —advirtió el carrilludo Coste, con mal humor.

—De buena gana abría esta ventana.

—P'ro hombre, con lo que llueve...

Llegaron a la camarilla de Bertuco. Como todas las demás, era un mechinal diminuto, con cabida para una cama infantil y una mesa de noche, que hacía de lavabo[78], en alzándole la tapa. Por toda techumbre, una tela metálica. A los pies, una percha; a la cabecera, estampas y una pila; en un ángulo, una rinconera, en donde Bertuco depositó, alineándolos, sus avíos de tocador.

Los dos niños se sentaron en el borde del lecho. Coste preguntó:

—Estás triste.

—¿Yo?... ¿Y tú?

—¡Psss!... Pienso escaparme en cuanto pueda. (Pausa.) ¿Te gozaste mucho este verano?

---

[76] Manuel Fernández Avello ha estudiado la importancia de este tema: *Pérez de Ayala y la niebla*, Oviedo, Instituto de Estudios Asturianos, 1970.

[77] *fatu:* 'tonto' (asturianismo).

[78] P añade: *con una jofaina dentro.*

—Hombre, la verdad: yo no me gozo nunca mucho. Ya ves, en la aldea... sin amigos... Tuve un seminarista de preceptor.

—¿Y de mozas? —Coste clavó sus ojos en Bertuco, el cual, muy encendido, guardaba silencio—. ¡Anda, ea...! ¿A que resulta que no sabes gramática parda?

—Si... ya... ya tengo malicia [79] —balbuceó confuso.

—¿Y de mozas? ¿No estuviste con nenguna moza?

—Tú ya eres mayor...

—Sí, es verdad; yo soy mayor. Verás; un día fuimos desde Ribadeo [80] a Lugo. Estuvimos en una casa de mujeres... Andan desnudas y con cintas de colores por aquí.

—¡Calla, calla...! Si nos oyeran...

—¡Bah! Se acababa antes todo. ¿Tú crees en el pecado?

—¿Oyes? Un ruido... ¡Dios mío, si nos oyesen!

Coste, que aunque se las daba de hombre terrible era en la entraña tan infeliz como patrañuelo, empalideció densamente ante la posibilidad de la expulsión o de un castigo acerbo. En este punto sonó el pito de una fábrica; a poco, la campana del regulador conventual, llamando a la refección meridiana. Coste y Bertuco salieron corriendo. En cuatro brincos se plantaron en el refectorio.

III

El refectorio es una pieza alongada, de aire ceniciento; el piso, embaldosado de losetas grises; las paredes, grises y desnudas; al pie y adosados a ellas, bancos de pino; delante de los bancos, largas mesas con tablero de mármol gris; por defuera de las mesas, pequeños escabeles de pino. En la cabecera del refectorio, un crucifijo grande. De una banda, ventanales, y, promediándolos [81], un púlpito, desde donde el [82] lector complementa y ensalza la torpe función de la comida material

---

[79] En P, «gramática parda» y «malicia» van en cursiva.

[80] Coste es de Ribadeo. Dionisio Gamallo Fierros pone este dato en relación con recuerdos infantiles del escritor («Primera etapa de la vida y obra de Pérez de Ayala», en *Pérez de Ayala visto en su centenario*, Oviedo, IDEA, 1981, pág. 243).

[81] P precisa: *promediando el muro donde éstos se abren*.

[82] P: *un*.

derramando sazonado y provechoso alimento para los espíritus[83].

Aquel día, como primero de curso, la refección se hacía sin el ritual y solemnidad establecidos en el reglamento. No hubo lector, porque apenas si había oyentes; Bertuco, Coste, Bárcenas y cuatro o cinco nuevos, los cuales, en las mesas destinadas a la última división, hundían la nariz en el plato, emperrándose en no comer. Los demás alumnos, apurando los postreros y perentorios instantes de libertad, aguardaban la caída del día para venir a recluirse. De frente a frente del refectorio paseaban los que habían de ser, durante todo el curso vigilantes de comidas: el nuevo Padre Ministro (Conejo) y el padre Mur, segundo inspector de la primera división.

Conejo concedió inmediatamente «Deo gratias», esto es, permiso para hablar, y él mismo entabló, a seguida, conversación con sus amigos de años anteriores, enderezándoles preguntas chuscas y haciendo payasadas y facecias, a que era muy inclinado. La carcajada muchachil, sincera o hipócrita, puesta a guisa de comentario a raíz de sus donosidades y contorsiones, le originaba satisfacción tan plena como a un general romano la ovación.

Coste trasladaba al estómago los colmados platos, y al plato las colmadas fuentes. El padre Mur lo aborrecía sin disimulo y le asaeteaba con los ojos[84], fríos, acerados. Conejo contentábase con burlarse de tanta glotonería.

El padre Mur se detuvo, cara a Coste. El muchacho, que en el instante aquel hacía presa en un trozo[85] de carne, se quedó paralizado.

—Pero, hombre —susurró el jesuita, frunciendo la boca como si se sintiese acometida de una náusea—, comes como un gorrino. Da asco mirarte. ¿No te han dado de comer, durante el verano, en tu casa?

El mofletudo Coste miró al padre Mur; primero, con la

---

[83] «Sexta regla: otra vez mientras come, puede tomar otra consideración o de vida de sanctos o de alguna pía contemplación o de algún negocio espiritual que haya de hacer; porque estando en la tal cosa atento, tomará menos delectación y sentimiento en el manjar corporal» (*Ejercicios Espirituales*, en *Obras Completas de San Ignacio de Loyola*, introducción y notas del padre Ignacio Iparraguirre S. I., Madrid, Biblioteca de Autores Cristianos, 1952, pág. 202).

[84] P: *que le aborrecía sin disimulo, asaeteábale con ojos.*

[85] P añade: *estupendo.*

dolorida dulzura de un can a quien sin razón maltratan; luego, con la agresividad admonitoria de la bestia que se apercibe a hincar el diente en la mano que la hiere.

—Si le molesta mirar, no mire —gruñó, y al punto devoró la carne.

El padre Mur le volvió la espalda. Éste fue el único incidente de la comida. Terminada ésta, salieron a la recreación. Como llovía, se acogieron al cobertizo. Los contados alumnos fueron divididos en varios grupos, según la división a que pertenecían, y entregados a la tutela de sus inspectores correspondientes. Habiéndose ido a comer Mur, los de la primera división quedaron con el padre Sequeros, su inspector primero. El padre Sequeros no parecía el mismo que había llegado a Regium tiempo atrás, con el cráneo alto e imperativo, en son de conquista religiosa. Su cabeza, ahora, propendía a la humillación, como si el perseverante yugo de la adversidad la hubiera impreso una actitud sumisa; había enmagrecido y perdido la turgencia juvenil del rostro, bien a causa de una enfermedad, acaso por obra de morales sufrimientos, quizá en virtud de penitencias excesivas; tal vez por las tres cosas juntamente. Manifestábase con esa incertidumbre y timidez constantes de los seres inofensivos que viven en un medio hostil, sometidos a caprichosas vejaciones. Pero, cuando estaba a solas con sus chicos, se afirmaba en sí propio, desentumecíansele las alas del corazón y comenzaba a esponjarse, a reír, a retozar... La cabeza tornaba, poco a poco, a adquirir noble imperio; los ojos se caldeaban; la voz se hacía tierna y velada; los brazos, larguísimos, según correspondía a su aventajada estatura, se desplegaban como una gran cruz que cobijase la infantil muchedumbre. En esto llegaba el padre Mur, aquel drope[86] gélido y narigudo. Repentinamente, el padre Sequeros perdía toda animación, todo fervor, todo entusiasmo; volvía a ser el hombre ahuyentado, receloso, encongido.

El padre Sequeros paseaba bajo el cobertizo, llevando a sus lados a Bertuco y a Bárcenas, segundón del marquesado del Santo Signo. Coste se entretenía jugando a solas con el balón. El jesuita apoyaba sus manos en los hombros de los dos[87] niños, atrayéndolos hacia sí al tiempo que les dirigía dulces palabras de afecto y bienvenida, junto con preguntas referentes al empleo del verano.

---

[86] *drope* (familiar): 'hombre despreciable' *(DRAE)*.
[87] P suprime *dos*.

—Vamos a ver, ¿habéis conservado la devoción al venerable padre Crisóstomo Riscal?

Los niños asentían tibiamente.

—¿Habéis contribuido a propagar su devoción?

—Yo, la verdad, Padre... como estuve en la aldea y los aldeanos no entienden mucho de eso... —dijo Bertuco.

—Yo, sí, Padre. Mis hermanas, sobre todo Amalia y Enriqueta, son ya muy devotas —aseguró Bárcenas.

—¿Y la Piísima?[88] —interrogó el jesuita—. ¿La habéis hecho todos los días?

Respondieron que sí. El padre Sequeros se inclinó a mirarles, con expresión dubitativa y severa. Los niños se ruborizaron, considerando descubierto su embuste. Creían que el padre Sequeros estaba dotado de sobrenaturales dones adivinatorios, y que no hacía sino mirar a una persona para leer en el más replegado y lóbrego rincón de su pensamiento. Al cabo de unos minutos de silencio, el jesuita indicó que jugaran un rato, por bien hacer la digestión. Bárcenas fue a empeñarse en singular y desaforado combate con el mofletudo Coste. Bertuco, pretextando cansancio a causa del viaje y del madrugón, continuó paseando con el jesuita. Eran muy aficionados el uno al otro. El padre Sequeros gustaba de la riqueza sentimental y avispado juicio del muchacho; le amaba entrañablemente, recelando que había de ser carne de libertinaje, y espíritu de impiedad en saliendo al mundo. ¡Pobre almita! ¡Tan sonora! ¡Tan apta para que los dedos capciosos del enemigo malo le arrancasen una música de infernal fascinación! Bertuco, a su vez, amaba al padre Sequeros con un amor que participaba del respeto que nos inspiran las cosas grandes y misteriosas.

Paseando, Bertuco, en cuantas coyunturas se le presentaban, escudriñaba la fisonomía del amigo y maestro; ahora, con el rabillo del ojo; ahora, franca y descubiertamente, aprovechando que el padre Sequeros caminaba abstraído. Era patente, en opinión de Bertuco, que el jesuita recibía a sus alumnos con alegría dolorosa, así como aquel a quien devuelven prendas queridas, las cuales, con la ausencia, han sufrido detrimento y mal daño.

Detuviéronse a mirar cómo caía el agua en los grandes patios de recreación, vacíos y fangosos. Luego, el padre Sequeros tomó a Bertuco dulcemente por las sienes, elevándole

---

[88] *Piisima praxis* es el nombre que se da al Oficio Parvo de la Virgen, en latín; equivale a 'Práctica piadosísima'.

un poco el rostro, de manera que lo podía contemplar a su sabor, como lo hizo.

—Estás más delgado, Bertuco. Y algo pálido. ¿Por qué no levantas los ojos? ¡Ay, Bertuco! ¡Has perdido la pureza: estás en pecado mortal!

—No, Padre. Por esta vez se equivoca —pero no lograba reírse, como pretendía.

—Calla, calla, Bertuco. No agraves tus faltas con la mentira —en sus palabras no había acritud, sino infinita amargura.

Comenzaron a llegar los alumnos, lentamente. Los nuevos, de la tercera división, lloraban casi todos. Los antiguos se saludaban y abrazaban, con cierta timidez y encogimiento, como si los tres meses de separación les hubiera extrañado a unos de otros. A las seis de la tarde estaba el hato completo, en la majada jesuítica.

IV

Las divisiones se encaminaron, en dos filas, a sus respectivas salas de estudio o *estudios*, a secas, según el estilo vernacular del colegio.

Son los estudios grandes salas, de muros blancos y desguarnecidos; mesas de pino barnizado, cada una con cuatro pupitres o *cajones*, que así se llaman, los cuales se abren en dos hojas laterales, de suerte que al ser usados no oculten la cabeza del alumno; miran todas las mesas en un sentido, y están repartidas en dos bandas, dejando en el medio angosto pasadizo; dominándolas, se levanta el púlpito del inspector, con acceso [89] de uno y otro lado; en la pared, sobre el púlpito, un doselete y la Inmaculada Concepción.

Se rezó el rosario, se hizo lectura espiritual... Llegó el padre Eraña, interrumpiendo la lectura, y fue a colocarse en la mesa de cabecera, vuelto hacia la división. El alto cargo que le habían conferido le tenía lleno de inocente orgullo, que se traicionaba en la sonrisa satisfecha y en cierta arrogancia pretendida, incompatible con la desmedrada humanidad del buen Conejo. Era hombre sencillo, de cortísimas luces y su rostro plebeyo. Usaba, como todos sus compañeros, bonete

---

[89] P añade: *por escaleras.*

sin borla, de puntas desmesuradas, que a media luz y algo a lo lejos remedaban las erectas orejas de un asno. Se ignora la génesis del remoquete con que era caracterizado el padre Eraña; veníale ya de Carrión de los Condes.

Conejo paseó su mirada sobre los muchachos; le bailaba siempre en los ojos la alegría de vivir, y ahora con harta razón. Hubo un gran silencio, que el Padre Ministro prolongó adredemente, gozándose en él como en una lisonja. Un hipo descomunal resonó en el estudio.

—¿Quién es el marrano? —preguntó Conejo, aparentando severidad.

Los vecinos del culpable, con esa baja intención característica de la infancia, y que los jesuitas cultivan con mucho esmero, en fuerza de miradas y gestos, le colocaron en tanta turbación, que ella misma hubo de delatarle. Era Marcialito, hijo del heroico general Pandolfo.

—¿Es esa la educación que te dan en tu casa? ¿Te parece éste sitio para regoldar? —y Conejo fruncía las cejas de una manera tan ridícula, que todos rompieron en una gran carcajada.

A seguida comenzó el reparto de libros de texto. Los niños pasaban, uno por uno, recogiendo los que les correspondían. A Bertuco le entregaron la «Psicología, lógica y ética», de Ortí y Lara; la «Geometría», de Rubio, y el segundo de Francés, de Goicoechea. Concluida la distribución, Conejo preguntó quiénes querían inscribirse en las clases de adorno. Bertuco se matriculó en violín y dibujo. Coste, aterrorizado ante el hastío tremebundo de las interminables horas de estudio que tenía por delante, juzgó cómodo expediente solicitar alguna clase de adorno, ya que éstas se seguían hurtando el tiempo al estudio.

—Padre, yo quisiera...

—¡Bravo! El señor Coste quisiera... ¿Qué quisiera el señor Coste?

Un poco cortado ya, el mofletudo Coste continuó:

—Pues yo quisiera tocar algo...

—Pero, hombre, si parece que lo estás tocando siempre... Carcajada unánime.

—No, si digo... vamos, algún instrumento.

—¿De viento?

—Bueno; tocar algo.

—Ya estás tocando el violín.

Nueva carcajada, sobre la cual salía la voz aguda de Manolo Trinidad, el hipócrita alfeñicado y casi femenino que se

142

pasaba el curso lamiendo el culo, adulando y llevando chismes[90] a los Padres. Coste se sentó furioso, y con disimulo hizo señas a Trinidad, dándole a entender que pensaba romperle algo, hacia la cabeza.

Conejo salió del estudio con aire marcial y exagerado contoneo.

El inspector, desde lo alto del púlpito, enderezó breves frases de salutación a los alumnos, y terminó diciéndoles que podían hojear los libros de texto en tanto llegaba la hora de la cena. Levantóse entonces un revuelo sordo, y, a poco, la muchedumbre de cabecitas se inclinaba atentamente sobre el pupitre.

V

Unos pasaban y repasaban con afán las páginas; otros meditaban, la cabeza hundida entre las manos; algunos cayeron dormidos. Había un religioso silencio. El padre Sequeros derramaba una turbia mirada de misericordia sobre todos ellos; los escrutaba luego con ahínco, como si se esforzase en descifrar vagos enigmas, «¿Qué ha sido de ellos? ¿Qué será de ellos?», se decía. Su destino humano no le inquietaba, sino la eterna solución de aquellas vidas. «¿Cuántos se salvarán? ¿Cuántos se condenarán?» Y le tomaba un temblor de espanto.

La solución de ultratumba no queremos aventurarla. Pero como de esto han corrido muchos años, algo podemos decir del destino terrenal que pesaba ya sobre aquellos cráneos candorosos[91].

Sumidos en el triste recogimiento del estudio estaban: Luis Felipe Ríos, que había de morir frenético, de parálisis general; Rielas, que había de morir alcohólico; Lezama y Menéndez, a quienes habían de recluir en sendos manicomios; Macías Guarino, su hermano Enrique, Celedonio Pérez, Caztán y Borromeo Gusano, que habían de morir tuberculosos; Manolo Tri-

---

[90] P suaviza: *se pasaba el curso haciendo la pelotilla, adulando, llevando chismes y soplos*.

[91] P elige una expresión más adecuada: *sobre aquellas cabezas bellas y candorosas*.

nidad, que había de llegar a ser bardaje[92]; Forjador, jesuita, y Ricardín, alcalde de Regium. Nada queremos adelantar de Bertuco y Coste.

Entretanto, el padre Sequeros seguía planteándose el para él magno problema: «¿Quiénes se salvarán? ¿Quienes se condenarán?»

A las ocho menos cuarto asomó por la puerta del estudio el temible morro del padre Mur, un morro puntiagudo y vibrátil como el de las ratas de alcantarilla. El padre Sequeros le dejó el púlpito y salió del estudio, a fin de tomar su refección vespertina.

El padre Mur creyóse también en la obligación de pronunciar unas palabras. Hízolo muy secamente, mirando a los alumnos con manifiesto desdén y agrura. Insistió repetidas veces en lo saludable y provechoso de los castigos para quien los recibe, y, a guisa de epílogo, advirtióles que lamentables benevolencias de otros Padres tendrían necesaria compensación en su justa severidad (la de Mur). Los niños vieron en sus últimas frases una clara alusión al padre Sequeros, a quien[93] odiaba, y no era preciso ser muy listo para echarlo de ver.

Luego de terminar tan sucinta y rotunda plática, les conminó a que inmediatamente le fueran entregando relojes, monedas, cortaplumas y cualesquiera otros objetos prohibidos, por ser ocasión de distracciones[94] en clases y estudios[95]. Así lo hicieron todos.

A las ocho comenzó la cena. A las ocho y media había terminado. Después de una breve oración en la capilla particular, los colegiales subieron al dormitorio, yendo cada cual a guardarse en su respectiva camarilla.

---

[92] *bardaje:* 'sodomita paciente' *(DRAE).* Pérez de Ayala se apresura a «castigar» al «fuelle».

[93] P añade: *Mur.*

[94] P: *distracción.*

[95] «No haya en casa libros de amores y vanidades, ni armas, ni cosas de juegos, como tableros, naipes, dados, etcétera. De pelotas o bolas no parece habría inconveniente, con que nunca se usasen sino con el consentimiento del Rector» *(Constituciones que en los colegios de la Compañía de Jesús se deben observar para el bien proceder dellos a honor y gloria divina,* en *Obras Completas de San Ignacio,* ed. cit., página 584).

144

VI

Bertuco fue despojándose pausadamente de sus vestidos. Contempló algún tiempo el camastro, pequeñuelo y blanquísimo, amable ensenada a donde[96] se recogía después de los diurnos afanes, entregando su espíritu en brazos de los ángeles por que lo recreasen con dulces ensueños y antipaciones de la gloria venidera. Había sido el lecho de su virginal candor; ya no podía volver a serlo. No se atrevía a acostarse, cual si fuese una profanación. Cruzó los brazos y abatió la cabeza. Estábase así cuando el padre Sequeros le sacó de su ensimismamiento tocándole el hombro con blandura.

—¿Por qué no te acuestas, Bertuco? Vamos, acuéstate.

Obedeció el niño. El jesuita le acarició la frente.

—Duerme, Bertuco. El Señor sea contigo —salió, cerrando por fuera la portezuela.

Bertuco hundió el rostro entre la almohada, solicitando el sueño ahincadamente, por huir de sus propios pensamientos.

Oíase el susurro de la lluvia contra los ventanales y algunos sollozos, saliendo ahogadamente de camarillas remotas.

Bertuco se acordó de que iba ya para dos meses que no hacía sus oraciones antes de dormirse; comenzó a bisbisear[97] sin lograr aplicarse a infundirlas[98] un sentido. Una sola idea se alojaba en su mente, expandiéndose, expandiéndose como si amenazase quebrarle el cráneo. Era la idea de tener que confesarse y descorrer ante un sacerdote el velo de sus pudores mostrándole aquella vergüenza. ¡Tenía ya malicia! El demonio le había iniciado en el gran secreto que rige al mundo.

Se le hacía presente la escena y el supremo minuto en que su infame preceptor le había sugerido inmundas verdades, induciéndole a pecaminosos actos con la hija del jardinero. Bertuco no quería oír; huyó aterrorizado. El seminarista, riéndose,

---

[96] P añade: *los años anteriores.*

[97] «Pérez de Ayala utiliza los verbos onomatopéyicos con gran intensidad y son parte esencial en el aspecto expresivo de su prosa. La forma que aparece con más frecuencia es *bisbisear*» (José Manuel González Calvo, *La prosa de Ramón Pérez de Ayala,* Universidad de Salamanca, 1979, pág. 67).

[98] P: *sin lograr infundirles.*

corrió a darle alcance. Luego, había remachado sobre lo ya dicho. Bertuco protestó. ¡No, no podía ser tal monstruosidad! Le asaltó el recuerdo de su madre. «Entonces... mi madre... ¿Y la Virgen?» había suspirado roncamente. Acudió el seminarista con textos de la doctrina, los cuales en el instante adquirieron cabal sentido.

Fue un cataclismo[99]. El edificio de su piedad y fe cayó, y entre la confusión ruinosa corrían los lagartos de los malos pensamientos y deseos, calentándose al sol interno de una lujuria meditativa, creciente, avasalladora, porque lo presunto érale incentivo y alimento. Se retrajo a los parajes esquivos de la aldea y a los rincones apartados de la casa. Su espíritu modelaba en todo punto fantasmagóricas esculturas de carne femenina y rectificaba las formas, aspirando a la realidad desconocida. Bertuco devoraba a las mujeres con ojos ardorosos, imaginando la desnudez plena por las sugestiones que le ofrecían pliegues, caídas y adherencias del ropaje; acechaba una pierna que en fugitivo movimiento se mostrase, un brazo arremangado, la hendedura y suave henchimiento de un descote... Comenzó a dudar de la sabiduría del omnipotente, que había dispuesto para la propagación de la especie acto tan torpe y puerco, y no un arbitrio más decoroso y amable. Sintió repugnancia de sus progenitores y desprecio de sí propio, considerando su bajo y vergonzoso origen. Llegó a mirar con odio a sus semejantes. Cada vez que tropezaba con una madre amamantando al pequeñuelo, con una señora encinta, con un matrimonio, volvía el rostro, asqueándose y reconstruyendo, a pesar suyo, hipotéticas intimidades e inmundas complacencias. Pero todo su ser aspiraba hacia la hembra. Una mano soberana e ígnea le asía por la nuca, lanzándole vertiginosamente al amor. Cayó[100]. ¡Oh, aturdimiento y rabia de los primeros tanteos, en los cuales una ignorancia frenética[101] se ayuntaba con otra ignorancia pasiva, incapaces[102] de consumar el in-

---

[99] Una escena bastante semejante, años después, es la de *Las novelas de Urbano y Simona* en la que un sacerdote proporciona a Urbano la primera instrucción sexual. He publicado una carta de Azorín que incluye otra versión, prolongada, de la escena (en *La novela intelectual...*, ed. cit., págs. 353-354).

[100] P añade: *Cayó, si aquello puede llamarse caída, dolorosa y casi inocente.*

[101] P: *ignorancia congojosa.*

[102] P: *no capaces ni impacientes.*

cógnito acto! Rosaura, la hija del jardinero, aquella *rapacina* pelirroja y tímida fue la compañera de pecado: era una adolescente informe y glabra[103] aún.

Después, las torturas de ver cómo el curso se le echaba encima, su despego de los deberes religiosos, su horror al tribunal de la penitencia, la aridez y tenebrosidad de corazón...

Y la lluvia batía contra los vidrios. Una voz angustiada hendía la paz del dormitorio: «¡Mamá! ¡Mamá!» De fuera del colegio llegó, apagado y suspirante, un canto campesino:

> *A mí me gusta lo blanco.*
> *¡Viva lo blanco! ¡Muera lo negro!*
> *A mí me gusta la niña*
> *Con zapatitos de terciopelo.*

Zapatitos de terciopelo... Jamás los había visto Bertuco. Imaginólos en el acto, a manera de cimientos de una rica hembra desnuda, más rellenica que Rosaura y con penumbrosos recodos en alguna parte. Por evitar la tentación abrió los ojos. La luz era mortecina y amodorrante. Volvió la pupila llorosa hacia las estampas de la cabecera, y con determinada dilección la puso en la imagen de San José, aquel varón manso que había sido puro y sencillo. Incorporóse y besó la florecida vara del santo.

El sereno[104], con pie inaudible, se acercó a la camarilla de Bertuco, habiendo oído dentro algún rumor. Espió a través de la mirilla y penetró repentinamente en el mechinal, sorprendiendo al niño cuando besaba el cromo. Era el hermano Mancilla, y habló malhumorado:

—¿Qué te haces, pues, ahí, mastuerso? ¡Ah! Tú, Bertuco, que te eres... Dispensa. ¿Qué majadería es esa? Duérmete, pues, de seguida.

---

[103] *Glabro:* 'calvo, lampiño' *(DRAE)*.
[104] P corrige: *El vigilante nocturno*.

A MAXIMIS AD MINIMA[105]

---
[105] 'Desde lo máximo a lo mínimo.'

I

Y empezó el curso.

Comenzó a funcionar aquel ingente y delicado mecanismo, cuya operación consiste en tejer la hilaza de la historia humana, de manera que Dios se gloríe de ella en la mayor medida posible, gracias a los hijos de San Ignacio. La infancia, levadura del pan de lo futuro, aportaba abundante e informe materia que bregar en las innumerables y quebradizas ruedas y engranes del maravilloso mecanismo. Comenzó a funcionar; pero marchaba torpemente aún, con rémora y pesadumbre, a causa del desuso e inacción de los meses estivales. Hacíale falta un pronto lubrificante, y ninguno más a propósito que el suavísimo aceite de la *gracia*[106]. del cual son representantes sobre la haz de la tierra los jesuitas, como se sabe, y apercibían ya las aceiteras, desobstruyendo el pitorro, a fin de ablandar toda superficie de frotación.

II

Y empezó el curso.

Comenzó el celo jesuítico a pulir y adiestrar a su modo inteligencias infantiles y a enderezar almas al fin de la gloria divina. Los primeros pasos eran difíciles. Las vacaciones habían destruido en gran parte la cauta edificación espiritual de

---

[106] P: *la gracia divina.*

otros cursos. Volvían los niños disipados, tibios, melancólicos, con la frente tostada de sol y libertad, el corazón lleno de añoranza y la voluntad rendida al desmayo. A las horas de recreación volvían a ser fácilmente los antiguos alumnos; empeñábanse en duras partidas de balón y pelota, o medían en la maroma el esfuerzo del brazo. Con el afán de la lucha y el entusiasmo del ejercicio, purpúreo el rostro y la mirada tranquila, eran de nuevo criaturas dóciles para quienes el pasado no existe. Pero llegaban a los estudios, a las clases... hundíanse en recogimiento... Entonces, a tiempo que el cansancio iba cediendo y el sofoco de la cara apagándose, el inspector, desde la atalaya de su púlpito, podía observar cómo aquellas pupilas se iban poblando de visiones lejanas y las cejas se fruncían con ahínco, como solicitando más energía y vivacidad en la imagen que se intentaba evocar, y las frentes, pensativas, apoyábanse con desaliento en las palmas, y el mundo —toda su claridad infinita, todo su armonioso bullir y sus sabrosísimos señuelos y sus halagüeñas futilidades— venía a alojarse en las tiernas mentes, y, aunque invisible, estaba allí, allí dentro.

A los pequeñuelos, a los recién llegados, no era empresa ardua saturarlos presto de espíritu religioso, moviéndolos, a voluntad, por el asa del temor de Dios, cultivado sabiamente con narraciones de interés sumo y tales aciertos trágicos, que las carnes de los chiquitines se estremeciesen y el cuero cabelludo se les erizase. Los pipiolos de la tercera división, la mayor parte de ellos en los albores de la vida consciente, no ofrecían dificultad alguna pedagógica ni de otro linaje. Sus profesores e inspectores eran los Padres de más pobre inteligencia y breve ilustración.

En la segunda división, compuesta de niños de diez a doce años, no era tampoco difícil imbuir la resignación claustral, al propio tiempo que se cercenaban leves reliquias de los pretéritos meses de vacaciones. Al fin y al cabo, eran todos aún almas pasivas y ligeras como la arcilla en manos del alfarero.

El hueso estaba en la primera división. En ella había mozalbetes, había hombrecillos, los más eran púberes ya. Los primeros brotes del carácter, de la personalidad, se levantaban impetuosamente a la vida, en cada individuo. La poda de estas vegetaciones espontáneas no era muy hacedera, antes al contrario, faena de tacto y parsimonia exquisitos. De la forma de realizarla dependía el fruto que, andando el tiempo, habían de rendir aquellos arbolitos en flor. Para algunos de ellos era el último año de invernadero, de plantel, de calor artificioso y de cultivo amañado. Los troncos habían adquirido cierta reciedumbre y fortaleza; aspiraban a explayarse en giros fantásticos, y ya no cedían blandamente a la mano del jardinero que pretendía enderecharlos al cielo, perpendiculares, monótonos y adustos, como cipreses.

A las horas de estudio eran contadísimos los que estudiaban. Unos, con exterior muy formal y los ojos fijos en el libro de texto, paladeaban memorias, vencidos de nostalgia. No era posible castigarlos, porque guardaban la debida compostura y aparentemente se aplicaban. Otros, aprovechando un descuido del padre Sequeros, bisbiseaban con los vecinos, o les transmitían recados escritos, o hacían telégrafos de señales. Estos, aspirantes al laurel de Apeles, a pretexto de resolver cálculos algebraicos o delinear figuras geométricas, componían minuciosos dibujos, con escenas de la vida del colegio. Bertuco era el más hábil en las artes del dibujo, así como en la poesía. Porque también había en la división unos cuantos poetas en canuto, que mantenían enconadísima lucha de rivalidades, como si ya fueran literatos hechos y derechos. Con todo, la opinión muchachil, casi en pleno, concedía la supremacía a Bertuco, en lo serio, y a Ricardín Campomanes, en lo jocoso. Entrambos tenían fácil vena; pero el carácter de las musas respectivas era opuesto. Así, con ocasión del santo del padre Sequeros, uno y otro tañeron la lira[107]. La oda de Bertuco comenzaba de esta suerte:

¡Santo varón, a quien la gracia ungiera
por la virtud propicia de Riscal...

Las estrofas de Campomanes concluían con esta deprecación.

Pido al padre Sequeros, que es gran petate,
nos regale pastillas de chocolate.

---

[107] «Rara es la función literaria que se celebra en su casa en que no salga alguna tirada en loor de la Compañía. Solemnidad de éstas ha habido toda ella dedicada a exaltar a la Compañía hasta el extremo de estomagar a los que asistían a ella» (*Los jesuitas de puertas adentro o un barrido hacia afuera en la Compañía de Jesús,* Barcelona, Tipografía de Luis Tasso, 1896, págs. 29-30).

También había quienes *enredaban*[108] en el estudio, sin disimulo ni cautela, especialmente estando presente el padre Sequeros, cuya tolerancia y benevolencia eran proverbiales; no así, en cuanto el odioso Mur asomaba por la puerta del salón la rubicunda nariz, inquisitiva y husmeante, que, en lo más avanzado de su punta, se complicaba manifestando turgente y sanguinolenta verruga. Conejo, desde que era Ministro, tenía en jaque también a los alumnos. Inopinadamente y con pie tácito se filtraba en los estudios, y, andando de puntillas, iba de un lado a otro escudriñando lo que se hacía, metiendo el morro por encima del hombro de los chicos, afanoso de sorprender alguna acción punible, más que por castigarla por darse el gustazo de haberla descubierto, por dar a entender que era hombre a quien nadie engañaba, y, a última hora, por mostrarse magnánimo y perdonar. Envidiaba a Argos, a causa de su centenar de ojos, y aun a la espléndida cola del pavón, a donde, luego de haber sido asesinado por Mercurio, Juno trasladó las cien pupilas metálicas del hijo de Arestor, porque Conejo era también muy fanfarrón, pero perfectamente ingenuo. Tenía, además, el instinto de lo grotesto y apayasado, que ejercitaba en cuanto veía coyuntura, y muchas veces sin haberla. Con su cuerpecillo diminuto y sus zancas exiguas, de manera que las asentaderas levantaban un palmo escaso de la tierra, hubiera llegado a emular la gloria bufa de Little-Tich, el celebrado *clown*[109], si en lugar de haberse adscrito a la milicia ignaciana hubiera seguido el quebrado derrotero del títere. Sentado, pasaba por persona, porque el cuerpo todo se le volvía torso, si bien le mermaba prestancia la cortedad de los brazos, a modo de fantoche. Sus dotes policiacas, su natural activo y diligente, su ineptitud para la enseñanza y su carácter probo, que le hacía simpático a los alumnos, todas estas circunstancias reunidas habían hecho que el padre Aros-

---

[108] P: *quienes diableaban.*

[109] También califica de *clown* a Pichichi (en *La pata de la raposa*) y a Spechio (en *Troteras y danzaderas*). Recuérdese lo que dice a propósito de la crisis teatral: «es justo que el público deserte de los teatros e invada cinematógrafos, circos y *music-halls,* pues en puridad una película afortunada, un *clown* dotado de fantasía grotesca o una bailarina hermosa y poseída del entusiasmo y ebriedad de la mímica y el ritmo, suscitan sensaciones de orden estético más complejas y genuinas, más dinámicas, más modernas que la mejor pieza teatral» (*Las máscaras*, III, en *Obras Completas,* III, ed. cit., 524-525).

tegui, rector, le nombrase Prefecto de disciplina, o sea jefe de la jerarquía compuesta de inspectores, profesores e internos. Sobre él, en lo atañedero a la vida de los alumnos, no había otra autoridad de apelación que la del propio Rector. Los chicos llamaban al Padre Prefecto Padre Ministro[110], impropiamente.

III

El padre Francisco Xavier Arostegui, Superior o Rector del Colegio de la Inmaculada, tipificaba con toda netitud y precisión el jesuita vasco. Su cuna fue Azpeitia. Cenceño, aventajado de estatura, rígido, sobrio o más bien nulo en el ademán, constante en un mismo gesto, veíasele por primera vez y para siempre; perdurable y hermético como un destino. Cejiapretado, por donde se adivinaba su tenacidad; la boca muy sutil y contraída, componiendo una expresión en que complacencia y desdén se entremecían confusamente. Fanático, pero con fanatismo sordo y cauto, no con el bélico ardor de los corazones sencillos. Su máxima era el dicho del estratega antiguo: Σπευδε βραδεως, apresúrate lentamente. En palabras tan corto que de seguida quebrantaba locuacidades ajenas. En sus hechos, incógnito. Mandaba raras veces; pero se las componía de suerte que las cosas andaban conformes a su voluntad. Gustábale extremadamente que sus jesuitas vinieran a confiarle chismes y cuentos, unos de otros, si bien se guardaba de agradecerles el servicio o de inducirles claramente a ello, sino que los alentaba con disimulo y por otros medios, estableciendo, por ejemplo, distinciones y privanzas a favor de los más celosos en las delaciones[111]. Su valido era el padre Mur, a quien exentaba de no flojos deberes, y lo hubiera hecho Prefecto de disciplina si de su inclinación se guiara; pero se lo

<hr>

[110] P altera el orden: *llamaban Padre Ministro al Padre Prefecto.*
[111] Regla núm. 39 de las *Constituciones que en los colegios de la Compañía de Jesús...*: «Corrección fraterna: Aunque es bien que quien no tiene cargo dello mire por sus defectos más que por los de otros, todavía quien viese claramente defectos de otros, si tornan en perjuicio del común, debe denunciarlos al Rector» (ed. cit., pág. 585).

impidieron, primero, los cortos años que Mur llevaba en la Orden, y, segundo, la odiosidad que este joven jesuita determinaba en los alumnos, razón ésta muy de pesar, que no va en prestigio de la Compañía que los muchachos se duelan de los maestros, o que, andando el tiempo, guarden recuerdo esquivo de sus años de internado.

Los jesuitas de Regium, antes que respetarle, temían a su Superior, con ese temor mezcla de angustia que ocasionan las perspectivas vagas y de arcana solución.

Tan sólo tres estaban libres de este sentimiento: el padre Urgoiti, aquel santo varón para quien no existía la realidad externa; el padre Atienza, aquel varón santo y desenvuelto, excelente en doctrina y en virtud, en la elocuencia único y el más alto en talentos, que pagaba con desprecio la envidia de sus hermanos y la malquerencia con el alejamiento de su trato. Tampoco puede asegurarse que el padre Sequeros temiera a su Superior; tan perseguido como el padre Atienza, pero de ánimo más dúctil, había concluido por replegarse sobre sí propio en una actitud resignada, aguardando a cada minuto el mal cierto que sobre su cerviz había de caer; mas, no medrosamente.

IV

*Children are excellent physiognomist
and soon discover their real friends.*

SIDNEY SMITH[112]

El padre Atienza vivía hundido en el misterio de su celda. En ella comía; en ella explicaba su cátedra. Unos chicos aseguraban que lo tenían preso los demás Padres; otros, que estaba así porque le daba la gana; a casi todos asombraba que le hubieran hecho profesor de *Psicología* aquel curso, coinci-

[112] Comenta Agustín Coletes: «Sidney Smith (1771-1845), uno de los fundadores de la prestigiosa *Edinburgh Review*, es, en su época, un hombre relativamente popular y brillante, gran conversador y polemista, con buen sentido del humor y conspicuo *whig*, aunque totalmente olvidado después. Pero no habría de pasar desapercibido a la

diendo con la prisión o lo que fuese. Le recordaban de otros años, descendiendo a los recreos y mezclándose en las diversiones de los alumnos, regalándoles confites y estampas alemanas, dándoles cariñosos *capones* y azotainas paternales. ¡Qué gracioso y qué bueno era!

Si se hubiera convocado un plebiscito entre los muchachos, con el fin de averiguar a qué Padre o Padres preferían en sus cariños, es indubitable que la unaminidad hubiera recaído sobre Atienza y Sequeros. Y eso que los menores no los conocían sino de vista y por referencia. ¿Qué importa? Bien dijo Sidney Smith[113]: «Los niños son excelentes fisonomistas; al punto averiguan quiénes son sus verdaderos amigos.»

Más aún: si entre las gentes de Regium y de la provincia se hubiera hecho el propio ensayo que con los alumnos, el resultado hubiera sido idéntico. ¿Por qué? Eso se preguntaban, sin dar con la respuesta, los demás Padres y Hermanos del colegio al observar la muchedumbre de visitas de toda índole que preguntaban por Atienza o Sequeros, el gran caudal de misas encomendadas con la voluntad expresa de que habían de celebrarlas Sequeros o Atienza, los continuos requerimientos que de los pueblos venían solicitando un predicador para tal o cual fiesta, y añadiendo a guisa de *vale,* que se vería con placer fuese Atienza o Sequeros; las gustosas y abundantes golosinas que las beatas enviaban a sus dos Padres favoritos; y esta caprichosa e insultante preferencia fue la causa, que no otra, de que ninguna visita se realizase, cuándo por estar delicados de salud Atienza y Sequeros, cuándo por estar de oración Sequeros y Atienza; de que sus misas las dijeran siempre en la

_____

curiosidad de Ayala, que sin duda se halla leyendo en este momento, creo que a modo de apoyatura literaria para su novela, el libro más famoso de Smith, las *Letters of Peter Plymley to my brother Abraham who lives in the country,* un alegato a favor de la emancipación de los católicos (sometidos por aquel entonces a distintas discriminaciones políticas y sociales en Inglaterra), que es sobre todo (y de aquí su enlace con lo que *A. M. D. G.* representa en el fondo) un sincero y vigoroso ataque a la intolerancia religiosa y una obra que destaca precisamente por su ironía, humorismo, perspicacia, energía y tono, como el de Ayala, a la vez sofisticado y jovial, que recoge la herencia de escritores satíricos como Swift y otros muchos de la época de la Ilustración inglesa» *(Pérez de Ayala e Inglaterra,* tesis doctoral inédita, universidad de Oviedo, 1982, pág. 985).

[113] P suprime la referencia al autor y dice sólo: *Bien se dijo:*

capilla particular y no en la iglesia pública; de que no volvieran a salir a predicar ni a misiones; de que las golosinas fuesen rechazadas a pretexto de la endeblez estomacal de Atienza y Sequeros, y, en suma, de que, al cabo de un tiempo, tanto Sequeros como Atienza se hallasen acordonados, desgajados por entero del orbe, como pestíferos o leprosos. Pasándose el uno de listo y no teniendo el otro nada de tonto, claro está que no ignoraban la traidora[114] labor de aislamiento que sus dulces Hermanos ponían en práctica, sin cejar un momento. Cierto día, a la hora del recreo, halláronse solos y juntos, paseando Sequeros y Atienza; muy raro en verdad, porque la Providencia quiso siempre que no les faltasen testigos presenciales un solo minuto. Paseaban por el tránsito de las celdas; era unos días antes de comenzar el curso. Atienza, poniéndose de puntillas, como si pretendiera colocarse a la par del gigantesco Sequeros, y procurando solemnizar la voz, dijo:

—¡Estamos solos, Sequeros! ¿Qué te parece? —primero alargó el morro de una manera cómica, y luego rompió a reír abiertamente, mostrando sus grandes dientes, blancos e iguales[115]. Añadió—: ¿Pero ves qué gaznápiros?

Sequeros se encogía de hombros y sacudía la cabeza tristemente.

—Pero hombre, Sequeros, eres un sangre gorda, voto al chápiro. ¡Cómo te han cambiado!... Nunca dices nada... —continuó el impetuoso y vivaz Atienza.

—¿Qué quieres que diga? Es la voluntad de Dios... No me hacen ningún mal. Yo no deseaba otra cosa.

—¡Anda, qué cuerno! Y yo también. Si no, ¿crees que me callaba, canario?[116] Te digo que estaba de madreselvas hasta aquí —poniendo la mano dos cuartas por encima del bonete—. Y luego, mira que son feas. ¡Chápiro, rechápiro! —y reía de nuevo con aquella cara miope que era tesoro de alegría honesta y espejo de hombría de bien.

—Vamos, Atienza... —Sequeros hablaba blandamente, así como si quisiera reprochar a su amigo, sin que en puridad hallase razón para hacerlo—. Cualquiera que te oyera...

---

[114] P suprime *traidora*.

[115] P: *sus grandes dientes de caballo*.

[116] González Calvo señala cómo los personajes de Pérez de Ayala utilizan abundantemente este tipo de eufemismos: *recaña, toño, regorgojo, riñones, caracho*, etc. *(op. cit.,* pág. 83).

—¡Qué cuerno! Ya sabes que yo se las canto al más pintado. Y esto, ¿qué tiene de particular, hombre? Las madreselvas me estomagan.

Oyeron pasos a su espalda. No quisieron volver la cabeza. Sequeros murmuró rápidamente:

—No deseaba otra cosa que dedicarme por entero a mis hijitos.

—Y yo a mis librazos, carape.

El padre Mur se les emparejó. Atienza volvióse al intruso, y con tono campanudo lo interpeló:

—¿Qué hay, mi querida doña Petra? ¿Cuándo se corta usted esa verruga? Vaya, vaya, Petrita, no te enfurruñes, que por tu bien te lo digo. La verruga te afea bastante.

—¡Qué chanzas, padre Atienza...! A su edad... —rezongó muy mohíno Mur.

—Pero, Petrita, ¿qué te has creído? Cuando más, te aventajo en ocho o diez años. Pero, aun cuando fuera en cuarenta, ¿ignoras, Petrita, que es más viejo un burro a los veinte que un hombre a los sesenta?

—Bueno, Padre; ya sé que no soy ningún Séneca, ni tampoco entré en la Compañía para cubrirme de gloria mundana. La tiene usted tomada conmigo y yo le digo que un poco de caridad no le estaría mal. Yo no me defiendo; pero lo que usted hace es impropio de un hijo de la Compañía. Si el Padre Superior entendiera en estas minucias...

—Anda, Petrita, ¡corre a decírselo a tu mamá[117]! Vaya, me voy a mi cuarto por no oír a este joven Catón.

Y se fue con mucho tejemaneje de sotana[118].

Atienza pasó toda aquella tarde encerrado en su celda, y tan zambullido en la lectura que, cuando la campana sonó para la cena, el jesuita dio un salto de sorpresa. Estaba en mangas de camisa, con la sotana por la cintura; vistiósela de prisa y se ciñó el fajín. La poca luz que había marchábase raudamente. Desde la ventana de Atienza se avizoraba la compacta espesura del parque de Regium, llamado los Campos Elíseos. Había entonces fiestas en la villa; una banda de música latía bajo las

---

[117] P: *a tu ama de teta*.
[118] Uso expresivo típico de Ayala, con la acepción de 'movimiento ágil y repetido' (Reinink, *op. cit.*, pág. 105). También una lechera, en *Prometeo*, pasaba con «mucho tejemaneje de refajos» igual que unas mozas en *Tigre Juan*.

frondas lejanas; era un vals de Strauss. Atienza lo recordaba, y con él sus diez y seis años de niño rico. Apagábanse las últimas brasas del crepúsculo. Los ecos amortiguados del vals venían a hundirse en el silencio del colegio sin alumnos. Atienza llevó el compás sobre los cristales un minuto, maquinalmente: luego, suspiró. Salió, a buen paso, a través de pasadizos y escaleras cargados de penumbra, hasta el refectorio de los Padres. De camino iba tarareando, sin parar mientes en ello, el vals de Strauss; los últimos peldaños los bajó haciendo zapatetas al compás de la música. Llegaba muy cerca del refectorio cuando se acordó de las gafas, olvidadas entre libracos, en la celda. Volvió a buscarlas, corriendo y saltando inocentemente, como chicuelo a quien dan suelta después de larga reclusión. Llegó al refectorio, muy retrasado. La comunidad sorbía en aquel momento, moviendo fuerte rumor, las últimas cucharadas de un puré de lentejas, y era tal y tan sonora la aplicación de los Padres que apenas si se oían los amplios y castizos periodos latinos de la «*Historia Societatis Jesu*», *auctore Caesare Cordara*[119], que Ocaña el jesuitilla quisquilloso y guapito leía, a pleno pulmón y casi congestionado, desde el púlpito.

El padre Atienza fue a ocupar su sitio, entre el bienaventurado Urgoiti y el valetudinario Avellaneda, el cual, con sus accesos de asma y aquello de babear en el plato era una tortura para sus vecinos. No lejos, andaba Iturria, Procurador del Colegio, con su cara aguda, bermeja y alegre, siempre en alto, y también al disforme apéndice nasal de Mur veíasele vibrar entre el vaho y humillo de los manjares presuntos.

El Superior recibió a Atienza con una mirada agria que el recipendiario no advirtió, porque el buen apetito que traía le hizo lanzarse vivamente al plato de puré que le presentó el abrutado fámulo Zabalrazcoa. Atienza contempló el lóbrego caldo con deleitación y sorpresa; después, volvióse a sus vecinos, como diciéndoles: ¿qué novedad es esta? En efecto, era una novedad que a todos tenía asombrados. Como el vapor del hervoroso puré le empañara las gafas, Atienza las levantó hasta la frente, sin desasirlas de las orejas, y dio comienzo a su refección, luego de haberse santiguado y orado en voz baja.

---

[119] Julio César Cordara (1704-1785), jesuita y erudito italiano. En 1742 fue nombrado historiógrafo de la Compañía de Jesús: continúo la historia de la Compañía, del padre Orlandini, en latín.

El padre Anabitarte, que era Ministro, esto es, encargado del material y de los Hermanos, conserje y *maître-d'hôtel* en una pieza, paseaba por el centro del refectorio, con ampuloso aire de hombre de cuya pericia dependen grandes destinos; acuciaba a los fámulos, examinaba las fuentes, en ocasiones penetraba sigilosamente en la cocina próxima, a fin de activar el servicio.

Y he aquí que el padre Arostegui susurra con su voz de silbo: *Deo gratias.* La comunidad permanece un minuto suspensa y en silencio. ¿Habían oído bien? Ocaña absorbe una gran bocanada de aire y se enjuga el sudor. Arostegui repite: *Deo gratias.* Y todos rompen a hablar a un tiempo. Anabitarte se pasea triunfalmente, mirando a uno y otro lado.

—Pero, hombre —interroga Atienza, que ha ingurgitado ya su puré—, ¿a qué obedece esto? ¿Cómo nos han servido hoy caldo espartano? ¿Por qué han consentido que nuestras lenguas se desaten en dulces palabras?

Una voz corre de mesa en mesa: es el santo del padre Anabitarte.

—¿Pues qué día es hoy?

—San Nicolás.

—¡Ah, sí! San Nicolás de Tolentino[120].

Y todos saludan a Anabitarte y le dan mil parabienes.

—Pero, ¿y el caldo espartano? —insiste Atienza, quien, como buen navarro[121], es tozudo.

Se lo explican. Anabitarte ha estado en Pilares, alojándose en casa del marqués de San Roque Fort, en donde le dieron caldo o puré, que allí llamaban *consommé,* antes de la cena; era la gran moda.

—¡Ave María Purísima! —exclama Atienza, santiguándose. Y luego a Ocaña, frontero a él y, como él, de buena familia—: ¿Tú ves Ocañita? Estos Hermanos nuestros, que vienen directamente de la rusticidad a la Compañía, son tremendos. Luego dirán por ahí afuera que todos los jesuitas son hombres de mundo... ¡Vaya por Dios!

Hay santa alegría y hay vino y un postre más. Anabitarte se ha portado con magnificencia; ha sabido recabar de Arostegui refinamientos sardanapálicos.

---

[120] San Nicolás de Tolentino es el 10 de septiembre.
[121] Julio Cejador nació en Zaragoza pero de muy niño vivió en el pueblo de su madre, Tudela de Navarra.

—¡Bravamente! ¡Bravamente, Anabitarte! —clama Atienza cuando el ministro pasa cerca—. Nadie lo esperaría de tu reducida cholla.

Ocaña celebra el desparpajo.

—Este padre Atienza tiene el hablar escita —porque, como influido de Atienza, sumo helenista, es él también algo helenizante, recuerda que la libertad de Anacarsis[122] en el decir dio motivo, en Atenas, a la frase *hablar escita*, según aseguran historiadores graves.

Mur y algunos otros reprueban con el gesto la procacidad del padre Atienza. De chancero, lo convierten en[123] cruel y orgulloso.

Sobrevienen unas chuletas empanadas, fritura en que ha logrado renombre el obeso hermano Calvo, cocinero. Mas ¡ay!, que las indecorosas chuletas abrigan, bajo la ternura del pan, un seno correoso y de invencible dureza específica. Vanamente y en repetidas ocasiones, el bienhumorado Atienza determina hincarlas el diente con redoblado ahínco, a fin de deglutirlas. Las chuletas manifiestan la pasividad heroica de los mártires de la fe. Atienza traduce su contrariedad en palabras someras:

—Este cocinero se ha empeñado en ponernos suelas de zapato y estragarnos los estómagos.

La voz es suave; pero Mur tuerce la luenga nariz a la parte de Atienza, como si todos sus sentidos radicaran en el olfato.

Conejo, a la diestra del Rector en razón de su nuevo cargo, se refocila discretamente y ensaya tímidas payasadas, que algunos Padres comentan con risas.

A los postres hay unas copas de Jerez generoso. Se reza la acción de gracias y todos suben al pasillo de las celdas. Se distribuyen en grupos, según sus inclinaciones personales. Comienzan a pasear; los unos, hacia delante, conforme a lógica racional; los otros, de espalda, haciéndoles frente a los anteriores. Es preciso recabar café de la condescendencia del Superior. Un buen golpe de Padres pone cerco a Arostegui; lo

---

[122] El escita Anacarsis (siglo VI a. C.) hizo largos viajes para satisfacer su deseo de saber. Fue a Atenas en tiempos de Solón. Al volver a su patria, fue asesinado por orden del rey, acusado de haber intentado introducir la religión y la cultura helénicas. Muchos escritores griegos le presentan como un hijo incorrupto de la naturaleza.

[123] P: *lo motejan por.*

envuelven en anfibologías y circunloquios, no atreviéndose a pedir derechamente el café, que los legos[124] ya tienen apercibido.

Landazabal, el deforme, misionero que fue en tierras de América, desviado de la espina en términos que para andar ha de sujetarse las posaderas con entrambas manos, inicia el asalto.

—Veamos, Padre Superior: San Nicolás de Tolentino es un hermoso nombre. Tolentino... Tolentino es asonante de caracolillo, ¿verdad?

—Indudablemente —responde Arostegui, desentendiéndose de la indirecta, por dar vaya a sus amados hijos—. Digo, me parece a mí. ¿Estoy equivocado, padre Estich?

El dulce padre Estich, profesor de Retórica, poetastro de la comunidad y tan larguirucho y angosto que, como a doña Madama Roanza, pudiera enterrársele en una lanza, aprueba sonriendo al Superior.

Landazabal toca con el codo a Ocaña y le murmura al oído: «Anda tú, hombre, que a ti te ve bien.» Ocaña acude al paño.

—Caracolillo es una clase de café. Me parece entender que es el que tenemos en el colegio...

—No sé, no sé. Es cosa que no me va ni me viene —exclama el Superior, dilatoriamente, enarcando los ojos.

Landazabal se ensombrece. Piensa para su sotana: «¡A que nos quedamos hoy sin café!» Da un traspié; recobra el equilibrio afianzándose en las propias nalgas. Se había aficionado extraordinariamente al café en Puerto Rico. Entonces mira con ojos suplicantes a Mur, al favorito. Lo que a él se le niegue no lo consigue ningún otro. Pero Mur no le presta atención. El infeliz y deforme jesuita pone en libertad un sollozo. Al llegar aquí, Olano se planta de por medio.

—Realmente, hoy ha sido un día muy caluroso. El café tiene la virtud, virtud pagana, llamémosla así, de proporcionar a quien lo toma lo mismo el calor que el refresco apetecido. Creo, Padre Superior, que no incurriríamos en sensualidad si usted nos proporcionase sendos pocillos de esta grata mixtura —y luego, volviéndose al padre Atienza, que cruza a corta distancia—: ¡Qué pena que no me hayas oído este párrafo! ¡Me ha salido perfecto!

A lo cual replica el navarro, garbosamente:

—Lo dudo. Como dice un autor de cuya existencia no han

---

[124] P añade: *no obstante*.

llegado noticias hasta aquí, tienes los retorcimientos de la sibila, pero sin su inspiración.

—Pues vaya que tu lengua no se mueve si no es para herir.

—No seas mameluco, Olano, que nadie trata de herirte.

El padre Arostegui corta la disputa.

—No haya discordias entre Hermanos por tan liviano empeño como es el café o la elocuencia. ¡Venga el café, si así lo desean!

Y como a un conjuro, surgen el abrutado fámulo Zabalrazcoa y el fámulo Azurmendi, de faz lasciva, conduciendo bandejas con tazas de café.

—¡Ah, ah! Había conspiración... —dice el Rector, como si le tomara de sorpresa.

Esto ocurría un día sí y otro no.

Se trasiega el café con reposada voluptuosidad. El valetudinario Avellaneda toma un sofoco que le pone en trance de expirar. Atienza insinúa que acaso en el café infunden poca de la substancia característica de esta poción y que sin esfuerzo se le pudiera creer agua de fregar. Se reanudan los grupos, hasta terminar el recreo, y la conversación corre más animada que antes. Atienza expone ante sus amigos una alegría ruidosa, que los discretos toman como envoltura de una tristeza disimulada.

—¿Qué tal va esa moral, Ocañita? ¿Estudias mucho? ¡Aprovéchate! Supongo que desearás recibir las Órdenes prontamente. A no ser que quieras hacer lo del padre Valderrábano... siete suspensos lleva en Moral, y no hay quien le haga cura. Ahí le tienes, en San José, de Valladolid, explicando Historia Natural; nadie lo mueva. Claro, con esto se ahorra rezos, y cuando quiera salir no está comprometido.

—¡Qué cosas tiene, padre Atienza...! —al responder, el joven padre Ocaña hace señas a Atienza, esforzándose en hacerle entender que Mur los puede oír. Atienza se encoge de hombros.

A la vuelta siguiente descubren a Mur, en cháchara bajita con el Superior.

—¿Lo ve usted, padre Atienza? Es usted demasiado bueno y demasiado franco. No quieren entenderle —susurra Ocaña.

—Sí, ya veo a ese mariquita insuflándole chismes al Superior. ¿A mí qué se me da?

Sonó el toque de retiro. El padre Atienza tomó el derrotero de su cuarto, dispuesto a hacer el examen de conciencia, cuando, acercándosele el hermano Ortega, le indicó con gran mansedumbre que el Padre Superior le aguardaba.

—¿A mí? —preguntó, con las cejas arrugadas, estupefacto— . Vamos a ver qué tripa se le ha roto.

El hermano Ortega no quiso oír lo de la tripa. Atienza llegó a los umbrales del Superior y se detuvo unos segundos, contemplando amorosamente la negra cruz clavada sobre el dintel. Dio con los nudillos en la puerta. Una voz incisiva silbó dentro: *Adelante*. Atienza penetró, llanamente. Sus ojos tenían un resplandor interrogante. El Padre Superior le aguardaba sentado detrás de la mesa. Atienza permaneció en pie, al otro lado, frente a él.

—Le extrañará que le haya llamado a estas horas —Atienza asintió con la cabeza.

—En realidad de verdad, no tengo queja de usted en materia grave...

—Espero que no, Padre Superior. Bien sabe Dios que me conduzco lo mejor que se me alcanza, y si yerro no será por negligencia, sino por ignorancia. Dígame para qué me llama.

—Yo pienso que es fuera del caso recordarle que al ingresar en la Compañía aspiramos a la perfección. De tal manera, que aquello que fuera de nuestra casa es leve, o aun indiferente, entre nosotros indica el germen de un mal que debemos extirpar en seguida.

Atienza se impacientaba. «Este hombre tan seco de palabras» se decía, «¿por qué no me pone las cosas claramente?» Y luego en voz alta y serena:

—Cuanto usted me dice, Padre, es cordura por excelencia. Pero yo quisiera saber para qué me llama.

—¿Y aún me lo pregunta? ¿No tiene nada de qué acusarse?

—De qué acusarme al Superior, nada. Ahora que, como no soy un prodigio, como lo fue San Roque, que ya en mantillas era devoto y no había quien le hiciera mamar los viernes, digo que como yo no soy un prodigio, claro está que tendré muchas cosas de que acusarme en penitencia, ante Dios. ¿Y quién tira la primera piedra?

—¿Y le parece bien perseguir con cuchufletas de mal gusto y hasta crueldad a un Hermano que es la timidez y la inocencia misma? ¿Y le parece bien pregonar a los cuatro vientos que aquí se le mata de hambre? ¿Y le parece bien no encontrar nada que merezca su aprobación o su respeto dentro de la Compañía, e ir derramando desprecios en torno suyo? Que es usted muy sabio... Peor para usted si lo acompaña de diabólico orgullo. No está mal la ciencia humana, pero siempre arropada en humildad.

Atienza se llevó la mano al pecho. Era la gota que derrama el vaso, la paja precisa que quiebra el espinazo del camello, abrumado bajo la carga. Recogió su energía y con aquella llaneza bondadosa que era su cualidad preponderante, contestó al padre Arostegui:

—Todo eso son niñadas, Padre Superior. Yo no desprecio a mis Hermanos, que los amo muy de veras, y por eso no puedo llevar con bien ciertas cosas. Cuchufletas... ¿Es que yo me ofendo si me las dicen? Usted mismo las califica: *cuchufletas*. No es herir, no enojar, sino reprender levemente bajo la encubierta del regocijo, . Nuestros santos, los castizos, han sido siempre alegres y aun mordaces. Luego, lo del orgullo... ¡Anda, morena!

—¿Qué es eso de anda morena? —el Superior dio un puñetazo en la mesa y se puso en pie—. Y además, ¿qué autoridad tiene para reprender?

Atienza se puso pálido.

—¿Me consiente retirarme, Padre Superior?

—Retírese cuando le plazca. Y no olvide que esto se terminó, se terminó, se terminó. ¿Estamos?

Al día siguiente el padre Atienza escribió una carta al Provincial, poniendo de claro su propósito de salir de la Compañía.

El negocio era difícil. El padre Atienza era conocido por sus obras de ciencia en todo el mundo; estaba emparentado con personas nobilísimas y había cebado los tesoros de la Compañía con un peculio de quinientas mil pesetas. ¿Cómo apechugar con el escándalo? Fueron y vinieron cartas. Atienza se ablandaba. Afirmó, en todo momento, que era jesuita por vocación; pero declaraba al propio tiempo que le era imposible convivir con la mayor parte de sus compañeros. «Permaneceré —escribía al Padre Provincial— en la Compañía, y aun en este colegio, si usted lo juzga necesario, para evitar tantos males; pero, ¡por Dios Santo, Padre mío!, déjeseme solo, consiéntaseme permanecer en mi celda sin mezclarme con nadie, a no ser que yo lo juzgue oportuno.» Suplicaba, luego estaba entregado. Concediéronle muy presto lo de vivir en su celda, que allí era menos peligroso. Intentaron rebajarlo haciéndole profesor de «Psicología, Lógica y Etica». ¡Ligera y secundaria labor de *maestrillo* impuesta a una lumbrera de la Orden! Mas él recibió la nueva con alegría y buen humor.

—Me parece que lo haré con más provecho que el pobre padre Numarte, ese paquidermo filosófico —exclamó.

Por eso vivía recoleto en su cuarto; en él comía; en él daba la clase, y desde él oía, de tarde en tarde, ecos remotos de un vals de Strauss.

A raíz de confinarse el padre Atienza en su rincón, ningún jesuita pensaba que el arrechucho durase largo tiempo. Conocían lo expansivo de su carácter y su locuacidad impenitente. ¿Qué se va a hacer a solas —preguntaban—, sin blanco cerca a donde enderezar las saetas de su malignidad burlona? Contados eran los que se aventuraban a visitarle, por no atraerse la ojeriza del Superior. Pero los días pasaban, y el turbulento navarro no salía de la covacha como no fuera para ir a la biblioteca, de donde volvía cargado de volúmenes. Encerrado en su celda, rey de sus acciones, se encontraba a las mil maravillas y extraía de la caduca amarillez de los libros viejos un goce inenarrable y tranquilo.

Comenzó el curso. Los seis alumnos, que[125] no eran más, de Psicología, Lógica y Etica, subían a su celda a recibir sus enseñanzas, las cuales de ordinario no eran[126] materia relacionada con la asignatura, sino porción de cosas varias y amenas a propósito para robustecer el temperamento antes que para apesadumbrar la inteligencia con noticias inútiles. Se conversaba no pocas veces, en tono familiar, de los asuntos interiores del colegio; se hacían comentarios a las noticias que desde fuera llegaban; se reía y se decían chancetas, y, en resolución, para los niños eran unas horas de cordialidad y saludable frescura. Adoraban al maestro.

Los demás Padres se hallaban muy a gusto sin la enojosa presencia del desenvuelto Atienza. Aun cuando no se ignorase que la reclusión era voluntaria, considerábase como un triunfo del Superior y prueba patente de la habilidad política de Arostegui, porque ésta no es otra cosa que maña y astucia con que se coloca a los demás en ocasión de hacer de grado lo que uno desea que se haga. Claro está que el que más y el que menos, mirando para su fuero interno, se veía como sujeto posible de esa misma habilidad política y por lo tanto juguete de una fuerza muda que nunca daba el rostro claramente, y de aquí la punta de odio, casi siempre vago e inconsciente, que

---

[125] P: *pues.*
[126] P: *la enseñanza. que de ordinario no consistía en.*

unos jesuitas, los nacidos para ser mandados, sentían contra otros, aquellos que, sin proferir la voz de mando, mandaban de hecho, moviendo sin plan conocido y arcanamente las figuras del retablo. El padre Arostegui estaba al cabo de este odio latente; pero se le daba un ardite. Como Calígula, él también lo reputaba por señal cierta de su soberanía; ódienme en tanto me teman, *oderint dum metuant*[127]. Aquel temor, arraigado y permanente, porque lo infundía el misterio, era la fuerza de cohesión de la Comunidad, y merced a su eficacia Arostegui mantenía organizadas sus huestes con suma disciplina.

Se ha dicho de la Compañía de Jesús *épée dont la poignée est à Rome et la pointe partout;* por lo que se refiere a aquellos parajes en donde radica el Colegio de la Inmaculada, puede asegurarse de la influencia jesuítica que era una espada cuyo puño estaba en la diestra del padre Arostegui, y su punta donde menos se pensase.

El padre Arostegui había diferenciado netamente las funciones de cada uno de los confesores y predicadores, de manera que la dirección espiritual de los diferentes poderes sociales fuera de la absoluta incumbencia de la Compañía[128]. Olano corría con las señoras, en general, y con los capellanes de monjas. El padre Cleto Cueto cultivaba a los políticos de la derecha y, poco a poco, había logrado hacer hijas de confesión a la mayoría de las mujeres de los políticos de las izquierdas, a las cuales tenía muy bien adoctrinadas en punto a la conducta doméstica. También era cargo suyo asistir con alguna frecuencia al Seminario Conciliar de la diócesis, a fin de dar pláticas y visitar asiduamente al señor Obispo, de suerte que no se les

---

[127] Es frase de Calígula, «Oderint dum metuant»: 'que me odien con tal que me teman'; la transmiten Cicerón *(Filípicas.* 1, 14, 34), Suetonio *(Cal.,* 30,1) y otra vez Cicerón *(De Officiis.* 1, 28, 97). Parece proceder de una tragedia de Accio y solía repetirla Calígula con frecuencia. Se aplica a todo soberano autoritario y despótico. Parodiando este dicho, Tiberio adoptó la divisa «Oderint dum probent»: 'que me odien con tal que me respeten' (Víctor José Herrero, *Diccionario de expresiones y frases latinas.* Madrid, Gredos, 1980, pág. 65).

[128] «Fuera de los Superiores, que éstos forman categoría por sí, hay tres clases de jesuitas, unos dedicados a estudios y papeles, otros a ministerios de predicación, confesiones, etc., y otros a tratar con gente de alto bordo, presidir juntas y congregaciones, visitar grandes personajes, cosas que tienen por fin y resultado ver de llevar a casa lo que se pueda» *(Los jesuitas de puertas adentro,* ed. cit., pág. 299).

fuera de la mano. Era el único Padre que leía periódicos liberales. A su modo, estaba al tanto de la situación política del país y de algunos de nuestros problemas capitales[129]. Si salía de misión no pronunciaba sermones, sino conferencias para hombres, que se anunciaban como científicas, versaban sobre materias profanas y merecían grandes elogios de la estulticia asinaria de la prensa local. En fuerza de ir y venir, más en aire de conquista que apostólico, había llegado a tomar un continente absolutamente bélico; accionaba levantando en el aire el brazo derecho, cual si blandiese una lanza o pendón imaginario; se movía pesadamente, como si gravitara sobre su cuerpo la recia armadura de un guerrero medioeval; ante el altar, recordaba aquellos sacerdotes de otras edades que celebraban misa con la espada al cinto y las espuelas calzadas, hasta que León IV prohibió el marcial aparato; tintineaban las vinajeras, y, por instinto, se le miraba al talón, en busca del sonoro acicate. Atienza lo llamaba Pentapolín, del arremangado brazo[130].

El padre Anabitarte, además de ser Ministro, tenía a su cargo la paternal curatela de los bandoleros de levita, salteadores de fortunas y vampiros del tanto por ciento. Para cumplir la misión no se requerían muchos sesos ni fina ductilidad. En este punto, la moral jesuítica ostenta una rara y sapientísima previsión de cuantos artilugios, sonsacas, socaliñas, fraudes y aun saqueos puedan descubrir los hombres con el fin de apropiarse los bienes ajenos a favor de resquebrajaduras legales; estudia los[131] casos de conciencia y los resuelve deliciosamente sin que la restitución sea menester en ninguno de ellos. Un libro hay que es un tesoro. En él Escobar[132] compiló, con orden sumo y en apartados convenientes para la facilidad de la compulsa, la teología moral de los 24 Padres, o, por mejor decir, soles del firmamento de la Compañía. En el prefacio se hace un cotejo alegórico de este libro y del Apocalipsis. «Jesús

<hr>

[129] P: *problemas públicos*.

[130] «Este otro que a mis espaldas marcha es el de su enemigo, el rey de los garamantes, Pentapolín del arremangado brazo, porque siempre entra en las batallas con el brazo derecho desnudo» *(Don Quijote,* Primera Parte, cap. XVIII).

[131] P: *todos estos*.

[132] Antonio de Escobar y Mendoza (1589-1669), jesuita vallisoletano, célebre casuístico, autor también de poemas y comedias. Parece ser que fue uno de los pretextos de Pascal para sus *Provinciales.*

—dícese— lo ofrece de esta suerte sellado a los cuatro animales Suárez[133], Vázquez[134], Molina[135] y Valencia[136], ante los 24 jesuitas que simbolizan a los 24 ancianos.» Animales, en un alto sentido místico, se entiende. En esta obra excelente abundan sentencias del más alto valor para la vida. Véase, por ejemplo, la siguiente, del gran padre Molina: «En conciencia no hay obligación de devolver los bienes que, por frustrar a sus acreedores, otra persona nos haya confiado en custodia.» ¡Con qué expedita holgura, gracias a la ciencia de estos ilustres e iluminados varones, penetra la rapacidad por las puertas del Paraíso! La virtud de atar y desatar que Cristo otorgó a sus apóstoles mantúvose como en rudimento y a tientas en la Cristiandad hasta tanto que no sobrevino Íñigo de Loyola y reclutó su milicia. ¿Qué nudo gordiano hay que los jesuitas no deshagan con celeste garbo y presteza? ¿Qué lóbrega conciencia que no alumbren? ¿Qué corazón tormentuoso que no apacigüen? ¿Cuántos no les deben fácil fortuna junto con el sosiego del alma? Oíd lo que el reverendo padre Cellet pone en su libro *De la Jerarquía*[137]: «De uno sabemos que llevando crecidísima suma de dinero a fin de restituirla por orden de su

---

[133] Francisco Suárez (1548-1617), jesuita granadino, llamado «Doctor Eximius». Se le considera el más importante teólogo español del siglo XVI. Su obra principal es *Disputationes metaphysicae* (1597). Han subrayado su importancia, entre otros, los estudios de Ferrater Mora, Julián Marías y Gómez Arboleya. Con el suarismo, escribe Ángel González Álvarez, «se hallará España perennemente presente en la historia universal de la filosofía» *(Manual de historia de la Filosofía,* 2.ª ed., Madrid, Gredos, 1960, pág. 294).

[134] Gabriel Vázquez (muerto en 1604), primera figura entre los teólogos jesuitas, profesor de teología en Roma y Alcalá, émulo en varios conceptos de Suárez, llegó a ser designado como «el Agustín español».

[135] Luis de Molina (1535-1600), jesuita conquense, defensor del libre albedrío y la ciencia media frente a la doctrina de Báñez. A esta polémica, que conmovió el ambiente cultural español, responde el problema planteado por Tirso de Molina en *El condenado por desconfiado.*

[136] Gregorio de Valencia (muerto en 1603), insigne jesuita español, profesor en Ingolstadt. Fueron famosas sus obras de controversia contra los protestantes *(Sobre las cuestiones de la fe discutidas en este tiempo)* y su tratado *Suma Teológica.*

[137] Ludovico Cellet publicó en 1658 *Sobre la jerarquía y los jerarcas.* Desde la primera edición de la novela, aparece como Cellot, por errata.

confesor, húbose de detener en la tienda de un librero. Preguntóle qué tenía de nuevo *(num quid novi)*, a lo cual el librero le mostró un libro reciente de teología moral, escrito por uno de nuestros Padres. Comenzó el hombre a hojearlo con negligencia y sin pensar en nada, mas fue a caer en un pasaje en donde se estudiaba su propio caso, y allí aprendió que no estaba obligado a restituir. De esta suerte descargóse de la pesadumbre del escrúpulo y permaneció con la del dinero, que no le impidió volver ligeramente a su morada.»

Como Anabitarte era un zote, si los hay, y berroqueño de mollera, el ejemplar en donde había de beber la ciencia penitenciaria concerniente a las restituciones, o sea extracto de teología moral a través del séptimo mandamiento, estaba subrayado y glosado de puño y letra del padre Arostegui, y, bien que el latín, tanto de Escobar como de los demás Padres, es fácil, algunas sentencias obscuras o equívocas tenían al margen la traducción castellana, hecha también por el Superior. De las innumerables glosas, apostillas y connotaciones se deducía paladinamente que la muchedumbre de casos de conciencia cuyo origen es el hurto y el robo, se compendian en esta máxima: *no es necesario restituir*, teniendo siempre en cuenta que el empleo de esta máxima no sea nocivo para el Estado, que entonces no se la permite; *tunc enim non est permittendus.* (Padre Lessius.)[138] De aquí el que los jesuitas, fieles guardadores de verdades peligrosas, no pongan la posesión de ésta en cualesquiera manos, por temor a que gentecillas sandias se dediquen al latrocinio desembozadamente, lo cual perjudicaría sin duda y de modo notable la buena marcha del Estado, y así, sólo a los que hubieran amasado pingüe fortuna se les hace sabedores de la máxima en cuestión, y las razones se le alcanzan a cualquiera persona de buen juicio. La materia era de tan claro simplismo que hasta el propio Anabitarte llegó a dominarla al punto y a ser confesor y consejero íntimo de cuantos banqueros, industriales, comerciantes y prestamistas puercos había en la provincia. Le traían en palmitas, se hacían visitar de él, le alojaban con magnificencia y molicie y, por su intermedio, disimulada en honestos arbitrios, pasaba una comisión prudente a las cajas de la Compañía. Paradisiaco reposo caía sobre aquellos cráneos de rapiña,

---

[138] Ludovico Lessio (muerto en 1623), jesuita, profesor en Lovaina, autor de las obras *Sobre la gracia eficaz* y *Sobre las divinas perfecciones*. Sus tesis teológicas suscitaron grandes polémicas.

roídos antes por cuidados sin cuento. No es de extrañar que don Anacarsis Forjador, el viejo e insaciable forajido, dijera frecuentemente de sobremesa a su padre espiritual:

—Padre Anabitarte, no sé cómo hay personas que pueden vivir sin religión.

Y Anabitarte, una mano sobre el abarrotado bandullo, con la otra levantando en alto una copita de benedictino, respondía distraídamente en tanto miraba al trasluz el denso licor de oro:

—No son personas, que son bandidos, don Anacarsis.

—Y por supuesto, Padre, hay ciertas cosas... vamos, que al vulgo... Usted me entiende.

—Hasta un autor profano, don Anacarsis... —un sorbo—. Hasta un autor profano lo dice —otro sorbo—. ¿Cuál es su nombre, don Anacarsis? —otro sorbo—. ¿A que se me ha olvidado? —otro sorbo—. No, no; es Fontenelle[139]. Pues bien, el señor de Fontenelle dice, verá usted: *Si je tenais toutes les vérités dans ma main, je me donnerais bien de garde de l'ouvrir aux hommes.* ¿Me entiende usted?

—Está muy bien, caracho —y don Anacarsis se reía, sin entender una sola palabra.

Tampoco Anabitarte lo entendía: se lo había hecho estudiar de memoria, con pronunciación figurada, el padre Arostegui.

Con esta división tripartita de funciones, encomendadas respectivamente a los RR. PP. Olano, Cleto Cueto y Anabitarte, la resaca latente de la vida regional afluía al Colegio de la Inmaculada Concepción y se soldaba en un vértice o foco de donde partían a su vez nuevos impulsos, porque dase por entendido que ninguno de los esforzados paladines que componían el triunvirato antedicho disfrutaban de autonomía o espontaneidad en sus movimientos, sino que obraban en todo caso atentos a la norma circunstancial impuesta por el Superior.

Por eso el puño de la espada estaba en la diestra del padre Arostegui.

---

[139] Bernard le Bovier, señor de Fontenelle (1657-1757), sobrino de Corneille, adversario de Racine y Boileau. Sus obras principales son *Entretiens sur la pluralité des mondes,* que intenta «tratar la filosofía de una manera que no sea filosófica», y *Digression sur les anciens et les modernes,* la obra más profunda de las inspiradas por la famosa polémica.

V

Algunos niños refirieron a sus padres en la visita el caso misterioso del padre Atienza. Del salón de visitas salió la noticia al mundo. Los amigos, admiradores e hijos[140] de confesión del padre Atienza hacíanse cruces y cábalas, con ocasión de tan insólito suceso; menudeaban los plañidos y las elegías sobre el triste sino del desventurado e ilustre jesuita; se le comparaba con el Papa[141], prisionero en el Vaticano, y con el padre Coloma[142], de quien se decía sufrir también idéntica adversidad que Atienza; en resolución, la voz corrió prestamente de hogar en hogar y de puebluco en puebluco, por la región.

Un periódico anticaciquil y anticlerical, *El Pulpo,* arremetió contra los jesuitas con inusitada violencia, acusándolos de mantener secuestrado contra su voluntad a un hombre insigne, y sobre todo opulento, que por serlo y no por otra cosa le retenían aherrojado en una celda mefítica, a pan y agua, sin que el infortunado hallara expediente hacedero con que transmitir sus quejas fuera de la clausura. *El Pulpo* requería a las autoridades, conjurándolas a que averiguaran y dieran fin inmediato al secuestro, *baldón de nuestra hermosa villa.* Recordaba al maestro de obras, Aurrecoechea, que había sumido en el deshonor a una hija de Regium. Y, por último, a vuelta de unas cuantas frases grandilocuentes, venía a llamar a los benditos Padres *milanos* y *estupradores.*

---

[140] P: *hijas.*

[141] Alusión a la «cuestión romana», todavía reciente. En 1874, «el Papa Pío IX quedaba prisionero en el Vaticano, rehusando negociar con sus carceleros» (Llorca, García Villoslada, Leturia y Montalbán, *Historia de la Iglesia Católica, IV: Edad Moderna.* Madrid, Biblioteca de Autores Cristianos, 1951, pág. 543).

[142] La aparición de *Pequeñeces* dio lugar a una amplia polémica. «El escándalo debió de repercutir en la Orden y disgustar incluso a quienes defendían sin mucho convencimiento, según Pardo Bazán, las *crudezas* del novelista. Coloma se dedica ahora a componer los *Retratos de antaño,* que aparecen en 1895. La nueva obra silencia el espíritu polémico del autor, embebido en estudios históricos que más parecen penitencia que decisión gozosa» (Rubén Benítez, «Introducción» a *Pequeñeces,* del padre Coloma, Madrid, Cátedra, 1975, pág. 22).

En vano el insidioso Benavides, director de *La Reconquista*, aquel periódico fundado por el padre Cleto Cueto a poco de llegar a la localidad, intentó poner en entredicho las burdas ficciones y soeces apóstrofes de *El Pulpo*, asegurando que si el padre Atienza guardaba un retiro casi absoluto era porque tenía en preparación cierta obra magna y había menester la soledad para darla gloriosa cima. Cundía el escándalo. Los buenos amigos de los jesuitas les aconsejaron que hallaran con urgencia el remedio de estancar tanta y tan grosera maledicencia. El padre Arostegui recibía a los consejeros sin inmutarse, sin perder aquel gesto peculiar suyo, entre burlón y despectivo, con que acostumbraba a desconcertar a sus interlocutores. El padre Olano, en un recreo, no pudo menos que exclamar:

—Ese jabato, dondequiera que está, destruye todas las siembras.

Entretanto, el padre Atienza, de la parte de fuera del revuelo, sin conocerlo ni sospecharlo, continuaba su vida cenobítica y plácida.

Subía una tarde el padre Ocaña a su celda, después de haber explicado la clase de Geometría, cuando se tropezó con el padre Mur.

—Vaya con Dios! —le dijo, sin ánimo de detenerse.

Mas, el valido del Superior se le plantó delante.

—A propósito, padre Ocaña. Cuánto celebro haberme dado con usted a solas. ¿Tiene mucho que hacer? ¿Puede concederme unos minutos? ¿A dónde iba? ¿A su celda? Le acompañaré.

Continuaron en silencio hasta la puerta del cuarto.

—Pase[143], padre Mur.

—¿Qué más tiene? Entre Hermanos... —y luego, riéndose—: Reliquias de la falsedad del mundo.

—¿Qué quiere, padre Mur? Cuando no es falsedad, la educación no está mal, ni entre Hermanos —aquella tarde se encontraban de malas pulgas.

—Bueno, bueno. Agradezco la lección. Sentémonos. ¿No sospecha de qué quiero hablarle?

—No se me ocurre...

—Ya sabe a qué punto ha llegado lo del padre Atienza. Usted, como todos, estará consternado.

—Lo lamento; pero no me atrevo a cargar a nadie con la culpa.

---

[143] P: *Pase delante*.

—No se trata de eso. La Compañía pierde... Y en cuanto a culpa... No digo que la tenga el padre Atienza...

—Desde luego.

—Claro está; pero... ¿que no gustaba de nuestro trato? Es triste para nosotros... Se mete en su cuarto y acabado. No se tendría con todos la misma transigencia.

—Dicen que quiso salir de la Compañía.

—¡Bah! No lo creo. Bien. Ya está en su cuarto, pero eso ¿impide que de vez en cuando salga a dar un paseo por la población? ¿Que se deje ver de las gentes?

—Usted ya sabe que nunca salía de paseo...

—Ahora debe salir. Es preciso aplastar[144] las lenguas envenenadas.

—Acaso él no sepa lo que ocurre. Ningún Padre lo visita. No le digo ninguna novedad; pero temen no ser gratos al Padre Superior.

—¡Dulce Jesús! ¿Por qué? Le aseguro que me maravilla. Siempre creí que era porque no tenía amigos... El Padre Superior, tan bondadoso... Y por usted siente gran afecto, lo sé. Mire, padre Ocaña, pienso que ganaría mucho en su favor si usted lograra sacar de paseo al padre Atienza. Hágale ver que es en servicio de Dios, y los males que ya nos ha causado, inocentemente sí, ni que decir tiene. Yo iría, pero... No le soy simpático, ¿a qué me he de engañar? Le convence usted y salen los dos, por la población, claro está. Convendría evitar detenciones con *madreselvas* y curiosos. Bueno, ¿qué le voy a decir yo a usted? ¿Quedamos en eso, eh? Vaya, adios.

—Adios, padre Mur. Lo haré como usted me lo indica.

A los pocos minutos estaba el padre Ocaña en el cuarto del padre Atienza. Comenzó por referirle la historia del secuestro, del antro mefítico y del ayuno a pan y agua. Atienza se retorcía de risa.

—Pero, ¿qué me dices, Ocañuela?

Ocaña continuó puntualizándole ce por be las patrañas y estolideces que se habían urdido[145].

—Se creían que yo soy un sandio y mal hostalero, un badulaque de tres al cuarto... Ya sabía yo que les iba a salir la burra mal capada...

—Por Dios, padre Atienza; déjese de burras y... de lo otro. El trance es serio. La Compañía pierde.

---

[144] P: *inutilizar*.
[145] P: *urdido en torno a su reclusión*.

—Naturalmente que pierde. ¿Crees tú que gana con otras cosas que se hacen?

—Si no es eso, Padre...

—¿Y yo qué le voy a hacer? ¿Quieres que envíe un comunicado a *La Reconquista?*

—¡Qué chanza!

Le explicó el plan de Mur, dándolo como propio.

—¡Cuerno! Pues tienes razón. El jueves por la tarde salimos, si te parece. Iremos al muelle, a ver el mar. Vamos, lo que más me ofende es que haya papanatas capaces de creer que a mí se me tiene a pan y agua. ¡Se necesitaría mucho ombligo!

Y con esto, se despidieron hasta el jueves.

El día convenido, y como a cosa de las cuatro de la tarde, los dos jesuitas [146] salían del colegio, con rumbo a la villa.

—¿Querrás creer, Ocaña, que estoy nervioso? Bien sabe Dios el sacrificio que hago, porque el salir me revienta sobre toda ponderación.

—Así se lo agradece más. Y se lo agradecemos todos.

—¿Todos?

—Evidente.

—¡Puun! He dado un tropezón. Se me ha olvidado andar.

Entraron por el paseo público del Salvador. A los veinte pasos mal contados ya tenían una beata delante de las narices.

—¡Ay! ¡Bendito sea Dios! ¿Cómo está, padre Atienza? ¿Cómo esta, santín? Si paez que está gordo y arrecachao [147]...

—¿Pues cómo quiere que esté, doña Ramona, una persona que come bien y no se mueve del sillón, holgando, porque leer no es trabajar?

—Ya me lo parecía a mí. ¿Y los demás Padres?

—Tan gordos y tan arrecachaos, doña Ramona. Quede con Dios.

De que se apartaron de la beata, resolvieron encaminarse al muelle, siguiendo calles extraviadas. El objeto estaba conseguido; doña Ramona sería heraldo incansable y pregonera del buen estado y robustez de Atienza.

---

[146] P: *embozados en el manteo.*

[147] *Arrecachar* es asturianismo que Apolinar y Ramón de Rato explican así: «sacar les ñalgues pa fuera; esto failo bien en tiempu de cereces, el q'va l'arena a tirar los calzones» *(Diccionario bable.* Barcelona, Planeta, 1979, pág. 65). En *La pata de la raposa* se califica a Manuela de «arrecachada y falaguera».

Llegados al puerto, avanzaron hasta el malecón más saliente, que en Regium llaman punta de Liquerica. Apoyados de bruces en el alto pretil de caliza, estuviéronse un tiempo con los ojos perdidos sobre el vasto y cantante mar.

—¿Qué te parece de subir al cerro de Santa Delfina? Allí podremos tumbarnos sobre la hierba...

—Muy bien, padre Atienza.

Treparon a la montañuela, en cuya rocosa raíz yace de una parte el puerto, y más hacia el mar un fuerte. Desde allí dominaban la villa; la masa cuadrada y roja del colegio en las afueras, entre verde veronés de praderías. La villa, con sus casitas cucamente apiñadas, era como rompecabezas de niño; el colegio, una pieza inútil dejada de lado. Más allá del colegio, colinas, boscajes, que alejándose azuleaban; al fondo, una sierra azul; y el cielo, de un azul menos agrio que el serraniego, por encima. Volviendo el rostro, mar, mar... traineras, de vuelta al seguro; humaredas tenues de invisibles buques; una gaviota, cerniéndose[148].

El padre Atienza suspiraba. Despojóse de la teja y oró en silencio. Ocaña estaba conmovido. No hablaron. De vuelta al colegio, el joven atrevióse a decir:

—Padre Atienza, quiero consultarle. Yo tengo mis escrúpulos.

—Hábleme usted lo que guste. Ocaña. Poco vale mi consejo, mas... —su voz era grave—. Volveremos rodeando, de manera que nos dé tiempo.

—Sí, Padre; tengo mis escrúpulos. Muchas veces intento recogerme dentro de mí mismo, verme tal como soy y en relación con lo que fui. ¡Ay, qué tristeza! No veo sino neblina y tinieblas; pienso que es artificio de Satanás. Me parece que no vivo, que soy un tinglado sin alma en donde hacen y deshacen manos invisibles. Es algo así como si yo hubiera sido una esponja que estrujaran, estrujaran hasta echarle todo el jugo y luego la empaparan en un líquido turbio. El jugo es mi infancia, es mi pasado, era mi yo, como dicen los filósofos de ahora, y todo lo he perdido en mis años de noviciado. ¡Ah, el noviciado! Me pregunto: ¿son los caminos de Dios? ¡Las incertidumbres que hube de sufrir en Carrión y luego en Oña...! ¡Las noches de aridez y desconsuelo...! ¡Si viera usted con qué

---

[148]   Cfr. los versos recordados por Reinink *(op. cit..* pág. 125): «... y yo, que soy algo impresionista / pensé que estaba viendo la tal ciudad a vista / de pájaro».

fervor, esto es, con qué crueldad[149], atormentaba mi carne a disciplinazos[150], así que el *distributario* apagaba la luz, como es de rigor! Oía el runrún de mis compañeros, y con el rumor mi brazo adquiría nuevos bríos. Al día siguiente, en los recreos, escuchaba a otros novicios con gran asombro, porque se jactaban de fingir los disciplinazos, que denominaban[151] *guitarreo*. Y éstos precisamente son los que suben y son considerados y objeto de mimo y favor. Me refugié en los libros; estudié el latín, el griego, retórica y humanidades, y más tarde las ciencias[152] y la filosofía de Perrone[153], con todo ahínco, y no por vanagloria, sino por anularme y quizá con un anhelo confuso de ser útil a la Compañía. Aquí estoy ya, en el magisterio, explicando geometría[154]. Como le he dicho, me contemplo y no me conozco. Imaginé que nosotros, los maestrillos, éramos considerados como personas. No sé si algunos lo serán: yo no lo soy. No sé nada, no veo nada claro, no sé a dónde vamos, ando a tientas, entre zozobras y presentimientos de un no sé qué. ¿Ha de ser así para salvar el alma? ¿Por qué

---

[149] P añade: *en las prácticas de penitencia en común.*

[150] «Tercera manera: la tercera es castigar la carne, es a saber, dándole dolor sensible, el cual se da trayendo cilicios o sogas o barras de hierro sobre las carnes, flagelándose o llagándose, y otras maneras de aspereza» *(Ejercicios espirituales,* ed. cit., pág. 177).

[151] P: *simulado así.*

[152] P: *la ciencia.*

[153] Juan Perrone (1794-1876), teólogo italiano de la Compañía, restaurador de los estudios de teología, cuya cátedra desempeñó en Roma. Por encargo de Pío IX, tuvo gran parte en los trabajos preparatorios para la definición del dogma de la Inmaculada. Fue muy estimado por León XII, Gregorio XVI y Pío IX. Sus *Prelectione theologicae* y el compendio que él mismo hizo se usaron como textos en los Seminarios; en vida del autor, alcanzaron ya 40 ediciones. Fueron tempranamente traducidas al castellano sus obras *El protestantismo y la regla de fe. Catecismo sobre la Iglesia Católica, para uso del pueblo. San Pedro en Roma* y *Tratado de la verdadera religión contra los incrédulos y los herejes.*
   Comenta *Los jesuitas de puertas adentro...:* «De un famoso teólogo, el más famoso si no el más docto de la generación pasada, el padre Perrone, se cuenta que, obligado a leer todos los días en la cátedra un artículo de la *Summa* de Santo Tomás, hacíalo a regañadientes, y después de leído dejaba el libro diciendo en tono despreciativo: *lasciamo questo vecchiume.* Aquel teólogo no era una excepción» (ed. cit., pág. 202).

[154] P añade: *que yo no había estudiado.*

no habíamos de vivir en una fraternidad en donde todas las opiniones tuvieran su voz y todas las almas su peso en los destinos de la Orden? Alma... ¡Cuántas veces temí que se me hubiera evaporado, derretido, Dios sabe dónde! Pero, con todo, ciego había de ser para no advertir un singular fenómeno, y es que aquellos de entre nosotros que descuellan, ya sea en ciencia, ya en virtud, se les persigue y acorrala, siendo así que ellos tan sólo dan lustre a la Compañía. He dicho persigue y no está bien, porque la persecución es algo visible, y propiamente no se puede asegurar que se les persiga a usted y a Sequeros, por ejemplo. No es eso. Ya está aquí la niebla, la turbiedad, que es lo que me enajena. ¿Qué seres ocultos conviven con nosotros y lo trastruecan todo a su antojo? ¿Es la voluntad de Dios?

—Es la voluntad de Dios, Ocaña, no lo dude usted. Nada mortal es perfecto: no puede pretenderse que lo sea la Compañía. Sin embargo, por las trazas, hay presunciones y hechos históricos que las fundamentan, de donde puede inferirse lógicamente que Dios ama con predilección a nuestro Instituto. Dios no ha echado tantos vicios al mundo a humo de pajas, sino para que se entienda cómo hasta por caminos errados se puede alcanzar un buen fin[155]. Observe que, vicio por vicio, todos ellos traen en pos, entre noventa y nueve malas, una consecuencia provechosa. El vicio de orgullo, por ejemplo, es por naturaleza de tal índole que contribuye como ningún otro a conservar y enaltecer en la consideración ajena tanto a los individuos, como a las comunidades y a los pueblos. Voltaire nos ha acusado a los jesuitas de orgullo, y al orgullo atribuía lo que él juzgó nuestra perdición. Al contrario, el orgullo nos salvó y nos sigue manteniendo en el candelero[156]. El orgullo está repartido entre nuestros miembros a dosis iguales; pero no así los merecimientos en los cuales ha de arraigar y afirmarse; de donde deducirá usted que para justificar el orgullo se requiere, lo primero, dar gran aire y publicidad a quien tenga mérito o brille con algún prestigio, al padre A., que es un gran filósofo; al padre B., que es un gran filólogo; al padre C., que es un gran novelista; al padre D., que es hijo de un duque con grandeza; pero, comprenderá usted que si se man-

---

[155] Por medio de Atienza (su amigo Cejador), Ayala aplica, con humorismo paradójico, a los jesuitas su lema, que es el título de la novela.

[156] P: *en candelero*.

tuviese siempre ante el juicio público a estos cuatro o cinco privilegiados, de manera que fuera sencillo el contraste entre ellos y la masa de jesuitas, lo que ganaban los menos lo perdía con creces, y a riesgo del servicio de Dios, la Compañía, y su orgullo en tal caso, sería risible, pues tan breve número de eminencias no es para gloriarse. Por el contrario, apenas se ha pasado la miel del arte, de la ciencia, de la virtud o del nacimiento por el paladar público, sirviéndose de éste o de aquel Padre a guisa de hisopo, cuando se le retira al proviso de la circulación, de suerte que los de fuera no han tenido respiro para detenerse a pensar que el virtuoso o el sabio era el padre Tal, sino un jesuita, *in génere*. Añádase que si por azares de la maledicencia trascienden nuevas de que algunos de nosotros viven obscurecidos, no es raro que se discurra de esta suerte: «Cuando a ese que, según se reconoce de público, vale tanto, lo tratan con desdén y él se lo calla, ¿qué no valdrán los otros?» De donde, por uno que es astrónomo de fuste, todos pasamos por Pitágoras; porque otro escribió una novela mejor o peor todos le damos ciento y raya a Balzac y a Dickens[157], porque éste obró milagros, todos nos tratamos mano a mano con la Santísima Trinidad; porque aquél surgió del vientre de una marquesa, todos somos azules por la sangre, en el trato exquisitos y dechados de cortesanía y sutileza, aun cuando la mayor parte hayan nacido entre breñas en el monte, como terneros; y nos lo tomamos en serio, ya lo creo, como que todo el mundo lo toma. ¿Comprendes qué terrible fuerza es este orgullo? También te digo que si las cosas son así yo juraría que no hay conspiración, ni se hacen deliberadamente. Instinto, puro instinto, y es sorprendente lo certero que va. Yo veo la mano de Dios en esto. ¿No te ha ocurrido a ti descubrir con mayor transparencia a Dios a través de los animalucos y en los elementos naturales, es decir, en todo aquello que obra inconscientemente, que en el hombre? ¡Cuánta armonía! ¡Con cuánta justeza se acoplan causas y efectos! ¡Qué hermosura y

---

[157] Ayala escribe acerca de Dickens por primera vez en 1907: «De todas las novelas que conozco, las que más me placen y regocijan son las de Carlos Dickens» *(Tributo a Inglaterra.* Madrid, Aguilar, 1963, página 143). Después, vuelve a escribir sobre él en Argentina, en la serie de artículos de 1944, comparándolo con Cervantes y con otros novelistas ingleses *(Principios y finales de la novela,* Madrid, Taurus, 1958). Estudia todo esto ampliamente Agustín Coletes *(op. cit.,* páginas 1247 y ss.).

bondad! ¿Qué ojos no se mojan, contemplando, o qué corazón no se enternece? Pues en esas nieblas de que antes me hablabas y por donde vas a tientas, yo veo la mano de Dios. El día de mi tropezón, ya sabes, el santo de Anabitarte, resolví salir de la Compañía... ¡Figúrate! Después vi claro. Jesús quiso iluminarme. Ahora, hablando de otra cosa; lo que pasa con ese pobre Sequeros... Yo lo amo entrañablemente. Ten en cuenta que sumadas la viuda de Zancarro con la Villabella, son no sé cuántos millones. Para eso Sequeros se da un arte[158]... Ya verás cómo, si se presenta otro caso parecido, echamos mano de Sequeros, porque cuando el trance apura no basta el orgullo; entonces, fuerza es servirse del mérito positivo. Pues bien, temo que la razón de Sequeros está en peligro. Su misticismo no me parece cosa natural; hasta incurre en idolatría. No extraño que se le haya alejado de los ministerios...

Caía la noche rápidamente. Entre la penumbra, destacaba anguloso el colegio.

—¿Nos habremos retrasado, Ocaña?

Y ya en el portal, por lo bajo:

—Sé bueno, Ocañita; sé siempre bueno. ¡Ese pobre Sequeros...!

Atravesaron el umbral santiguándose.

VI

¡El pobre padre Sequeros hasta incurría[159] en idolatría...!
Habiéndose separado el joven Ocaña del autorizado Atienza no se le apagaba aquella frase en las mientes, como si continuase oyéndola. De buena gana hubiera acudido a la celda del recluso voluntario en demanda de una aclaración. Con toda prudencia contuvo de momento las solicitaciones de la curiosidad.

---

[158] «Sería infinito referir lo que pasa a las arcas de los jesuitas por razón de herencias, testamentos, mandas y donaciones. Óyese ya todos los días como cosa corriente que por tal conducto entraron treinta o cuarenta mil duros, por tal otro uno o dos millones, por otro se esperan coger siete u ocho, etc.» (*Los jesuitas de puertas adentro*, ed. cit., pág. 289).

[159] P: *incurre*.

A la noche, en el refectorio, el Padre Superior definió su acostumbrado gesto equívoco resolviendolo en sonrisa de evidente complacencia enderezada a Ocañita y que todos los Padres le envidiaron. Pero él andaba distraído; le atraía Sequeros, idólatra y loco presunto. Por algo chiflado siempre lo había tenido; pero *idólatra*... Esto era grave.

Leía aquella semana Estich, el ahilado y larguísimo retórico, vocalizando exageradamente de manera que sus oyentes pudieran coger al punto consonancias, asonancias, endecasílabos esporádicos y otros defectos de la prosa, porque frecuentando de continuo las obras satíricas de Valbuena[160] había caído en la presunción de poseer mucha agudeza crítica. El libro era *Varones ilustres de la Compañía de Jesús*, por el padre Juan Eusebio Nieremberg[161]. En los intersticios alimenticios, de plato a plato, la atención crecía. Encomiaba Nieremberg a un santísimo varón tan amante de la pobreza que en los muchos años que vivió en la Compañía no había gastado sino un sombrero. Puntualizaba luego las otras virtudes del bendito Padre. «Era tan recogido que nunca salió de casa.» Y aquí se levantó un bisbiseo de risas, ahogadas tras de la servilleta. ¡Qué candor el de Nieremberg![162]

—¿De qué se ríen? —preguntó por lo bajo Ocaña a su vecino.

—Calle, Hermano; luego se lo diré.

En el recreo de la noche, paseando por el tránsito del piso principal, todo se les volvía acosar a preguntas a Ocaña. Mur lo tomó aparte unos segundos.

—Creo, padre Ocaña, que no estaría de más repetir otro día la cosa. Segunda salida de don Quijote. La de hoy ha tenido mucho éxito. El Padre Superior esta satisfechísimo. No hay sino verle la cara.

Ocaña no quería otra cosa que volver a salir con Atienza; pero, no atreviéndose a tomar la iniciativa, dio gracias a Dios por venir los acontecimientos tan bien encarrilados para su

---

[160] Antonio de Valbuena (1844-1929), periodista satírico, famoso, entre otros, por sus *Ripios aristocráticos* y *Ripios académicos*.

[161] Nieremberg (1595-1658), jesuita, escritor ascético, autor de biografías de San Ignacio y San Francisco de Borja, traductor de Kempis. Su obra más famosa es *Diferencia entre lo temporal y lo eterno, crisol de desengaños* (1643).

[162] P añade: *Si nunca salió de casa aquel buen padre, claro que no necesitaba compañeros*.

gusto. Pasó el viernes y el sábado impaciente. El domingo a la tarde, así que se alongaron un trecho de la casa, Atienza propuso:

—¿Qué le parece ir hoy hacia la aldea?

—No se lo apruebo, Padre. Aunque la comparación parezca dura, yo no soy más que el gitano, y usted el osezno con argolla en la nariz que yo voy mostrando por las calles para que las gentes admiren su domesticidad.

—¡Cuerno! Tienes mucha razón. Vamos por las calles a divertir a la gente. Pero te advierto que tengo pocas ganas de andar, así es que volveremos pronto al cubil.

—Como usted resuelva. Y ahora voy a preguntarle algo que me importa.

Y le espetó lo de la idolatría.

—¡Voto al chápiro verde! Qué cosas se te ocurren... Idólatra y fetichista, y todo lo que quieras, pero sin herejía, no vayas a imaginar. No des nunca mucha importancia a las palabras gruesas que yo diga. Me explicaré. Quería referirme a la devoción exagerada y absorbente que Sequeros rinde y propaga al Corazón de Jesús, y señaladamente al venerable padre Crisóstomo Riscal. Sabes que en la Iglesia de Cristo, a partir ya de San Pedro y San Pablo, se manifiestan dos porciones, como las valvas de una concha, una espiritualista y otra materialista. Nuestra sociedad, no lo dudes, trajo nueva substancia a la valva materialista. Atiende a los ejercicios de San Ignacio, a la manera que tiene de hacer intervenir las potencias del alma en la meditación; la composición de lugar, o sea la materialización del espíritu, es lo primero y es el todo, en rigor, porque de esta suerte, en lugar de elevarnos de golpe, y con evidente riesgo, claro está, a las huecas y cristalinas regiones de lo inefable, permanecemos asidos a lo sensible, a lo tangible y concreto [163]. Y esto es de manera tal, que trabajando el entendimiento sobre cosas casi palpables, en fuerza de imaginarlas atentamente, se inflama la voluntad y se robustece y determina el propósito. Con lo cual no parece sino que San

---

[163] «El primer preámbulo es composición viendo el lugar, aquí es de notar que en la contemplación o meditación visible, así como contemplar a Christo nuestro Señor, el qual es visible, la composición será ver con la vista de imaginación el lugar corpóreo donde se halla la cosa que quiero contemplar. Digo el lugar corpóreo, así como un templo o monte, donde se halla Jesu Christo o Nuestra Señora, según lo que quiero contemplar» (*Ejercicios Espirituales*, ed. cit., pág. 169).

Ignacio se propuso dar un gran sentido práctico a su Compañía, un impulso de *acción*, y, al propio tiempo, alejar a sus hijos del grave peligro de aletazos inútiles en la abstracción pura, en cuyo vientre vacío han germinado la mayor parte de las herejías y sandeces sin número. Pero, así como se incurre en anatema y error por aletazo de más del lado del espíritu, no se yerra menos revolcándose en la parte material y de cándido sensualismo. Esto es muy delicado. Si el hombre fuera más perfecto y de más firme inteligencia, no dudo que la religión se iría purificando de gran parte del rito y del culto[164], a lo menos en aquello que no es sino incentivo de la contemplación y vestidura de verdades que desnudas cegarían la flébil razón de las muchedumbres. Dios habló en el Antiguo Testamento con lenguaje apropiado al caletre de quienes le habían de oír; las verdades fundamentales de la creación y la historia milagrosa del pueblo elegido se guardan bajo la suave sombra que, como si fuera tupida ramazón, tiende el estilo, pintoresco, imaginativo, al gusto oriental, sembrado aquí y acullá de ocasionales errores, a los cuales se han agarrado los sabios chirles con ridículo regocijo. ¡Infelices! No comprenden que tenía que ser así... Por eso conviene, más que conviene, es de razón y necesidad distribuir en toda propaganda religiosa un atinado pasto de los sentidos, promoviendo el culto a ciertos idolillos inocentes y adobando la ceremonia con magnificencia, pompa y arte. Nuestra Sociedad, ateniéndose al ejemplo bíblico antes citado, ha hecho derivar la adoración teológica de la Trinidad, de suyo harto metafísica y a propósito para suscitar telarañas bizantinas, hacia la de una trinidad mas moderna y de fácil comprensión, la de Jesús, María y José, matematizados, por decirlo así, en la fórmula JMJ. ¿Quién sino nuestra Compañía ha logrado que los pontífices Pío IX y León XIII elevasen a San José al rango de patrono de la Iglesia católica, por encima de San Pedro y San Pablo? Hay que dar a Dios lo que es de Dios, y al vulgo lo que es del vulgo; pero, aquí de la cautela, del tacto, de la serenidad para mantenerse siempre fuera de esas nimiedades tristemente necesarias y exclusivamente externas, de trámite como quien dice. ¿Me entiendes? Y Sequeros se ha hundido de hoz y coz en ellas. Con toda

---

[164] En otra ocasión he comentado, a propósito de la religiosidad de Pérez de Ayala: «¿No creemos estar escuchando la voz de un austero erasmista, preocupado del 'cristianismo interior' paulino?» *(La novela intelectual de Ramón Pérez de Ayala.* ed. cit., pág. 80).

184

reserva voy a comunicarte una cosa. No soy partidario del culto al Sagrado Corazón de Jesús, con parecer ello una cosa tan característica de nuestra Sociedad para ojos extraños, como el fajín que ceñimos. No me sorprende que Roma, en un principio, se opusiera a este culto de *latría*. El trueque de corazones entre la Alacoque[165] y Jesucristo me parece una torpe y burda superchería. Sin embargo, nuestro padre La Colombière[166] y sus cofradías de *cordiocolismo* se impusieron. Él sabría lo que se hacía. Pero ahora ya no estamos en el siglo XVII. Este culto, puramente simbólico, del amor divino, es de condición tan frágil, en su forma sensible, que las gentes de poco seso al punto lo adulteran, convirtiéndolo en devoción a una víscera, sagrada por haber pertenecido al cuerpo de nuestro Salvador, pero no en mayor grado que otras vísceras de Cristo, porque ¿la ciencia es tan despreciable que vayamos a creer, a estas alturas, que, orgánicamente, el corazón es la residencia de los afectos?[167]. Revestir un concepto de carne simbólica es empresa de mucho fuste, como que no se requiere menos que abundar en genialidad poética; y en nuestra Sociedad, en donde relumbran varones conspicuos en muchos órdenes, no ha habido[168] ningún poeta, ni malo ni bueno, porque

---

[165] Santa Margarita María de Alacoque (1647-1690), religiosa salesa, virgen. Su fiesta se celebra el 17 de octubre. «Las revelaciones y los hechos maravillosos de Paray-le-Monial fueron los que determinaron a las autoridades eclesiásticas a promover y reglamentar el culto al Sagrado Corazón (...) El 27 de diciembre de 1673, dice la Santa, aparecióse Jesús y 'me pidió mi corazón y le colocó en el suyo adorable, donde lo vi como un átomo consumiéndose en ardiente horno'» *(El Santo de cada día,* tomo V, Zaragoza, Luis Vives, 1948, páginas 472 y 479).

[166] Para consolar a Santa Margarita María de Alacoque, Jesús le envió a «un siervo suyo», el beato Claudio de la Colombière, que llegó a Paray-le-Monial en 1675 como superior de la Residencia del Sagrado Corazón.

[167] Recuérdese lo que decía la primera edición de *Tinieblas en las cumbres* —luego fue suprimido—, que reproduzco en mi edición: «¿Quién, mi Señor y Redentor (...) te arrancó una víscera, a fin de colocártela en las manos nacaradas, tan nacaradas como sólo la *pate agnel* las deja? ¿Y quién ha osado arrancarte una víscera, y por qué ésta ha de ser el corazón, tan necesario a la economía, y no el bazo, que es cosa superflua?» (Madrid, Castalia, col. Clásicos Castalia, 1971, página 296).

[168] P: *artistas ni.*

supongo que no los reputarás por tales a nuestro amado, pero grotesco, padre Alarcón, y mucho menos a Estich. ¿Eh?

—¡Qué cosas tiene! Siga, siga, aun cuando me sature de confusión; es como si al hambriento le embutiesen manjares recios y amostazados con toda violencia. Pero siga, siga...

Atienza extrajo de la sotana un gran pañuelo a cuadros, exoneró con estrépito la nariz, carraspeó y se dispuso a continuar su disquisición.

—Te hablo desordenadamente, sin método, y de aquí nace quizá tu confusión. Pero esta confusión es aparente; a medida que tu espíritu trabaje en reposo (bonita paradoja) sobre cuanto te digo, verás cómo cada idea tiende a su justo plano y se superponen adecuadamente formando el pequeño universo de un sistema. Creo que por hoy tenemos bastante...

—No, no. ¿Y Sequeros?

—¡Recuerno! Te he dicho todo lo que tenía que decirte. Sequeros es un alma de cántaro: bueno, bueno, bueno, mejor no puede ser; pero cargado de flato y de visiones a tanta presión, que el peor día estalla. Sí, hijo mío. Ya sabes que en las Constituciones de San Ignacio se prohíbe que sean admitidos en la Compañía aquellos individuos que propenden al ensueño. ¿Conoces a nadie que propenda más determinadamente que Sequeros? ¿Cuál es la teogonía y teología de Sequeros?[169] ¿De qué manera concibe la región de los bienaventurados? Helo aquí: un puchero rojo, ceñido de una guirnalda de juncos y espinas, coronado por una llama que surge de su seno, del propio modo que de una tortilla al ron...

—¡Jesús! ¡Jesús! ¡Jesús! Padre Atienza...

—¡Voto al chápiro! Que no hay de qué horrorizarse... No es culpa mía, sino de los malos artistas, como el hermano Ortega, como el padre Quevedo, que con sus pecadoras manos han traído a tan baja condición una cosa tan alta. Examina, examina atentamente las imágenes y lienzos devotos que gozamos en este punto. Pues en ellos se inspira Sequeros. Bien. Esta cosa que te he dicho, en el centro y sitio más eminente del cielo. Al lado, su administrador, que es el padre Crisóstomo Riscal, con la imagen de la cosa en cuestión, grabada en el pecho, sobre la sotana, y del cacharro sale una voz que dice: «Reinaré en España y con más veneración que en otras par-

---

[169] Puede aplicarse al caso de Sequeros el impedimento 12 que señalan las *Constituciones:* «Indiscretas devociones, que hacen a algunos caer en ilusiones y errores de importancia» (ed. cit., pág. 411).

tes.» Luego ya, todo lo que hay en el empíreo, es secundario para Sequeros. Ahora, serénate y atiende. Como Sequeros tiene vehemencia, sinceridad, efusión, y es honesto y buen mozo, comienza a hacer sus propagandas de *cordiocolismo* y *riscalismo,* y todas las *madreselvas* se vuelven locas. Es natural. Pero, una vez que ha traído a casa todo lo que tenía que traer, ¿conviene que su fuego apostólico siga propagándose a otras esferas de la sociedad con aquella puerilidad inconsistente[170] que es su característica? ¡Líbrenos Dios! Hasta ahora se nos ha escarnecido, injuriado, perseguido; nunca se ha intentado ponernos en ridículo. Y ¡ay, cuando se abra la brecha! Por eso Sequeros está que ni pintado para los chicos: en casita, sí, en casita...

Aquel día no se dijeron más cosas que importen.

VII

EL PROFETA

Todos los alumnos creían en la santidad de Sequeros; le consideraban adornado con ese don especialísimo que Dios otorga raras veces: la previsión de los acontecimientos por venir. Era profeta. Los hechos lo tenían suficientemente comprobado. Además sustentaba relaciones íntimas con el mundo suprasensible, espiritual; sabía[171] los minutos cabales que su madre había permanecido en el purgatorio y los siglos que le habían durado; había visto con los ojos del alma, pero tan claramente como con los de la carne, el sitio que le estaba asignado en el cielo, a corta distancia del amadísimo padre Riscal y de la favorecida Alacoque; había retumbado en sus oídos mortales la voz áspera y fétida de Satanás, a quien había conjurado con el signo de la cruz; y otra porción de prodigios que él mismo refería a los alumnos de la división[172], a las horas de recreo y en los paseos. De esta suerte les satisfacía la curiosidad con el elixir de lo maravilloso, les aligeraba la voluntad y los conducía por medio del prestigio y del amor.

---

[170] P: *inconsciente.*
[171] P añade: *(él mismo lo decía).*
[172] P: *que refería a sus alumnos.*

Pero, desgraciadamente, el sol rudo de estío, la holganza y las malas compañías, disipaban los vapores místicos que Sequeros con tanta diligencia alimentaba en las tiernas mentes[173]. ¡Dichosas vacaciones del diablo!... Los niños volvían escépticos, con el corazón empedernido. Y aquel año más que nunca. Sequeros se mostraba atribuladísimo, extremaba sus narraciones milagrosas, quedábase algunos momentos como en arrobo, llevaba la mano al pecho y compungía el rostro, dando a entender horribles dolores y amarguras; suspiraba sonoramente cuando menos se pensase, a lo mejor en el silencio de los estudios, por que no pasase inadvertida su cuita. A pesar de todo, los niños no entraban por los deberes religiosos, y los pocos que retornaban a las antiguas prácticas devotas parecían hacerlo con frialdad, remolona o hipócritamente. El primer sábado, a la hora de la confesión, sólo acudieron al santo tribunal cuatro alumnos: Abelardo Macías, aquel muchachete anémico, acosado de alucinaciones y con pretensiones de santidad; Manolito Trinidad, el lánguido hipócrita, desconfianza perdurable de sus camaradas; Casiano López, *Bodoque* de remoquete, candoroso mancebo y objeto de vaya[174] continua por el fútil pretexto de haber rotulado el engendrador de sus días «La costura acerada» a un bazar de calzado[175], muy boyante, de que era dueño, y Ángel Caztán, el mexicano, de lúbricos labios bozales, tez mate y ojillos codiciosos. Diose la palmada, en el estudio de la noche. «Salgan los que quieren confesar», dijo el padre Sequeros. Y se levantaron aquellos cuatro, que, acompañados de Mur, se encaminaron a la celda del confesor elegido. Dijérase que fue una cuchillada que le asestasen al pobre padre Sequeros: tal se puso de lívido, y con tanta angustia revolvió los ojos en sus órbitas. Algunos niños se sintieron pesarosos y a punto de querer confesarse; pero pudo más en ellos la timidez de evacuar en el seno de un confesor leves torpezas de los amables meses libres.

Las oraciones, al comienzo y final de los estudios, las rezaban contadísimas bocas, y esas como por rutina, con frialdad y voz endeble.

Un día el padre Sequeros comenzó como de costumbre:

—En el nombre del Padre, del Hijo, del...

---

[173] P añade: *durante el curso.*

[174] P: *la vaya.*

[175] Recuérdense las bromas sobre la zapatería de Apolonio, en *Belarmino y Apolonio* (mi edición, Cátedra, 1981, págs. 134-135).

Le siguieron dos o tres. El resto, de rodillas sobre los bancos, permanecía en distracción absoluta, algunos cruzados de brazos, los más con las manos en los bolsillos del blusón, arrebolados aún por la fatiga del juego. El inspector asegundó, casi adusto:

—En el nombre del Padre, del Hijo, del Espíritu...

Santiguábase con mucha solemnidad, dando gran amplitud al movimiento del brazo. Le siguieron los mismos de la primera vez. Hubo un silencio enojoso. El padre Sequeros comenzó de nuevo, ahora con voz entrecortada:

—En el nombre del Padre...

Y como su ejemplo no fuera eficaz rompió en sollozos, los cuales, a causa del acento fuertemente masculino, eran conmovedores. Abrió los brazos en cruz; la garganta se le henchía, bermeja y congestionada. Los niños le miraban con ojos espantados. Macías se echó a llorar. Bertuco pensó desfallecer. Unos pocos se guiñaban el ojo, burlándose. Coste susurró a Bárcenas:

—¡Está chiflado!

Bárcenas le colocó entre las costillas un codazo que dejó sin sentido al pobre gallego. Y, al fin, espontáneamente, la división entera, aullando con frenética devoción y arrepentimiento, se santiguó.

—¡En el nombre del Padre, del Hijo, del Espíritu Santo. Amén!

Sentáronse, dispuestos a sus faenas y con propósito de enmendarse. Sin embargo, a los dos o tres días el entusiasmo se congeló por entero.

En los paseos, cuando después de romper filas vagaban los niños por algún pradezuelo o bosque aldeano, el padre Sequeros solía ensayarles en himnos corales; el de San Ignacio, el del padre Riscal, que él mismo había compuesto:

> ¿Quién dio a la España la nueva alegre
> de los amores del Salvador?
> Riscal ha sido, que en San Ambrosio
> del mismo Cristo la recibió[176].

---

[176] Ayala es maestro en parodiar versos ridículos. Recuérdense los que incluye al final de *Tinieblas en las cumbres:* «El fiero sarraceno entró en España / sin respetar hacienda ni cercado (...) En carro de marfil ufano avanza / el rey hispano que juró venganza» (ed. cit., página 304).

Este año ¡ay! los cantos eran inútiles; ningún alumno estaba para músicas celestiales. Otro paso de tortura para Sequeros.

El segundo sábado, el número de confesandos subió a seis; número misérrimo.

Fue un día de Octubre, ceniciento e ingrato. Llovía acerbamente. La noche salió de su escondrijo antes que de costumbre. Los recreos hubieron de ser bajo los cobertizos. Al comenzar el estudio de las cinco y media, la obscuridad lo envolvía ya todo. Los alumnos se hallaban con desgana para el estudio, díscolos e inquietos como nunca, especialmente Ricardín Campomanes, a quien el padre Sequeros amaba señaladamente a causa de su inocente condición: era un azogue[177]. Le reprendió varias veces, inútilmente. Del propio modo amonestó a toda la división. La voz se le fue calentando y haciendo conminatoria. Los ojos le despedían flechas de luz; la sangre huyó de sus labios.

—¡Os burláis de Dios; apuñaláis el delicadísimo y amorosísimo Corazón de Jesús, lo apuñaláis, lo apuñaláis con saña, con frenesí, cobardemente...! Habéis cerrado los oídos a sus mansos requerimientos. Le tenéis a vuestro lado y no le queréis ver. Os quiere envolver en misericordia y le rechazáis... Pues bien; ha llegado la hora de la justicia. ¿Os reisteis? Ahora lloraréis. ¿Desdeñasteis? Ahora imploraréis. ¿Fuisteis duros? Ahora os ablandaréis, mal que os pese. La mano de Dios está sobre vuestras cabezas. ¡Ay de vosotros si descarga su justo enojo!

¡Sí, sí! Todo aquello estaba muy bien para las beatas viejas, pero no para aquel vivero de mocetes que se creían ya hombres, de la cabeza a los pies. Macías, Trinidad y otros pocos, manifestábanse consternadísimos. Bertuco estaba serio, reconcentrado. El resto, atendía a la lluvia tanto como al machaqueo terrorífico del inspector. Ricardín andaba atareadísimo en cazar moscas[178]. Había hecho una plaza de toros de papel, con sus toriles, en donde aprisionaba las moscas, habiéndoles mutilado las alas, y luego las sometía a torturas inenarrables, rematándolas a descabello con una pluma de corona. Escuchó vagamente las amenazas del padre Sequeros, más por frivolidad que por despego. Un moscardón, atontado por el frío, vino a pararse sobre el pupitre de Ricardín. ¡Este sí que es bueno!

---

[177] P cambia el orden: *Campomanes, que era un azogue y a quien el padre Sequeros amaba señaladamente, a causa de su inocente condición.*

[178] P: *las últimas moscas.*

El niño adelanta la mano, con toda precaución, doblando los dedos en forma de cáscara marina, hasta ponerla próxima al aterido animalucho; la imprimió[179] rápido movimiento transversal, en sentido del moscardón, rasando el pupitre y, ¡oh triunfo!, lo aprisionó. Pero ¿en dónde lo guardaba? Se acordó de un alfiletero para barras de lápiz automático que estaba[180] dentro del pupitre. Disimuladamente, con infinitas combinaciones y una mano sola, que[181] la otra guardaba la presa, logró apoderarse del alfiletero sin que el inspector parase en él la atención. El bicho, con el calor de la mano, revivía y se agitaba desesperado; pasó a su nuevo alojamiento sin peripecia digna de mención. Y ya en este punto, Ricardín se aplicó a componer un dístico jocoso, que había de colocar a manera de rabo y banderín en la trasera del moscardón. Cortó una tira de papel y escribió esta[182] singular y enigmática aleluya:

Al fuelle Trinidad le da el azteca
un buen pitón de lavativa seca.

Arrolló la tira de papel, aguzándola en un extremo, que hundió en el vientre del bichejo, y lo echó a volar, lleno de orgullo por la hazaña. Siendo el bagaje mucho, el moscardón batió las alas con toda su fuerza, de manera que movía un gran zumbido, el cual hubo de poner alerta al estudio y dar ocasión a risas sofocadas cuando se vio cruzar por el aire la bandera de papel, de insólitas dimensiones. Las traicioneras miradas denunciadoras indicaron en seguida al inspector quién fuese el culpable. Ricardín quedó anonadado. ¡Tan bien como le había salido...! ¡Malditos fuelles!

—Veo que no tienes enmienda, Ricardín. Ponte de rodillas en el centro del estudio.

El niño obedeció. Llevaba el rostro muy compungido. A los dos minutos ya estaba en cuclillas, revolcándose por el suelo, gateando bajo las mesas, pellizcando a sus amigos en las piernas, hasta que por su mala fortuna llegó a la femenina pantorrilla de Manolo Trinidad, a quien pellizcó de la propia suerte que a los otros; pero fuera por la más aguda sensibilidad de este jovencito, fuera con el malévolo propósito de

---

[179] P corrige: *imprimió a la mano.*
[180] P: *tenía.*
[181] P: *pues con.*
[182] P: *con.*

poner en evidencia al enredador, ello es que Trinidad lanzó un alarido de parturienta[183], adredemente prolongado durante medio minuto; y justo es decir que la segunda parte del lamento tuvo causa bastante, porque Coste, que había sufrido heroicamente varios pellizcos con retorcimiento por no comprometer a su compañero, viendo que el dulce Trinidad se dolía tan de pronto y con escándalo, no pudo reprimirse, y le aplicó tal pisotón, que a poco le quiebra[184] los huesos de un pie, convirtiéndoselo en pata de palmípedo, y por lo bajo le dijo colérico:

—¡Calla, marica!

El padre Sequeros levantó los ojos del libro de oraciones en oyendo el alarido. Ricardín salía de debajo de las mesas, corriendo a todo correr, en cuatro patas.

—Esto es ya intolerable. Salga usted del estudio, señor Campomanes.

—¡Si no fue él! ¡Si no fue él! —suspiraba Manolo Trinidad.

Pero Sequeros, a quien desagradaban las artes hipócritas y rastreras de Trinidad, le hizo callar sin más averiguaciones. Coste respiró, y en la primera coyuntura, hundiendo mucho la cabeza en el libro, de modo que aparentaba estar absorto en el estudio, envió a Trinidad estas palabras, lentas y cortantes:

—¡Si dices algo, te saco los hígados; te los saco, fuelle! —y le lanzaba ojeadas iracundas, sin dejar de tañer el invisible cornetín.

El trueno rebullía sordamente, a lo lejos. Caía la lluvia, emperezada y rumorosa. Bertuco pensaba en su émulo poético, Ricardín, que en aquel momento estaba a la intemperie, en el patio central del colegio, al cual dan los estudios.

Ricardín, entretanto, poseído de zozobra y pavor, no sabía qué hacerse. Ahora se acurrucaba contra el quicio de la puerta, como oveja rezagada que, fuera de la majada, busca el calor del hato; luego corría tiritando, la mano sobre los ojos, por guardarse del flechazo de los relámpagos.

La tormenta rodaba, acercándose. Una vaga desazón invadía el pecho de los niños. La luz de los velones parecía amortiguarse, asustada. Por los resquicios de las contraventanas filtrábase, de vez en vez, la fosforescencia de las exhalaciones, trayendo a la zaga formidables estampidos.

---

[183] P suprime *de parturienta*.
[184] P: *plancha*.

Comenzó el rosario. El primer misterio se rezó de rodillas sobre los bancos; los otros cuatro en el asiento, para volver a arrodillarse en la letanía. Abelardo era el guía; respondían todos fervorosamente.

—Vas spirituale.
—Ora pro nobis.
—Vas honorabile.
—Ora pro nobis.
—Vas insigne devotionis.
—Ora pro nobis.

El recinto se inflama con una cegadora luz azulina. Horrísono tableteo de cataclismo estremece los muros. Ábrese la puerta violentamente e irrumpe Ricardín, enloquecido, clamoroso, con los brazos abiertos, demudado el rostro, los ojos como cristalizados e insensibles, híspido el cabello; da unos cuantos pasos vacilantes y cae en tierra. Todos los niños gritan, espantados; pegan la frente sobre las losas, y, juzgando que es el fin del mundo, el desatarse de la cólera divina, según había predicho Sequeros, imploran angustiadamente:

—¡Misericordia! ¡Absolución! ¡Absolución!

El jesuita los bendice. Pasan unos minutos, inacabables, en espera de la segunda sacudida, que ha de hacer añicos y escombros el universo. Mas ya la tormenta huye; los monstruos del estrago braman cada vez más lejos.

Los niños van recobrándose lentamente; se miran unos a otros con extraviada pupila; rezan en voz baja; todos quieren confesarse en el acto. El padre Sequeros les disuade.

—El sábado que viene[185] lo haréis, y no se os olvide esta lección.

Pero los niños tienen memoria de pájaros. A los dos días, si se acordaban del medroso paso, era para avergozarse de tanta pusilanimidad. Le echaban la culpa a Campomanes por haberlos sobresaltado con su aparición súbita y su[186] caída, que lo tomaron por muerto. Y Ricardín contestaba:

—Sí, sí; quisiera yo haberos visto afuera.

[185] P: próximo
[186] P: la.

CONSEJO DE PASTORES

(Celda del Padre Rector. Una pieza cuadrangular, de blancos muros[187], mates. La puerta que la da acceso desde el tránsito, muy cerca de una esquina. De cabecera al muro de la puerta, la camarilla, cerrada por tabiques cuya altura promedia la de la estancia, y de manera que mata otra esquina y hace un pasillo pequeño y obscuro, en cuyo fondo está la dicha puerta. Una cortina oblitera[188] la entrada de la camarilla. Una mesa; un sillón de enea; un crucifijo en la pared, sobre el sillón; un reclinatorio; un comodín con algunos libros, al pie del ventanal. Todas las celdas son iguales; pero la del Rector caracterízase por cierta desnudez hosca, hermética, que corresponde justamente con el carácter del padre Arostegui.)

INTERLOCUTORES

PADRE RECTOR.   PADRE SEQUEROS.
PADRE PREFECTO de disciplina.   PADRE MUR.

AROSTEGUI. *(Sentado. Los otros tres en pie, frente a él.)* Según eso, padre Sequeros, la disciplina de la primera división... Yo no digo nada.
SEQUEROS.   Deja bastante que desear, reverendo Padre.
AROSTEGUI. ¿Explicaciones?
SEQUEROS.   Las conocidas. Los primeros pasos son los más difíciles de dar. Añádase que, siendo los alumnos

---

[187] P: *muros blancos.*
[188] Claro ejemplo de cultismo innecesario, perteneciente, según la Academia, al campo de la medicina: *obliterar:* 'obstruir o cerrar un conducto o cavidad de un cuerpo organizado'.

todos mayorcitos, la obra destructora de estos meses disipados de vacaciones llega muy hondo.

AROSTEGUI. ¿Qué dice usted, Padre Prefecto?

CONEJO. *(Dando saltitos.)* Me parece muy cuerda la observación del padre Sequeros.

AROSTEGUI. ¿Y tú, Mur?

MUR. ¿Yo qué voy a decir, reverendo Padre...?

AROSTEGUI. Lo que pienses.

MUR. Estoy poco tiempo con los alumnos: una hora en los estudios y el tiempo de las recreaciones. No sé si atreverme... Desde luego, en principio, lo que dice el padre Sequeros es acertado; pero eso es precisamente lo que hay que corregir, y sin blandear, inexorablemente. Mi insignificante opinión es que hay tolerancias funestas. ¿Merece tolerancia el error o la rebeldía?

(Conejo, algo nerviosillo, interviene.)

CONEJO. Claro que no; pero no se trata de eso.

AROSTEGUI. Déjesele hablar.

MUR. No tengo otra cosa que decir, y, por lo que veo, no he acertado.

AROSTEGUI. Padre Sequeros, ¿qué remedio o medicina...?

SEQUEROS. Adelantar los ejercicios de San Ignacio este curso. *(Eleva los ojos al cielo.)* ¡Oh, santos y divinos ejercicios hechos de luz especial de Dios! ¡El maná guardáis, la médula del Líbano y el granito de mostaza del evangelio!

(Conejo le mira sorprendido; Mur, con aspereza y despego.)

AROSTEGUI. Bueno, bueno; todo eso ya lo hemos oído muchas veces. *(Sequeros se encoge de pronto, como caracol al cual trincan un cuerno; indudablemente ha pisado en falso al sacar su alma al sol del entusiasmo.)* Habíamos dicho que adelantar los ejercicios este curso; bien. Los adelantaremos. Y hasta entonces, ¿qué remedio o medicina...?

SEQUEROS. *(Con timidez.)* Aumentar la dosis del único que está en mi mano, el que hasta ahora vengo administrando: el amor. Decir tratamiento de amor, es decir tratamiento de indulgencia. Nuestro Padre San Ignacio, en sus *Constituciones*...

AROSTEGUI. *(Frío.)* Sí, sí; recomienda la indulgencia; pero es en teología moral, en los ministerios, que en el

198

	magisterio y disciplina fue siempre inflexible. ¿Y usted, Padre Prefecto?
CONEJO.	Sí, sí, la disciplina; una disciplina militar, ¿qué duda tiene? Pero con su cuenta y razón. Lo primero, probar a la división, baquetearla, apretarla las clavijas, de modo que se atemorice y considere lo que se le puede echar encima. Luego, llegada la hora de la sanción... hablo tal como pienso, me inclino al padre Sequeros, esto es, a la indulgencia. Desde hoy en adelante, y le ruego al Padre Inspector no crea que con esto pretendo desacreditar su conducta, pienso tomar una acción más inmediata sobre la división.
AROSTEGUI.	¡Bien, bien! Tú, Mur, ¿qué dices?
MUR.	¿Quién soy yo, reverendo Padre?
AROSTEGUI.	Pues que te pregunto, señal de que me importa tu opinión y la juzgo de peso.
MUR.	Aun cuando mi experiencia es corta, me basta para saber que el hombre es naturalmente malo. Pero ¡qué la experiencia propia! ¿No nos lo dice la sabiduría eterna? El corazón humano es seco, pedregoso, y no lo ablanda si no es el temor de las penas venideras o el recuerdo de las pasadas, y muchas veces, ni aun eso. Amor... Sí, amor a todo y a todos; es cosa debida. Amor, señaladamente a nuestros santos fines, de los cuales son medios de mucho fuste estas criaturas que se nos encomiendan y en las cuales apuntan ya todos los malos instintos: la sensualidad, el orgullo, la rebeldía; *la rebeldía*. Amor... No en balde la ciencia, que la tradición elabora, afirma: Quien bien te quiere, te hará llorar. *(Una pausa.)*
AROSTEGUI.	Procuren la enmienda de la división. *(Salen Sequeros, Eraña y Mur. Conejo piensa):* «Este viborezno no escatima su ponzoña.»

PEDAGOGÍA LAXA
RARA AVIS[189]

---

[189] *Rara avis:* 'ave extraña, cosa inusitada'. Suele decirse de una persona o cosa difíciles de encontrar. La expresión aparece varias veces en los poetas latinos, sobre todo en Horacio *(Sátiras.* 2, 2, 26) y Juvenal (6, 165) (Herrero, *op. cit..* pág. 200).

El estudio de la tarde era el más pesado; dos horas y media de inacción y recogimiento, desde las cinco y media hasta las ocho, sin otro respiro que la media hora de rosario y lectura espiritual, los cuales solían comenzar a las siete. Terminada la lectura, entraba el padre Mur a sustituir al padre Sequeros, promoviendo entre los alumnos un[190] cierto malestar medroso. Tras de la aridez del largo día y monótonas faenas de clases y estudios, aquellas dos horas pesaban con abrumadora gravedad. Algunos se dormían sobre los libros, pachorrudamente, contando con que el padre Sequeros no les había de traer a la vida consciente. Les consentía dormir, que es una manera de guardar compostura, siempre que no roncasen. El pobre Coste estaba incapacitado para este dulce y acomodaticio reparo del tedio, porque, debido a la curiosa configuración de su carrillos, lo mismo era caer en blando sopor que convertirse en un instrumento que exhalase los sonidos más descompuestos y risibles. Un día ensayó a obturarse la boca con el pañuelo; el remedio le fue fatal, porque si ya en estado de vigilia la exuberancia gaseosa de los intestinos le ponía en feroces aprietos, así que se zambulló en las linfas del sueño, teniendo cegado el desahogo de la boca, las flatulencias de que adolecía se acumularon, buscando otro escape por donde insinuarse libremente, lo cual hicieron con magníficas explosiones. El escándalo fue mayúsculo. Coste despertó, rojo hasta el blanco de los ojos, bien a causa de la vergüenza en que su flaco le puso, bien porque anduviese a punto de ahogarse, faltándole la respiración. Las manifestaciones de sonoridad fecal[191] que caracterizaban a Coste eran de ordinario escandalosas e inoportunas[192]. Rezábase un día el rosario. Iba

---

[190] P suprime *un*.
[191] P suprime *fecal*.
[192] P: *de ordinario bastante inoportunas. Por ejemplo*.

conduciéndolo Trinidad, con su voz[193] de contrahecha devoción. Terminada la letanía se llegó a las oraciones finales, que se rezan en silencio.

—Un Credo al sacratísimo Corazón de Jesús.

Y todos oraban en voz baja.

—Una Salve al sacratísimo Corazón de María.

Reanudóse el silencio, y cuando más grave y profundo era, retumba un bárbaro estampido que se alonga un trecho, cantante y juguetón. Las válvulas inferiores[194] de Coste se habían relajado, bajo la presión desesperada de una espantosa procela intestinal[195]. Todos rompieron a reír, inhábiles para mantenerse en piadosa actitud. El padre Sequeros se mostró entristecido por el desacato, pero no amonestó a Coste, ni le impuso pena ninguna. Era su procedimiento. Decía a los alumnos: «Cada falta que cometéis es una puñalada que me dais. Compadeceos de mí.» Y como en su rostro transparecía paladinamente el dolor, los niños le conmiseraban e iban absteniéndose poco a poco de pecar.

El disparo de Coste se propagó en ecos numerosos, algunos de los cuales fueron a repercutir en el oído de Conejo y también de Mur: ecos físicos, no, ciertamente, que a tanto no llegaba el aliento de Coste con ser estentóreo, sino ecos morales, soplos supletorios[196] de los *fuelles*. (Llámase *fuelle*, en la vida de colegio, a los chismosos, acusones, correveidiles, etcétera, etc.) Coste sospechó, en primer término, de Trinidad, que era el *fuelle* más acreditado en la ínsula.

—¡Vaya, hom, vaya! —le rugió, torvamente—. No es mal oficio el tuyo: llevar en la boca las ventosidades que yo suelto. ¿Qué tal sabía? He de pagarte el servicio, no te creas; he de pagártelo, y bien —los carrillos, con la cólera acumulada, se le expandían, amenazando desgarrarse.

Ricardín Campomanes, que andaba por los alrededores del frenético gallego, se le acercó.

—Vamos a ver, Coste: ¿por qué no pruebas a ahogarlos?

—¡Ay, no, no! —suspiró Manolo Trinidad, dengueando de tal manera, que no daba paz al trasero—. ¿Quieres que nos mate por asfixia?

---

[193] P: *con voz mujeril.*
[194] P suprime *inferiores.*
[195] P: *procela visceral.*
[196] P: *complementarios.* Ya ponía eso la primera edición, pero lo corrigió como errata.

204

—¡Ay hijo! Pues no sabes los que te has tragado, porque todos los días ahogo más de dos docenas.

—De todas suertes, el otro día no has sido oportuno.

—Otro día lo seré más, Campomanes.

Cumplió su palabra, en plazo brevísimo. Pronunciaba Conejo su acostumbrada plática hebdomadaria en el estudio de la primera división. Era un comentario a las palabras evangélicas: «Más fácil es que pase un camello por el ojo de una aguja, que no un rico por las puertas del Cielo» [197]. Conejo, esforzándose en dar plasticidad al estilo, menudeaba las comparaciones pintorescas y hasta cómicas. Los niños le seguían atentamente.

—Porque ¿me queréis decir —gritaba— de qué le sirve al rico su riqueza cuando le llegue la hora de su último juicio? Le servirá para ir al infierno en coche, o si queréis en tren especial, o si queréis en una bala de cañón.

¡POM! Coste había sido el artillero. La propiedad onomatopéyica del estallido fue tan acendrada, que a todos dejó maravillados y suspensos durante un minuto, después del cual se siguió un desenfreno de risotadas, justa ovación a la maestría de Coste. El mismo Conejo anduvo a pique de soltar el trapo. Por el momento no dijo nada, guardándolo para mejor coyuntura; más que otra cosa experimentaba cierta envidia, como de todos aquellos que movían la risa ajena con simplicidad de medios. ¡Lastima que la austeridad de la sotana no le consintiese las mismas expansiones!

El padre Sequeros contaba para su fines con la tierna coacción que la Naturaleza ejerce sobre las almas, constriñéndolas, por decirlo así, a meditativa seriedad y grave melancolía. Conociendo los parajes más apacibles, insinuantes y hermosos de las aldeas circunvecinas, los elegía para los paseos de la división, jueves y domingos, y según la sazón del tiempo y circunstancias del sitio, narraba historias de piedad, edificantes ejemplos que ajustasen en el fondo, en el ambiente [198].

—¿Veis ese puente? Es un puente romano.

—Parece un dromedario con gualdrapas de seda verde —habló Bertuco.

---

[197] Mateo, 19,24; Marcos, 10,25.
[198] Recuérdese lo que escribe Ayala en uno de sus «Primeros frutos» poéticos: «En mi espíritu hace eco ese canto sonoro / que el Universo tañe en su lira de oro» (Obras Completas, II, ed. cit., página 21).

—Ya salió éste con sus metáforas —interpuso Campomanes, avinagrado—. Deja que cuente el padre Sequeros.

Estaban en una pradera, al margen de un remanso y no lejos de un puente en ruinas, de giboso lomo, vestido de hiedra.

—Sentémonos —el jesuita se acomodó al pie de un roble, y en tanto algunos niños retozaban, otros se asentaban a la redonda del inspector, apelmazándose por[199] mejor oírle—. Pues hay un puente en Francia, entre otros muchos puentes, no vayáis a creer. Pero este puente, que se llama el de Saint-Cloud, es un puente que... ¿a que no averiguáis quién lo hizo? Pues lo hizo el diablo. Es lo cierto que el maestro de obras se veía negro para concluirlo, porque, según parece, sus planes no estaban bien y no había forma de darle remate. Se[200] hundió varias veces y hubo que[201] comenzarlo de nuevo. En esto que se le aparece un personaje embozado al maestro de obras. Comenzaba la noche. «Señor Dubois —porque se llamaba así el maestro—, yo soy Satanás.» «Muy señor mío.» «Yo te hago el puente.» «No caerá esa breva.» «Te lo hago; pero...» «Sepamos el pero.» «Con una condición, y es que lo primero que pase, persona o cosa, sea para mí. Tú has de apoderarte de ello y hacerme entrega. ¿Hace?» «Ya lo creo que hace.» Conque, tiqui, taca, tiqui, taca[202], el puente crecía asombrosamente por arte de Satanás. El maestro, que era un galopín, pero temeroso de Dios, escápase a su casa y habla al oído a su mujer. Cuando amanecía, el puente estaba ya concluido. «Ya sabes; lo prometido es deuda.» «Sí, señor Satanás. Esperemos.» Pasado un momento, dice el maestro: «Por allí me parece que viene algo.» ¿Y sabéis lo que era? El gato del maestro. Este lo cogió por el rabo y se lo dio al demonio, el cual huyó avergonzado y confuso[203].

—¡Bah! —advirtió Bertuco—. Ese es un cuento de niños.

---

[199] P: *para*.

[200] P: *se le*.

[201] P: *hubo de*

[202] Comenta esta formación apofónica Reinink *(op. cit., pág. 105)*. Escribe González Calvo: «En estos compuestos, llamados iterativos, la repetición del componente proporciona fuerza enfática a la composición» *(op. cit., pág. 35)*.

[203] Exactamente el mismo cuento lo narra James Joyce en una de sus obras menos conocidas, *El gato y el diablo* (traducción de Julián Ríos, Barcelona, Lumen, 1974. También es bonita la edición francesa, traducida por Jacques Borel, París, Gallimard, 1966).

Los oyentes no ocultaban su decepción. El padre Sequeros proseguía:

—¡De niños...! ¿Y qué sois vosotros, por ventura? ¿No os hablo a todas horas de cosas serias, de asuntos que interesan a la salvación de vuestra alma? ¿Qué hacéis entonces? También suponéis que son cosas de niños. Pues bueno; yo os cuento cosas de niños por ver si lo tomáis en serio.

Oíase acaso el ruido profuso de las aves, alguna esquila trémula, voces campesinas; veíase el remanso sorbiendo en su dormida transparencia toda la serenidad del cielo. Los niños inclinaban la frente; la magistral circunspección del campo cohibía la frivolidad de aquellos espíritus en flor. Sequeros sabía colegir muy bien de la hondura de la mirada cuando las almitas se agrietaban en surcos, anhelando la semilla. Y en aquel punto comenzaba a caer de sus labios la mansedumbre del milagro y la luz de la leyenda.

Ante la tersura diamantina del remanso, evocábase el prodigio de San Blas, San Jacinto y San Francisco de Asís, caminando con paso leve y pie enjuto sobre las aguas.

Llovía de pronto; la prole muchachil abrigábase bajo la ramazón de los poblados robles y aprendía cómo un águila, abiertas las alas luengas, cobijaba contra el azote de la lluvia a San Medardo[204].

Presumíase en el horizonte una tormenta; y era la historia de San Sátiro[205], hermano de San Ambrosio, que en lo más recio de un naufragio átase la hostia consagrada al brazo, con un lienzo, arrójase al mar y logra salvarse. O de San Maló[206], que celebra su misa sobre el lomo de una ballena que tomó por isla.

---

[204] San Medardo (457-545), obispo y confesor. Su fiesta se celebra el 8 de junio. Nació en Picardía. Murió el mismo día y hora que su mellizo San Gildardo. Instituyó la Fiesta de la Rosa, que consistía en poner una corona de flores a la doncella elegida cada año por su conducta ejemplar para recibir, como dote, las rentas de un campo del prelado. *(El Santo de cada día*, V, ed. cit., págs. 393-402.)

[205] San Sátiro, hermano de San Ambrosio de Milán. Su fiesta la celebra la Iglesia el día 17 de septiembre.

[206] San Maló, prelado francés nacido hacia el año 540 y muerto hacia el 620. Se ignora si nació en Irlanda o Bretaña. De él se cuenta que se quedó dormido en el mar, sobre las algas: en ese sitio surgió luego, el islote de San Maló.

Vense unos mulos paciendo sobre un oteruelo; y es el peregrino milagro de San Antonio de Padua[207], el cual, por convencer a un incrédulo, presenta la hostia a un mulo; húndese el animal de rodillas y baja la cabeza en señal de adoración.

Y cuando el Poniente se inflama y arroja incandescentes saetazos que pasan de claro a las nubecillas, sellándolas con cifras y rasgos de lumbre, es la hora de reverenciar en el recuerdo a los favorecidos con estigmas, a las almas exaltadas de pasión divina cuyo premio fue la sabrosísima herida en la carne mortal, maravillosa correspondencia de las llagas del Salvador; Francisco de Asís, Benito de Reggio[208], Carlos de Sazzia[209], Nicolás de Rábena[210], Catalina de Sena[211], Mag-

---

[207] San Antonio de Padua, franciscano, confesor y doctor. Nació en 1195 y murió en 1231. Natural de Lisboa, murió en Padua y allí están sus reliquias, que se trasladaron a un templo edificado en su honor en 1263. Famoso predicador, llegó a hablar en un prado ante 30.000 oyentes. En recuerdo de su caridad se habla del «pan de San Antonio». Se celebra su fiesta el 13 de junio *(El Santo de cada día,* V, ed. cit., pags. 442-452).

[208] Benito de Reggio: debe de referirse a San Benito Abad (480-543), fundador del monasterio de Monte Cassino, al que otros llaman Benito de Nurcia.

[209] Carlos de Sazzia: debe de referirse a San Carlos Borromeo (1538-1584), cardenal y arzobispo de Milán.

[210] Nicolás de Rábena: no sé si se refiere a San Nicolás de Bari o a San Nicolás I, Papa.

[211] Catalina de Sena (1347-1380), de la Orden Tercera de Santo Domingo, virgen. Su fiesta se celebra el día 30 de abril. Nació en Siena. Exhortó al Papa Gregorio XI, que residía en Aviñón, para que volviese a Roma. «Una vez, haciendo oración a su Esposo y suplicándole que quitase de ella su corazón y la propia voluntad, le pareció que venía Cristo y le abría el costado izquierdo y le sacaba el corazón y se iba con él; y de allí a algunos días le apareció el mismo Señor, que traía en la mano un corazón encarnado y muy hermoso y llegándose a ella, se lo puso en el lado izquierdo y le dijo: —Hija mía, ya tienes por tu corazón el mío. De allí adelante solía decir la Santa en su oración: —Esposo mío, yo os encomiendo vuestro corazón.» Una vez declaró a su confesor que Cristo le había impreso las cinco llagas de su Cuerpo y que eran interiores y no exteriores porque ella misma así se lo suplicó al Señor. El dolor de la llaga del costado, especialmente, era tan fuerte que le parecía imposible vivir si no se mitigaba *(El Santo de cada día,* t. II, ed. cit., pág. 618).

dalena de Pazzi[212], Angela de la Pace[213], Stephana[214], Quinzani[215], Rosa Tamisier[216]. Luego eran las delicadas mercedes y amantes finezas de Jesús con sus elegidos. Santa Catalina, recitando el *miserere*, llega al versículo: *cor mundum crea in me, Deus*. Repítelo la santa casi desfallecida, implorando al esposo. En esto aparécesele Jesús, vestido de resplandores, y con amorosa ternura le saca el corazón. Tres días permanece sin él la santa. Al tercero, Jesús le ofrece otro, purísimo, diciendo: «Hija mía Catalina; porque seas enteramente limpia a mis ojos te doy un corazón nuevo.» Y durante toda su vida conserva la cicatriz en el costado. O el trance sublime y conmovedor de María Alacoque, permutando el corazón con Jesús, quien formaliza el cambio por medio de un documento que él mismo dicta: «Te constituyo heredera de mi corazón y de todos sus tesoros para la eternidad. Te prometo que no te faltará ayuda, como a mí no me falte poder. Serás siempre la preferida; juguete y holocausto de mi corazón.» O también, el suavísimo regalo que nuestro Redentor hizo al venerable Riscal. Paseábase por los tránsitos del convento de San Ambrosio, en Valladolid, cuando he aquí que se encuentra con un

---

[212] Santa María Magdalena de Pazzi (1566-1607), virgen carmelita, nacida en Florencia. Se celebra su fiesta el 29 de mayo. Durante dos años y medio, su vida fue un éxtasis continuo. El 25 de marzo de 1585 ve cómo San Agustín graba en su pecho: «Et Verbum caro factum est.» El Lunes Santo, recibe los sagrados estigmas de la Pasión. El Jueves Santo de ese mismo año, tiene un éxtasis que dura veintiséis horas, durante el cual va recorriendo los lugares de la Pasión. Algunos días después, Jesús coloca en su dedo el anillo de los esponsales místicos (*op. cit.*. t. III, págs. 291-300).
[213] Angela de la Pace: no sé si se refiere a Santa Angela de Corbara (1377-1435), fundadora de las religiosas de clausura de la Orden Tercera de San Francisco, o Santa Angela de Merici (1470-1540), hermana terciaria de San Francisco.
[214] P castellaniza: *Estefanía*.
[215] Estefanía Quinzani (1457-1530), nacida en Brescia, de la Orden Tercera de San Francisco. Desde joven, recibió del Cielo excepcionales favores: entre otros, la impresión de las llagas, según consta en acta pública que se conserva en el Archivo General de la Orden de Predicadores.
[216] Santa Rosa de Lima (1586-1617): una de las más grandes extáticas de la historia de la Iglesia. En el desposorio místico, vio un anillo con la inscripción «Rosa de mi corazón, sé mi esposa», y el Corazón de Jesús por blasón.

niño de extraordinaria hermosura. «¿Cómo te llamas?» «Yo, Jesús de Crisóstomo. ¿Y tú?» «Yo, Crisóstomo de Jesús.»

Volvían al colegio con el crepúsculo vespertino. Del monte, de la colina, del árbol, bajaban sombras caprichosas. De los matorrales nacían vocecillas inquietantes. Era el momento de hablar de las trazas, ardides y encarnaciones de que Lucifer se sirve para tentar al justo o castigar al impío; gústale preferentemente tomar la forma del cerdo, también la de la cabra, y en alguna ocasión se presentó de entrambas maneras en las camarillas de los alumnos, habiendo uno en pecado mortal. Los niños, que en otras circunstancias se hubieran reído de la estúpida fantasía de un diablo que elige al cerdo por ornamento [217] y apariencia carnal, transidos por el misterio del campo y de la noche, se estremecían y buscaban mutuo amparo, apretujándose.

—También —dijo Coste cierta vez— se aparece el diablo en forma de león; pero cuando se le coloca un gallo delante, desaparece.

—Calla, Coste, que esas son supersticiones necias.

—No, padre Sequeros; por allí, dícenlo. Y hay muchos que lo vieron.

Los de las primeras ternas se detuvieron de súbito.

—¿Por qué no avanzan esos? —preguntó Sequeros.

Los niños callaban. Por el camino y en dirección opuesta se deslizaba un indeciso fantasma blanquecino, en compañía de un bulto negro. Los más medrosos hicieron la señal de la cruz. El padre Sequeros los animó.

—Es gente que vuelve a sus casas. Adelante. ¿Qué miedo es este?

Y a poco, Ricardín Campomanes, que era un lince:

—Anda, si es Villamor, el ingeniero, y Ruth, su mujer.

—¡Vaya unas horas de pasear! —manifestó Sequeros.

—Por eso [218] no los habíamos visto aún este curso —habló Bertuco.

—*Rara avis* —añadió el jesuita—. Ave rara, de insuperable belleza; su alma tiene que ser bellísima también. ¡Se convertirá, se convertirá! Es mi profecía.

Era, en efecto, la profecía del padre Sequeros; su realización se alargaba bastante.

---

[217] P precisa: *revestimiento*.
[218] P suprime *por eso*.

Ruth era inglesa. Decíase que judía o profestante. Lo cierto es que vivía fuera de la Iglesia Romana. No sustentaba relaciones amistosas con las damas de Regium. Acostumbraba salir de paseo por las afueras, del brazo de su esposo, un individuo rechoncho y de aspecto vulgar, ingeniero en las obras del puerto. A veces iban también dos niños, varón y hembra, rubios como su madre, gentilísimos. Los alumnos del colegio encontraban al paso con frecuencia a Villamor y a Ruth. La primera vez que la vio Sequeros, había dicho, como ahora:

—*Rara avis.*

LA PEDAGOGÍA DE CONEJO

La pedagogía de Conejo era simplicísima. El perilustre Prefecto de disciplina aplicaba al gobierno de sus alumnos lo que San Ignacio en sus Constituciones aconsejó para el buen gobierno de la Compañía, esto es, adiestramiento militarista del carácter y de la sensibilidad[219], sustituir con el principio de la jerarquía militar el de igualdad, y con el de obediencia militar el de fraternidad; obediencia absoluta[220], *perinde ac cadaver*. Pero, como al propio tiempo era tan inclinado a payasear y dar que reír a los alumnos, resultaba que la autoridad que ganaba con sus ejercicios cuartelarios la perdía en los pasillos cómicos.

En cuanto a lo primero, decidió Conejo, por lo pronto, bajar a los recreos; formaba a los alumnos en los patios y les instruía en una táctica de su invención; les obligaba a evolucionar sin descanso, ordinariamente a paso ligero, al compás de los gritos reglamentarios «un, dos, tres, cuatro», o también vociferando la marcha de San Ignacio:

> Fundador sois, Ignacio, y general
> de la Compañía real
> que Jesús con su nombre distinguió...

En opinión de Conejo, uno de los más graves atentados que podían cometerse contra la disciplina era el acto de volver la cabeza en los estudios, en las filas, en donde fuese; en suma, el hecho de sentir curiosidad. Nada de cuanto acontece a espal-

---

[219] En su *Autobiografía*. dice San Ignacio que quería convertirse en «el nuevo soldado de Cristo (...) vestirse las armas de Cristo» (ed. cit., página 40).

[220] «... negando con obediencia ciega todo nuestro parecer y juicio contrario en todas cosas que el Superior ordena» *(Constituciones....* ed. cit., pág. 493).

das nuestras, por extraordinario y estruendoso que sea, merece que volvamos la vista atrás, en busca de información. Por conseguir esta pasividad total de los alumnos en punto a los hechos externos de que vivían rodeados, Conejo apelaba a muy extraños arbitrios.

Estaban, por ejemplo, los niños conllevando mal que bien las horas imponderables de estudio. El padre Sequeros, desde el púlpito-atalaya, por mejor hacer la vista gorda, leía su breviario. En esto, por la puerta del estudio, que está al extremo de la sala y detrás de los pupitres, penetra Conejo, con todo género de precauciones, de manera que no se levante ni el más débil rumor. Sin embargo, los de los bancos traseros advierten el ruido levísimo de alguien que anda sobre las puntas de los pies, sienten el movimiento del aire, rumores lejanos que, estando abierta la puerta, suben de intensidad; escudriñan con el rabillo del ojo, y aunque haciéndose los desentendidos, ven con profundo espanto, personas que rebullen, instrumentos que brillan, preparativos inexplicables. Piensan: «Debe de ser cosa de Conejo. ¿Qué burrada se le ocurrirá?»

De pronto, revienta un torrente de sones descompuestos, agudísimos, demoniacos. Algunos niños, tomados de la sorpresa, chillan y tiemblan nerviosamente; otros botan sobre los asientos, a punto de caer accidentados. Seis han vuelto la cabeza.

Conejo avanza fanfarronamente hasta la testera del estudio:

—Amiguitos; seis han vuelto la cabeza. El próximo jueves os quedáis sin el paseo de la tarde.

Se oyen las risas ahogadas de los bestiales fámulos, que son quienes han tañido con toda la fuerza de sus pulmones agrestes los instrumentos más rudos de la charanga del colegio.

Llegado el jueves, Conejo levanta el castigo, bajo promesa formal de que las cabezas han de permanecer inmóviles en la primera ocasión. Y en la primera ocasión, el ingenioso jesuita quema una tanda de fuegos artificiales, los cuales derraman por los ámbitos del estudio infinitas chispas. Se les queman las orejas y chamusca el pelo a unos cuantos, entre ellos Manolito Trinidad, que suspira como una tórtola y vuelve la cabeza, poseído de lamentable turbación, creyendo sin duda que se trataba del fuego de Sodoma y Gomorra[221]. Nueva imposi-

---

[221] «Salía el sol sobre la tierra cuando entraba Lot en Segor e hizo Yavé llover sobre Sodoma y Gomorra azufre y fuego de Yavé desde el

ción del castigo. Esta vez el único causante ha sido Trinidad, y como Conejo no ha tenido a bien otorgar indulto, el joven cofrade de la mujer de Lot[222], encima de improperios sin cuento, sufre en las narices un balonazo que así como por casualidad Coste le aplica, dejándole exánime y ensangrentado.

Otras dos experiencias realizó Conejo; la una, derribando un armario lleno de cachivaches y cacharros inservibles, que vino a tierra con el estruendo que se supone; la otra, lapidando, por decirlo así, los indefensos cogotes de los alumnos con estropajos húmedos. A la postre consiguió cercenar todo movimiento espontáneo y hacer a los niños simuladores, ladinos y desconfiados.

El sistema de la emulación, mediante el cual los niños ignoraban el concepto de lealtad y compañerismo no viendo los unos en los otros sino émulos, es decir, enemigos del propio bien, seres tortuosos, les estaba encomendado a los maestrillos, en las cátedras. Cada clase se dividía en dos bandos, romanos y cartagineses[223], con sus estandartes correspondientes. Los romanos se sentaban en los bancos de la derecha del profesor; a la izquierda, los cartagineses. El más aventajado del aula trascendía de este particularismo; era el emperador. Seguíale[224] el cónsul romano, y a éste el cartaginés. Venían detrás los centuriones, cuya misión era inspeccionar la aplicación de las respectivas huestes y mantener, por

---

cielo. Destruyó estas ciudades y toda la hoya, y cuantos hombres había en ellas y hasta las plantas de la tierra» *(Génesis, 19,23-26)*.

[222] «La mujer de Lot miró atrás y se convirtió en un bloque de sal» *(Génesis, 19,26)*, «Y una estatua de sal quedó cual monumento de un alma desobediente» (Sabiduría, 10,7). Jesús advierte a los fariseos: «Acordaos de la mujer de Lot» (Lucas, 17,32).

[223] Recuérdense los conocidos versos de García Lorca: «Señores guardias civiles: / aquí pasó lo de siempre. / Han muerto cuatro romanos / y cinco cartagineses» (poema «Reyerta», del *Romancero gitano)*.

Anotan Allen Josephs y Juan Caballero: «Además, tiene una base en la realidad. Eduardo Molina Fajardo nos ha contado cómo en un colegio de Granada se solía dividir a los alumnos para competencias de tipo escolar en romanos y cartagineses» (Madrid, Cátedra, colección Letras Hispánicas, 1977, pág. 234). Obviamente, ha sido costumbre en muchos colegios españoles.

[224] P añade: *por orden de primacía*.

medio de frecuentes delaciones, al maestro en noticia constante de la conducta de los alumnos. Los sábados, a la tarde, se verificaban los desafíos[225]. El que pretendiese avanzar un puesto desafiaba al que le precedía; salían al centro del recinto y comenzaba encarnizada lucha en que cada cual, según recitaba el otro su lección, acechaba sus errores[226]. Luchaban también bando contra bando, computándose en la pizarra las faltas. A la postre, los estandartes hacían campear la victoria y la derrota de ambos ejércitos. Por una cara decían: «ROMÁ VICTRIS», Roma vencedora. Por el reverso, «ROMA VICTA», Roma vencida. Lo mismo el de Cartago. Durante la semana permanecían insolentemente las palabras de triunfo y las de baldón. El mismo sábado, después de las últimas clases, el colegio se encaminaba, en dos filas, a la Salve solemne, celebrada en la iglesia pública. En el medio iban los emperadores de las diversas promociones, con los cónsules a entrambos costados, y el victorioso enarbolaba la bandera de la clase. De esta suerte la ciencia, en vez de sacramento, se convertía en guiñapo de vanagloria y presa[227] a propósito para ser disputada a mordiscos y uñaradas.

El ensayo de instrumentación religiosa que Coste hizo rezándose el rosario, y el comento sonoro que puso a la plática de Conejo acontecieron en la misma semana. El carrilludo mancebo estaba maravillado viendo que sus manifestaciones explosivas no le acarreaban complicación ni contratiempo. Llegó el domingo. Después de la segunda misa, el Prefecto recorría los estudios, con un gran libro debajo de la axila derecha, y leía las notas semanales que los alumnos hubieran obtenido. Las calificaciones eran las siguientes:

A = Muy bien.
AE = Bien.
E = Bastante bien.
EI = Regular.
I = Bastante mal.
IO = Mal.
O = Muy mal.

Las *oes* se aplicaban en contadísimas excepciones.

---

[225] P: *los llamados.*
[226] P añade: *o deslices.*
[227] P: *botín.*

Conejo iba leyendo las notas lentamente. Cada alumno, para oír las suyas, poníase en pie.

—Don Romualdo Coste y Celaya —masculló Conejo.

Coste se levantó, avergonzado y encogido. Tenía tristes presentimientos.

El Padre Prefecto sacó la caja de rapé, tomó un polvo, se golpeó las ventanas de la nariz, que sonaron a oquedad; todo muy espaciadamente. Luego:

—Deberes religiosos: O.

Una pausa de mucha expectación. Conejo contempló a la víctima con un gesto de insolencia jocosa. Y rompió a hablar, dando amenazadora prosopopeya[228] a las palabras:

—¡Puerco! ¡Repuerco! ¡Requetepuerco! ¡Ultrapuerco! ¡Archipuerco!... ¡Vaya usted a soltar cuescos a su padre!

Una gran carcajada coronó el elocuente apóstrofe de Conejo. Coste miraba de reojo, con ánimo de ajustar más tarde las cuentas a los que se excediesen en las risas con que por lisonjear al Ministro le zaherían. Cuando se sentó, pensaba: «Menos mal; como todos los castigos fuesen así...»

---

[228] P: *solemnidad*.

MUR, PEDAGOGO

Dos eran las cosas que Mur abominaba sobre toda ponderación; la primera, que yendo en filas, como siempre iban las divisiones para trasladarse de un punto a otro del colegio, se tararease[229] por lo bajo; la segunda, que en caso de acometer al alumno, en las altas horas de la noche, una necesidad, aun siendo acosadora e inaplazable, se satisficiera haciendo uso del bacín que para casos de menor entidad había en la mesilla de noche. Es decir, que Mur se había propuesto luchar con[230] dos fuerzas naturales. Una, porque estando los alumnos en punto de crecimiento y con gran remanente de actividad que no hallaba medio fácil de explayarse, la energía les rezumaba por todas partes y en toda ocasión, siendo la forma preferente el canturreo en que, a compás del paso en las filas, incurrían sin darse cuenta y a pesar de los castigos. La segunda, porque permaneciendo cerrados por de fuera en sus camaranchones durante la noche, y no acudiendo el sereno a los toques por hallarse monolíticamente dormido, no les quedaba otro recurso decoroso a los alumnos, caso de apretarles la urgencia, que aprovechar el único recipiente idóneo que a mano tenían. Mas, por lo mismo que era físicamente imposible corregir uno y otro fenómeno, Mur exteriorizaba particular enojo ante su frecuencia, y era que ello le daba pie para imponer penas y para imaginar los más absurdos procedimientos de tortura, con lo cual se refocilaba tan por entero que le salían a la cara las señales del goce entrañable y cruel que esto le traía.

Era cosa de verle ante el niño penado, cuando le hacía sustentarse en posturas forzadas e inverosímiles, durante minutos eternos. Su fría carátula tomaba calor de vida, los labios se aflojaban, la nariz trepidaba y la siniestra verruga se henchía de sangre, se esponjaba, lograba expresión.

---

[229] P añade: *o moscardonease*.
[230] P: *contra*.

Su indiferencia aparente era tanta que desconcertaba a los alumnos. Caminaba entre las filas como absorto en sus propias cavilaciones. Un niño, creyéndole ausente de las cosas externas, volvíase para decir cualquier paparrucha a un amigacho; no había pronunciado tres palabras, y ya tenía sobre la mejilla la mano huesuda de Mur, impuesta en el tierno rostro con la mayor violencia. Era especialista en pellizcos retorcidos, que propinaba con punzante sutileza, poniendo los ojos en blanco y sorbiendo entre los apretados dientes el aire, cual si le transiera un goce venusto[231]. En el castigo *de la pared*, el más benigno y corriente, Mur lograba poner un matiz propio. La pena consistía en estar cara al muro y espalda a los juegos, diez o quince minutos, durante la recreación. Mur se encaraba con el reo, engarabitaba los dedos y los iba plegando sucesivamente, trazando esa seña que en la mímica familiar[232] expresa el hecho de hurtar alguna cosa; al mismo tiempo decía: *Apropíncuate*, con lentitud, mordisqueando las letras como si fueran un retoñuelo de menta o algo que le proporcionara frescura y regalo. Y estando ya el niño de cara a la pared, le aplicaba un coscorrón en el colodrillo, de tal traza, que las narices del infeliz chocaban despiadadamente contra el muro.

—En sorprender a los cantores tengo un raro tino —solía exclamar.

No tan raro, si se tiene en cuenta que el que más y el que menos no conseguía abstenerse de esta discreta expansión lírica. Ninguno, en verdad, tan canoro como Ricardín Campomanes; ninguno, tampoco, más distraído. Mur le aborrecía, entre otras razones, cuyo peso específico ignoramos, por ser uno de los favoritos de Sequeros. También lo era Bertuco; no embargante esto, Mur mostraba para con él expresiva lenidad y le hacía objeto de pegajosas asiduidades, que el chico repugnaba: hubiera preferido el odio de aquel[233] jesuita, sobre todo por asco a las caricias de aquellas[234] manos calientes y ásperas como la lengua de un buey.

Una tarde salió Ricardín de las clases más contento que nunca: había sabido la lección de geometría y, en consecuencia, Ocaña había celebrado lo estupendo del caso prodigándole honores y plácemes sin cuento. Las entrañas del niño eran

---

[231] P: *venéreo*.
[232] P: *mímica de germanía*.
[233] P: *del*.
[234] P: *sus*.

un puro ímpetu de saltar, de gritar, de hacer zapatetas y lanzar la gorra al aire. Iba en las filas como ajenado, positivamente perdido en fantasmagorías y quimeras; pensaba que ascendía ya a los puestos más relevantes de la clase, a centurión, al consulado cartaginés, al romano; componía, en su imaginación, con animada plasticidad, el cuadro del desafío desaforado, descomunal que había de reñir con el simiesco Benavides, temible empollón, y con Bertuco, disputándoles y arrancándoles de los hombros la investidura imperial; veíase emperador, caminando mayestáticamente a la Salve, entre marchas e himnos triunfales; ¡tra, la, li, lara, pon, pón! En efecto, en las filas, que silenciosamente se encaminaban al refectorio, hubo un movimiento de estupor al ver a Ricardín entregado de lleno al vértigo musical, agitando el brazo derecho, con el cual empuñaba una supuesta batuta, rígidas las piernas, taconeando[235] a paso de procesión.

¿Quién describirá la coz disimulada, recóndita, de Mur y la espantable lividez que invadió sus mejillas? Se acercó ágil y elásticamente, como bestia de presa, tiró un zarpazo a Ricardín en el brazo de la batuta, arrancándole así del seno de los sueños en donde reposaba y forzándole a prorrumpir en un grito de sorpresa y dolor. Por las orejas le separó de las filas, calificándole con voz severa y potente que de todos fuese oída:

—¡Títere! ¡Mameluco! ¡Imbécil! ¿Qué dices? ¿Que no tienes ganas de merendar? Si ya lo sé; probablemente no la tendrás en quince días.

Y lo arrastró por un estrecho pasadizo, que conducía a los patios exteriores.

Después de la merienda había un recreo de media hora. Llegaban las divisiones a sus patios respectivos, rompían filas en oyendo la palmada del inspector, y dos niños, que éste mismo designaba, corrían en busca de los balones y maromas de saltar a una de las clases, en la cual y dentro de un pequeño receptáculo al pie del púlpito, se guardaban. Aquel mismo día fueron designados Coste y el orejudo Rielas. Coste movíase con embarazo, sin apartar la mano del bolsillo del blusón, evidentemente congestionado con algún objeto pecaminoso y de bulto.

—Eh, tú, Coste, acércate —gritó Sequeros.

---

[235] P: *el*.

Le tentó el bolsillo, por fuera, reconociendo una manzana y un trozo de pan. Sequeros comprendió[236].

—Vaya, hombre... tú, tan glotón. Eres bruto, pero eres bueno. Dios te lo pagará —y le golpeó afectuosamente el cogote.

El carrilludo Coste partió de nuevo, resplandeciente. Interpúsosele Mur:

—¿A dónde vais?

—A por los balones —respondió Rielas.

—Pues no están en la clase del pasillo de los lugares[237], que los he cambiado yo a la del padre Urgoiti. Ya lo sabéis.

Y sabían más, con esto.

—¿Has oído? —mugió sordamente Coste, en habiéndose alongado un trecho de Mur—. Tiene allí encerrado a Ricardín.

—¡Qué bruto! Le habrá puesto en *la butaca**.

—Sabe Dios. ¿Quieres que veamos?

Se acercaron al aula. Inquirieron, a través del ojo de la cerradura.

—No se ve nada. Mira tú, Rielas.

—No hay nadie. Como no esté escondido...

Examinaron precavidamente la cerradura. La puerta cedió. Metieron la cabeza, husmeando, fruncido el morro.

—¡Canario! ¿Dónde lo tendrá?

Se oyó un susurro tenue: «Pss... Coste, ¿vienes solo?» Coste y Rielas retrocedieron, sobresaltados.

—¿Has oído, Rielas?

—Sí.

—Pero si no había nadie.

—Vamos a ver antes de que noten nuestra falta.

Oyóse de nuevo la voz incorpórea. «Pss... Coste, ¿quién viene contigo?»

—¿Eres tú, Ricardín?

—Sí.

—¿En dónde estás?

—Debajo del púlpito, en el sitio de guardar los balones.

---

[236] P añade: *que Coste llevaba su merienda a Ricardín.*

[237] P añade a pie de página: *Retretes.*

* Una de las torturas dadas por Mur consistía en obligar al niño a que se mantuviera con las piernas en flexión, los tacones y la espalda contiguos a la pared, de manera que el equilibrio era difícil y los calambres que se originaban muy penosos.

—Si no puede ser; si no cabes.

—¿Que no? Me han embutido. ¡Ay! Tengo una pierna dormida, y el brazo como un sacacorchos. Oye, ¿qué os han dado de merendar?

—Espera... Pues ha dejado abierta la puertina. ¡Reconcho! ¿Cómo pudiste entrar?

—No entré, me metió a puñadas. ¿Qué tal? Parezco un contorsionista de circo, ¿eh?

—No sé lo que es un contorsionista, Ricardín.

—Sí que lo pareces —afirmó Rielas.

En efecto, el niño aparecía con los miembros enmadejados; no conservaba la más lejana apariencia racional, como no fuese por la angustiada carita que surgía inadecuadamente de entre las piernas.

—¡Pobriño! ¡Pobriño! —suspiró Coste.

—No, tonto; si es muy entretenido. ¿Cuándo creéis que me sacará?

—Toma.

—¿Qué traes ahí?

—Mi merienda.

—No seas bobo; ¿por qué no la comiste?

—No tenía gana.

—Bueno; escribiré a mi hermano José María para que me traiga bombones y los repartiré contigo. ¿Sabes que tengo mucha sed?...

—Con la manzana se te pasará.

—Por si acaso luego te escapas, humedeces bien el pañuelo en la bomba del patio y me lo traes para que yo lo chupe. No estéis más tiempo, que os pueden sorprender.

El hallazgo de esta mazmorra halagó el orgullo de Mur, induciéndole a admirarse de su propia inventiva. Después del ensayo de Ricardín lo puso en práctica muy a menudo. No llegó el castigo a conocimiento de otros jesuitas porque los niños, presumiendo las feroces represalias de Mur, se guardaron mucho de exteriorizar sus quejas. A algunos los sacaba medio tullidos, y yacían algún tiempo sobre las losas del pavimento antes de que con la circulación se renovase la actividad de los miembros. A Coste, en razón de su desarrollo nada común, la compresión le originaba peculiares agonías. El pobre muchachote hacía buen blanco a las cóleras de Mur. El jesuita, como dispépsico que era, se revolvía en aborrecimiento a la vista de aquellos mofletes túrgidos y bermejos, le odiaba la buena salud y el apetito insaciable de que hacía gala entablando apuestas con los más alampados gañotes de la división. Por escarmentarle en su voracidad, hizo que el abrutado fámulo Zabalrazcoa preparase una mixtura con cierto purgante violentísimo y la derramase en el guisado que Coste había de deglutir. Contaba al propio tiempo con que, acosado de subitáneas torsiones intestinales, había de acudir al orinal, sin vado para otras diligencias, porque la pócima había de servirse en la cena; y de esta suerte, junto con el sufrimiento físico, se acarrearía la afrenta pública de un escandaloso castigo. Mas quisieron los hados benignos de Coste que Zabalrazcoa se equivocase, y en lugar de servirle a él el pérfido condimento, se lo adjudicase a Abelardo Macías, el místico, quien, embebecido siempre en sus célicas musarañas, fue trasladando lentamente al estómago el corrosivo guisado, sin advertir ningún gustillo delator de la ponzoña. Rezó más tarde sus acostumbradas oraciones y se durmió pensando en el venerable Riscal y en la túnica inconsútil de las once mil vírgenes. Ya en sueños, antojósele que por obra de sus pecados era conducido al infierno, en donde una falange de feísimos demonios le desgarraban la tripa con garfios candentes. Cuando despertó, la turbulencia tempestuosa de su vientre amenazaba romper con las esclusas que la providencia sabia colocó en el organismo humano en previsión de nauseabundos derrames y destilaciones. En vano se encomendó al venerable Riscal, rogándole de todas veras bajara en su ayuda, otorgándole unos minutos de energía muscular con que resistir el ímpetu de las rugientes oleadas que por dentro le invadían. Saltó de la cama; intentó llamar a la portezuela; discurrió vertiginosamente y no se le ocurrió cosa mejor que servirse de la jofaina que, promediada de agua, tienen los alumnos en la camarilla para su aseo matutinal. Al hacerlo se echaba la cuenta de que quizá a la mañana siguiente los fámulos atribuyeran la abundante porquería a un prurito general de limpieza, ya que pasaban semanas y aun quincenas sin que Abelardo, absorto en sus oraciones de comienzo del día, dispusiera de un corto vagar en que lavarse cara y manos; era una compensación verosímil.

A la mañana siguiente, Mur andaba por el tránsito de los dormitorios, con su nariz de rata de alcantarilla más vibrátil que nunca, venteando y sonriendo. Tomó por el brazo al fámulo Babzola, uno de los que hacían las camas:

—Oye, Babzola; por aquí huele que apesta. Alguno ha

hecho una gorrinada. Mira bien y baja a decirme el número a mi celda.

Aquel día, cuando los alumnos salían del estudio de la mañana para ir a desayunar, en mitad del claustro se dieron de cara con un espectáculo repugnante. Había una mesilla de noche con la tapadera abierta; en el agua turbia de la palangana flotaban excrementos; el hedor se prolongaba espesamente, atacando el sentido. Detrás de la mesilla de noche estaba en pie Abelardo Macías, con los brazos cruzados y los ojos puestos en la techumbre, como ofreciéndose en holocausto a una justicia invisible.

¡Cuán inocente estaba Coste de sospechar el riesgo que había corrido, y cómo aquella deshonrosaa exhibición a él estaba destinada! A Mur no le apesadumbró gran cosa el inesperado error de Zabalrazcoa. Como quiera que tenía por la más necia presunción la de santidad, agradeció al capricho de la suerte que le colocara en coyuntura de infligir a Macías público correctivo. Y ya satisfecho en este punto, aplicóse a sorprender a Coste en alguna falta flagrante y a inventar nuevas penas, del linaje de las infamantes y aflictivias, que eran las únicas que le parecían saludables. La empresa no presentaba dificultades; la conducta de Coste tenía tantos lunares como pulgas un gozque aldeano.

A los pocos días de haber evitado Coste milagrosamente las asechanzas del purgante, en la postrera media hora de estudio de la noche, encomendada a la vigilancia de Mur, cayó dormido y diose a roncar en forma que simulaba con cierta propiedad los tanteos preliminares del rebuzno. Le despertó Mur, le alabó sus aficiones y le prometió cumplida satisfacción para el siguiente día, como lo hizo. Para ello, presentóse en el recreo con una cabezada en la mano, que aplicó al cráneo de Coste, conduciéndole luego, entre la alborotada chacota de los alumnos, a la cuadra de *Castelar*[238].

Castelar era el burro de que se servía el cocinero para traer las provisiones de la plaza. El acto de caracterizar al animal con un nombre había sido asunto de seria deliberación entre los Padres. Convenían todos en que fuese el de algún hombre

---

[238] Dionisio Gamallo apunta una posible relación de este borriquito Castelar con Platero *(op. cit.,* pág. 303). Convendría recordar también al burro Pionono de *Tinieblas en las cumbres* (ed. cit., página 101).

célebre, hostil a la Iglesia. Se pensó en Voltaire, en Renán[239], luego, la preferencia se inclinó hacia los nacionales. Salmerón[240], era sonoro y expresivo; pero hubo de rechazarse porque así se apellidaba un compañero de San Ignacio. Pi[241], demasiado breve y anfibológico. Pi Margall, no sonaba bien. Entonces, el padre Estich, que a la sazón leía una diatriba contra D. Emilio Castelar, por el padre Alarcón[242], propuso el nombre de este glorioso tribuno[243]. Se aceptó al punto, con gran algazara. Y, desde aquel instante, el pollinejo fue *Castelar*.

Castelar era rucio, sociable, bondadoso y melancólico. Sobre la frente le caía, con mucha gracia, espeso flequillo. No incurría en vanagloria, y rara vez alborotaba sus hermosas orejas, suaves, velludas, como de terciopelo.

Mur introdujo a Coste en la cuadra, y lo ató corto al pesebre, de manera que le fuera imposible distraerse cabalgan-

---

[239] Ernest Renan (1823-1892) abandonó los estudios eclesiásticos y fue historiador, profesor y filósofo. Entre sus obras destacan *Historia de los orígenes del cristianismo, Historia del pueblo de Israel* y, sobre todo, la *Vida de Jesús* (1863), que alcanzó un enorme éxito y provocó un notable escándalo, en toda Europa, al aplicar a libros sagrados un principio racionalista: la negación de lo sobrenatural.

[240] Alfonso Salmerón fue uno de los primeros seis compañeros de San Ignacio, que hicieron con él el célebre voto de Montmartre, el 15 de agosto de 1534. Se conservan las cartas-instrucciones que le escribió San Ignacio, cuando le envió a Irlanda y Alemania. Escribió su biografía el padre Ribadeneira (puede verse en *Historias de la Contrarreforma,* introducción y notas de Eusebio Rey, Madrid, Biblioteca de Autores Cristianos, 1945, págs. 580-606). Obviamente, juega el novelista con la identidad de apellido con el político Salmerón.

[241] Francisco Pi y Margall (1824-1901) fue Ministro de la Gobernación y Presidente de la I República española. Escribió libros en defensa del republicanismo federal (por ejemplo, en *Las nacionalidades),* además de ensayos y estudios históricos. Editó las obras del padre Mariana en la BAE. Recientemente se ha reeditado su obra *Unitarismo y federalismo,* fragmento de *Las luchas de nuestros días* (prefacio de Mario Grande Esteban, Madrid, Emiliano Escolar, 1981).

[242] Se trata, sin duda, de *San Ignacio de Loyola según Castelar. Genialidades,* por J. M. y Sáj (Julio Alarcón, S. I.), Bilbao, 1892.

[243] Se había ocupado Castelar de San Ignacio en el tomo IV de *La revolución religiosa,* Barcelona, 1883. Lo ve como símbolo y resumen del oscurantismo: «Cuando la reacción estaba ya diluida, como una especie de gas, en los aires, vistió tal reacción carne, sangre, hueso, hízose hombre y se llamó Loyola» (ed. cit., pág. 458).

do el asno, y en tal guisa, que la cabeza del niño quedaba en una alarmante vecindad con la del pollino. Estando todo dispuesto, los dejó solos. En un principio, Coste permaneció mustio y receloso, con la vaga sospecha de una coz o de una dentellada. Luego, mirando de reojo, tropezó con las pupilas afables y meditabundas del burro, que parecían darle la bienvenida. A los pocos minutos se habían familiarizado por entero; reía el niño y reía el asno, a su manera.

Aquella tarde, Coste comunicó a Bertuco un grato secreto.

—Bertuco, ¿sabes? *Castelar* es una gran persona. Si vieras...

VIVE MEMOR LETHI[244]

---
[244] La frase completa es: «Vive memor lethi, fugit hora»: 'Vive pensando en la muerte, el tiempo vuela' (Persio, 5,153).

I

El Conductor de los ejercicios espirituales fue aquel curso el padre Olano. Eran privados, para los alumnos solamente; se celebraban en la capilla particular del colegio. El Superior había aconsejado a Olano:

—Conviene que disponga bien su plan, Padre. Tome de la biblioteca los libros necesarios; enciérrese en su celda y trace punto por punto el modo en que las meditaciones han de distribuirse, adornándolas con las comparaciones, ejemplos y bien urdidas composiciones de lugar que han de ilustrarlas, de manera que no quede nada confiado a la improvisación. ¡Oh, de cuánta importancia es esto!

El padre Olano era desafecto[245] a la letra de molde, la cual solía inducirle a laberínticos embrollos; confiaba en las fuerzas propias y en su larga práctica de orador tremebundo. Así, prefería lanzarse a la elucubración espontánea.

Se precipitó en el currículo; se cerró en el cuarto, con un librito aforrado en roja piel labrada, y un buen abasto de papel. Caviló, plumeó[246], tachó, rasgó pliegos sin cuento. En las etapas de indigencia mental acudía en demanda de luces a un grabado en acero que el librito aquel tenía en la anteportada: allí estaba San Ignacio, en lo hondo de una cueva, los ojos en alto, la siniestra mano sobre el esternón, suspendida la

---

[245] P: *tenía asco*.

[246] Recuérdese lo que se dice de Don Juan:

BUTARELLI: «Largo plumea.»
CIUTTI: «Es gran pluma.»

(Zorrilla, *Don Juan Tenorio*, edición de José Luis Varela, Madrid, Espasa-Calpe, col. Clásicos Castellanos, 1975, pág. 9.)

diestra en el aire y con una pluma de ave; delante de él un considerable guijarro, a manera de bufete, con un libro abierto y un tintero con su pluma de repuesto; arriba, y naciendo de nebulosas vedijas, la Virgen, con el niño en brazos, que señala imperativamente hacia el libro; más arriba y en la clave del grabado una hostia reverberante, en cuyo centro campea una cifra JHS sobre tres clavos; en el ángulo inferior derecho, caídos al desgaire sobre los pedruscos, un bastón, una capa y un chambergo con pluma al costado. Debajo de la estampa dice:

S. IGNATIUS LOYOLA S. J. FUNDAT
Manresal Spiritualia Exercitia
dictante Virgine scribit

Y en lo más alto de la página, sobre flotante cinta, una leyenda del salmo 138 que alude a la ciencia infusa[247].

¡Ay! El padre Olano estaba huérfano de ciencia infusa. De aquí el que padeciera inenarrables tormentos y sudores antes de dar cima al plan que el padre Arostegui le encomendara, y del cual transcribimos algunos fragmentos, con las mismas acotaciones que, al estilo de las comedias, el propio Olano puso*.

---

[247] El Salmo 138 es un canto de acción de gracias. No sé exactamente a qué versículos se refiere Pérez de Ayala. Puede ser al primero: «Quiero alabarte, ¡Oh Yavé!, con todo mi corazón, porque escuchaste las palabras de mi boca.» O al tercero y cuarto: «Cuando te invoqué me oíste y fortaleciste grandemente mi alma. Te alabarán, ¡oh Yavé!, todos los reyes de la tierra cuando oigan todas las palabras de tu boca.» En todo caso, me parece evidente que se trata de un uso irónico contra el orgullo de los jesuitas.

* El apartado I de este capítulo es una desviación de la trama novelesca. Lo escribí, porque no sería posible entender el carácter y alcance de la influencia jesuítica sin dedicar alguna atención a los Ejercicios de San Ignacio. El lector puede pasarlo por alto y leerlo a modo de epílogo[248]. Si lo pongo en este lugar es por consideraciones de orden cronológico[249].

---

[248] Como comento en la introducción, un caso claro de «capítulo prescindible».

[249] En P no aparece ya esta nota.

236

†

J H S

«Los maestros espirituales dividen la materia de las meditaciones en tres órdenes, según los tres estados de los que meditan. Unos son pecadores que desean salir de sus pecados, y éstos caminan por el camino que llaman vía purgativa, cuyo fin es purificar el alma de todos sus vicios, culpas y pecados. Otros pasan más adelante y aprovechan en la virtud, los cuales andan por el camino que llaman vía iluminativa, cuyo fin es llenar el alma con el resplandor de muchas verdades y virtudes, y alcanzar grande aumento de ellas. Otros son ya perfectos, los cuales andan por la vía que llaman unitiva, cuyo fin es unir y juntar nuestro espíritu con Dios en unión de perfecto amor. Para los niños basta la vía purgativa. San Ignacio divide la materia en cuatro semanas, que nosotros reduciremos aquí a cuatro días. Para los niños basta y sobra.»

«MEDITACIÓN PRIMERA. PRELUDIO PRIMERO, o sea composición de lugar.»—Tenéis que imaginaros que veis al glorioso San Ignacio con el libro de los Ejercicios en la mano, y que a su alrededor tiene a un sinnúmero de justos confirmados en gracia, de pecadores convertidos y de tibios enfervorizados; y que, dirigiéndoos la palabra, dice: «Tomad, hijos, este libro y meditad seriamente las verdades que están en él contenidas. (Es preciso pintar bien la cara del fundador, según el retrato de Pantoja, que revela las penitencias, y que desentrañen en su[250] cojera una reliquia de su vida mundanal, por donde tuvo siempre presentes los riesgos que corrió, estando si se condena o no se condena. ¡Ah, si Jesús os señalara a todos[251] al primer mal paso que dais!) Luego imaginaos que veis aquella gran muchedumbre que nadie puede contar, de todas naciones, tribus, pueblos y lenguas, que están ante el trono y delante del Cordero, revestidas de un ropaje blanco, con palmas en sus manos[252], con que simbolizan la victoria que han reportado, ya de los tiranos, ya de sus propias pasiones, y que aclamando a grandes voces, dicen: «La salvación la

---

[250] P: *la.*
[251] P añade: *rompiéndoos una pata.*
[252] P: *la mano.*

debemos a nuestro Dios, que está sentado en el solio, y al cordero, y sobre todo a los ejercicios de San Ignacio[253], (Apoc., cap. VII, versículos 9 y 10). Que entiendan los alumnos cómo tanto esta sentencia del Apocalipsis como otras varias de las Escrituras, dictólas el Santo Espíritu pensando en nuestra Orden.»

«Los niños tienen especial precisión de los ejercicios, porque si no grandes pecadores, suelen ser grandes tibios. ¡Ojalá, te dice el mismo Dios, fueses tú caliente por la gracia o frío por el pecado! Mas, porque eres tibio empezaré a vomitarte de mi boca: *quia tepidus es, incipiam te evomere de ore meo*.»

«Afecto de gratitud. ¡Bendito seáis, Dios mío, de haberme llevado a esta probática piscina en que se cura de toda enfermedad, no al primero que entra[254], sino a todos cuantos se presentan con deseo verdadero de curar.»

«*Disposiciones y modo de hacer bien los santos ejercicios...* Estará muy recogida la capilla; sólo se permitirá entrar aquella luz que se necesita para no tropezar, y que en lo demás esté muy obscura[255]. Esto es muy importante para que los niños mediten, examinen y rumien mucho. Tener cuidado con los fámulos, que son unos gaznápiros, para que no se olviden de este requisito... Cuidarse de que los niños tengan la vista muy mortificada y mortificarán también toda curiosidad[256], y así sólo atiendan a los cuadros que yo les trace. Han de mortificar la lengua y el oído, para lo cual no habrá recreos en los cuatro días, que serán todos de silencio... Si queréis aprovechar muchísimo en estos ejercicios, entregaos y dejaos enteramente en

---

[253] Por supuesto, hay aquí un malévolo añadido del artista. Lo que «grita con voz potente» la Iglesia triunfante, en ese pasaje, es sólo esto: «La salvación se debe a nuestro Dios que está sentado en el trono, y al Cordero» (Apocalipsis, VII, 9-10).

[254] «Hay en Jerusalén, junto a la puerta Probática, una piscina, llamada en hebreo Betzata, que tiene cinco pórticos. En éstos yacía una multitud de enfermos, ciegos, cojos, mancos, que esperaban el movimiento del agua, porque el ángel del Señor descendía de tiempo en tiempo a la piscina y agitaba el agua, y el primero que bajaba después de la agitación del agua quedaba sano de cualquier enfermedad que padeciese» (Juan. 5.2-5).

[255] Séptima adición de los *Ejercicios Espirituales:* «La séptima: privarme de toda claridad para el mismo efecto cerrando ventanas y puertas, el tiempo que estuviere en la cámera, si no fuere para rezar, leer y comer» (ed. cit., pág. 176).

[256] «La nona: refrenar la vista, excepto al rescibir o al despedir de la persona con quien hablare» *(ibídem)*.

las manos de Dios para que haga de vosotros y de todas vuestras cosas lo que quiera, a la manera que el barro en manos del alfarero, o el leño en las manos del escultor. En todos estos días repetiréis con mucha frecuencia y de todo corazón algunas de estas jaculatorias: *Hágase tu voluntad y no la mía. Señor, ¿qué queréis que haga?* etc., etc... No estará de más que por las noches, en el tránsito de las camarillas, algún Padre o Hermano haga ruidos y rumores temerosos. Esto dispone muy bien el corazón de los niños para el día siguiente.»

«MEDITACION II. *Del fin del hombre. Principio y fundamento de todas las meditaciones.*Persíguese que los niños vean cómo el hombre, por grandezas que llegue a alcanzar, no es nada. Hágaseles claro la vanidad de todas las ilusiones que puedan tener y lo necio de las esperanzas. Este es el principio y fundamento de los ejercicios: *principio*, como en las ciencias; *fundamento*, como en los edificios»[257].

«*Composición de lugar*. Se imagina ver a Dios lleno de majestad y grandeza, sentado en su trono. Barba luenga, hasta medio pecho. Ojos que ciegan. El trono, de púrpura. Muchas piedras preciosas. Más rico que lo más rico del mundo. (Ademanes solemnes; voz profunda y reposada; brazos al cielo, de vez en cuando. Se puede uno poner de puntillas, poco a poco...) Luego, dice Dios: *Yo soy el principio y el fin: Ego sum principium et finis*[258]. También se puede ver un mar grande, grande, inmenso, de donde salen muchos ríos y que todos vuelven a él.»

«*Petición*... Dios y Señor mío, os suplico me concedáis gracia para hacerme superior a mí mismo[259] y vencer todos los obstáculos que me lo puedan estorbar.»

---

[257] «PRINCIPIO Y FUNDAMENTO. El hombre es criado para alabar, hacer reverencia y servir a Dios nuestro Señor, y mediante esto salvar su ánima, y las otras cosas sobre la haz de la tierra son criadas para el hombre, y para que le ayuden en la prosecución del fin para que es criado. De donde se sigue, que el hombre tanto ha de usar dellas, quanto le ayuden para su fin, y tanto debe quitarse dellas, quanto para ello le impiden» *(Ejercicios Espirituales,* ed. cit., paginas 161-162).
[258] «Yo soy el alfa y el omega, el primero y el último, el principio y el fin» (Apocalipsis, 2,2,13). Expresiones semejantes se repiten varias veces en el mismo libro y en Isaías.
[259] P añade: *esto es, para deshacerme, para ser nada.*

«*Proposición* (son palabras del santo). El hombre fue criado para alabar, reverenciar y servir a Dios nuestro Señor, y mediante esto salvar su alma»[260].

> Vienen ahora largos desarrollos de estos puntos, y, a modo de corolarios, dos *afectos* que se han de sacar; un acto de acusación de sí mismo; y un acto de dolor.

«Hágase revivir en la memoria de los alumnos las faltas o pecados que hayan cometido. Empleándose palabras y términos repugnantes para denominar los pecados[261]. Son llagas asquerosísimas; son postemas y manaderos de pus; son pústulas y lepra que infestan el aire que se respira e imprimen al alma que los comete una horrible fealdad. ¡Vosotros no lo veis; pero el ángel de la guarda, que está a vuestra diestra, lo ve, y sufre, y llora, y tiene que taparse el rostro con el ala, para no contemplar tanta suciedad. (Esta meditación debe hacerse a la tarde, después de la comida. Al hablar, se hacen gestos de repulsión, como si uno tuviera delante las nauseabundeces que describe.) Como todo lo temporal está unido a pecado, dedúcese como *afecto*, el desprecio de lo temporal. ¡Para en adelante prometo[262], quiero y propongo amar lo eterno y celestial!»

«El fin de Dios es su mayor gloria, y esto os ha de servir de norma en la vida. ¿No queréis entenderlo? ¿Seréis capaces de olvidarlo andando el tiempo, e incurrir en la blandura del mundo? Haced enhorabuena lo que os agrade; pero siempre será verdad que serviréis a la gloria de Dios[263], porque Dios logrará siempre e infaliblemente su fin. Sirviendo a Dios en la tierra, alabarás eternamente su misericordia en el cielo; no sirviéndole, glorificarás eternamente su justicia en el infierno. Píntase de un lado el cielo y de otro el infierno; pero esta pintura no es todavía más que un esbozo. Más adelante se añaden las tintas necesarias. Sácase el *afecto* de temor e incertidumbre —¡Qué diré yo, oh, Dios mío! ¿Iré yo al cielo o al

---

[260] Es el comienzo del «principio y fundamento» que acabo de citar.
[261] «El segundo: ponderar los pecados mirando la fealdad y la malicia que cada pecado mortal cometido tiene en sí, dado que no fuese vedado» *(Ejercicios Espirituales*, ed. cit., pág. 171).
[262] P suprime *prometo*.
[263] Una referencia más, disimulada, al título de la novela.

240

infierno?— Quien ama su vida en este mundo, la perderá; y el que la aborrece en este mundo, la conservará para la vida eterna.»

«*De la indiferencia con que se deben mirar las cosas sensibles.* (Palabras del santo.) ...tanto ha de usarse de las cosas sobre la faz de la tierra cuanto ayuden para el fin...»[264].

«Breve consideración acerca de cómo todas las cosas que no son Dios merecen indiferencia. Hacer reconocer el supremo dominio de Dios y sáquese como *afecto* la confusión de uno mismo, la humillación.»

De otra meditación, *sobre el Pecado de los Ángeles y de nuestro padre Adán.*

«Son palabras del Santo. El primer punto será traer a la memoria sobre el primer pecado, que fue de los ángeles; y luego, sobre el mismo, el entendimiento, discurriendo; luego la voluntad, queriendo todo esto memorar y entender por más se avergonzar y confundir, trayendo en comparación de un pecado de los ángeles, tantos pecados míos; y donde ellos, por un pecado, fueron al infierno, cuántas veces yo lo he merecido por tantos... El segundo es hacer otro tanto, es a saber, traer las tres potencias sobre el pecado de Adán y Eva, trayendo a la memoria cómo por el tal pecado hicieron tanta penitencia, y cuánta corrupción vino en el género humano, andando tantas gentes para el infierno. Digo traer a la memoria el segundo de nuestros padres, como después que Adán fue criado en el campo Domaceno, y puesto en el Paraíso terrenal, y Eva ser criada de su costilla, siendo vedado que comiesen del árbol de la Ciencia, y ellos comiendo, y asimismo pecando; y después, vestidos de túnicas pellíceas, y lanzados del Paraíso, vivieron sin la justicia original que habían perdido, toda su vida en muchos trabajos y mucha penitencia[265]... Se describe el Paraíso sin frío, calor, lluvias ni vientos; flores, frutos sabrosísimos, pájaros y animales dóciles; la felicidad del cuerpo de Adán y Eva... y cómo se pierde todo por un pecado.»

Derívase el afecto del arrepentimiento. El cielo y la tierra me dan testimonio de que Dios tiene un odio infinito al

---

[264] Lo dice en el «principio y fundamento» antes citado.
[265] Hasta aquí, son las palabras textuales —saltando algunos párrafos— de San Ignacio, en el primer ejercicio de meditación, puntos 1 y 2 (ed. cit., pág. 170).

pecado. ¡Ah, si cayese una sola gota de ese santo odio en mi corazón! ¡Cuánto mejor hubiera sido para mí haberme podrido bajo tierra antes que pudiese pecar!»[266].

De la MEDITACION V, también acerca del pecado. «No hay cosa más vergonzosa que el pecado, ni más infame que el pecador. Figúrate, alma mía, que Dios abre los ojos a todos de modo que puedan ver claramente en tu corazón todos los vicios y todos los pecados que has cometido en tu vida en pensamientos, palabras y obras. ¡Oh, Dios, qué rubor y qué vergüenza sería la tuya! ¿No irías antes a esconderte en las grutas y cuevas de los desiertos, que comparecer delante de los hombres?»[267].

«MEDITACION VI. *De las penas del infierno, y singularmente de la pena de daño.* Con grande acuerdo propone San Ignacio la meditación de las penas del infierno inmediatamente después de las del pecado[268], para que así más lo deteste y llore quien por desgracia lo cometió, viendo el reato que trae como consecuencia necesaria.»

«*Son palabras de San Ignacio:*

«*Primer preámbulo, composición de lugar,* que es aquí ver con la vista de la imaginación la longura, anchura y profundidad del infierno.»

«*El segundo,* demandar lo que quiero; será aquí pedir interno sentimiento de la pena que padecen los dañados, para que si del amor del Señor eterno me olvidare por mis faltas, a lo menos el temor de las penas me ayude para no venir en pecado.»

«El primer punto será ver con la vista de la imaginacón los grandes fuegos y las ánimas como en cuerpos ígneos.»

«El segundo, oír con las orejas llantos, alaridos, voces, blasfemias contra Cristo nuestro Señor y contra sus santos.»

«El tercero, oler con el olfato humo, piedra azufre, sentina y cosas pútridas.»

«El cuarto, gustar con el gusto cosas amargas, así como lágrimas, tristeza, y verme (oh, gusano) de la conciencia.»

---

[266] P añade aquí la terrible frase: *Mátese en los niños el amor a la vida.*

[267] P añade: *Háganse los niños recelosos y desconfiados.*

[268] P suprime desde aquí hasta el punto y aparte.

242

«El quinto, tocar con el tacto, es a saber, cómo los fuegos tocan y abrasan las ánimas»[269].

A continuación de estas frases de Ignacio, aparecen en el manuscrito sendas amplificacions de los puntos siguientes: *el condenado pierde la fruición de Dios; el condenado, perdiendo a Dios, pierde también el afecto con que era amado de las criaturas; después que el condenado ha perdido a Dios, y con él todas las cosas, entra además bajo la potestad del demonio:* originales del padre Olano. Luego[270]:

«La repugnancia de uno mismo, que hasta ahora se ha ido acumulando como enorme abceso que vierte ponzoña y pus de fetidez atroz, hará que los alumnos sientan con toda instancia la necesidad de la confesión general, como no sean unos almas de cántaro.»

Hay unas notas marginales;

«San Ignacio veía el demonio a manera de forma serpentina, acariciadora, o semejante a una muchedumbre de ojos brillantes y misteriosos. Para niños me parece demasiado sutil. Dibújese a Satanás como hombre, con patas de cabrón, el cuerpo del color de la langosta cocida, rabo largo, cuernos feroces y labios apestosos. También en forma de cabra, y cómo a veces anda por las camarillas, y se lleva a los pecadores, de suerte que no incurran en torpezas o tocamientos.»

«MEDITACION VII. *De la pena de sentido.* Tiene por objeto asegundar el afecto de la anterior. Refiérase la parábola del rico avariento y de Lázaro, y de cómo aquel pide a Abraham que Lázaro, mojando en agua uno de sus dedos, fuese a refrescarle la lengua[271]. *La pena de sentido es universal y atormenta todo el cuerpo y toda el alma.* El condenado yace en el infierno siempre en aquel mismo sitio que le fue señalado por la Divina justicia, sin poderse mover, como en un cepo; el

---

[269] Es cita textual, hasta aquí, del quinto ejercicio o meditación del infierno (ed. cit., págs. 173-174).
[270] P sustituye todo este párrafo por esta frase: *(Sean los niños cobardes para el castigo y temerosos del sufrimiento.)*
[271] Cuenta la parábola del rico Epulón y el pobre Lázaro Lucas, 16,19-31.

fuego de que está, como el pez en el agua, todo circuido, le quema alrededor, a diestra, a siniestra, por arriba y por abajo. La cabeza, el pecho, la espalda, los brazos, las manos y los pies, todo está penetrado de fuego, de manera que todo parece un hierro hecho ascua, como si en este momento se sacase de la fragua; el techo, bajo el cual habita el condenado, es fuego; el alimento que toma, es fuego; la bebida que gusta, es fuego; el aire que respira, es fuego; cuanto ve y cuanto toca, es fuego. Mas este fuego no se queda sólo en el exterior, sino que pasa también a lo interior del condenado: penetra el cerebro, los dientes, lengua, garganta, hígado, pulmón, entrañas, vientre, corazón, venas, huesos, médula de éstos, sangre *(in inferno erit ignis inextinguibilis, vermis inmortalis, foetor intolerabilis, tenebrae palpabilis, flagella cedentium, horrida visio demonum, confusio peccatorum, desperatio omnium bonorum)*; y lo que es más terrible, este fuego, elevado por divina virtud, llega también a obrar contra las potencias de la misma alma, inflamándolas y atormentándolas.»

Prosiguen abundantes disquisiciones sobre la eternidad, sin interrupción y sin alivio. La octava meditación versa sobre la parábola del hijo pródigo [272], alivio [273] grato después de las lóbregas jornadas anteriores, porque;

«Esta parábola anima de un modo admirable al pecador para que no desespere del perdón, por grandes y muchos que sean sus pecados.»

Concisa y elocuente insinuación de la benevolencia de los padres confesores:

«El padre confesor te oirá con toda dulzura y caridad.»

Sucédense algunas meditaciones de apacible naturaleza, las cuales, por contraste, sirven para templar la aguda tensión de espíritu. La *Meditación XII* es como la clave del arco. Su asunto, la muerte [274].

---

[272] Leemos la parábola del hijo pródigo en Lucas, 15,11-32.
[273] P: *reposorio.*
[274] «La Vulgata añade: 'Si al que da los ejercicios pareciera conveniente para el provecho de los que se ejercitan, agregar otras meditaciones, como de la muerte y otras penas del pecado, del juicio, etc., no

244

«No hay cosa que tanto contenga al hombre de pecar como es el pensar en la muerte.»

En una apostilla.

«Así como una vez desvanecida la docellez de la hembra no es posible que se recobre, si se sabe inculcar bien en el espíritu el torcedor de la muerte, no hay modo ya de recuperar la espontaneidad y descuido en los goces terrenos. *Vive memor lethi*[275].

«*Nequaquam morte moriemini*. No seas tonta, no seas boba, dijo la serpiente a Eva, no moriréis. ¡Ay! Quitada esa barrera cayó miserablemente en el pecado.»

«*Composición de lugar*. Imaginaos que os halláis y veis enfermos en una cama, con el aviso de confesaros y de recibir el santísimo Viático y la santa Unción; luego os halláis moribundos, que os dicen la recomendación del alma, que vais perdiendo los sentidos, y que, finalmente, morís...»

«Morir es sacar de casa a ese tu cuerpo y llevarlo al campo santo, y allí dejarlo solo, de día y noche, rodeado de calaveras y huesos de otros muertos. Morir es dejar a tu cuerpo, solo, muerto, cadáver para que lo coman los gusanos, que esto es lo que quiere decir *cadáver, caro data vermibus,* carne dada en comida a los gusanos.»

Nada tan fecundo como la muerte. El padre Olano aprovecha muy por largo dicha fecundidad en su manuscrito. Síguen-

---

juzgue que le está prohibido el hacerlo, aunque aquí no se añadan.' Fue ésta la costumbre más general desde el tiempo del mismo San Ignacio. Más aún, corría ya desde los primeros años una explanación de la meditación de la muerte, que se atribuye al Dr. Ortiz...» *(Ejercicios Espirituales,* ed. cit., pág. 174, nota 58.)

[275] A eso mismo alude, desde el punto de vista contrario, la siguiente novela de Ayala, *La pata de la raposa:* «La idea de la muerte es el cepo; el espíritu, la raposa, o sea virtud astuta con que burlar las celadas de la fatalidad. Cogidos en el cepo, hombres débiles y pueblos débiles yacen por tierra; imaginando cobardemente que una mano bondadosa y providente los ha puesto allí por retenerlos y conducirlos a nueva y más venturosa existencia. Los espíritus recios y los pueblos fuertes reciben la desmesurada belleza de la vida y renunciando para siempre a la agilidad y locura primeras, salen del cepo con los músculos tensos para la acción y con las fuerzas motrices del alma centuplicadas en ímpetu, potencia y eficacia» (mi edición, Barcelona, Labor, colección Textos Hispánicos Modernos, 1970, pág. 269).

se diferentes meditaciones, hasta llegar al celebérrimo símil ignaciano de *las dos banderas* o divisas enarboladas respectivamente por Jesús y Satanás. Satanás predica a sus huestes, ambición, entusiasmo, confianza en sí propio: Jesús, penuria cordial, perfidia, rebajamiento[276]. O, dicho con palabras del santo:

«... Considerar el sermón que Cristo nuestro Señor hace a sus siervos, encomendándoles que a todos quieran ayudar en traerlos primero a suma pobreza espiritual; segundo, a deseo de oprobio y menosprecios, porque de estas dos cosas se sigue la humildad; de manera que sean tres escalones: el primero, pobreza contra riqueza; el segundo, oprobio o menosprecio contra el honor mundano; el tercero, humildad contra soberbia...»[277].

En las meditaciones sobre la vida de Jesucristo resplandece aquel estilo llanote y vernacular del padre Olano, que es la elocuencia suma, a juicio de las madreselvas. Tomamos algunos ejemplos:

Dice Satanás a Jesús: «Pasaremos al desierto, si usted gusta. Allí estaremos solos.»

Después de haber vencido la tentación del desierto «la Santa Virgen envióle comida, que ella misma había condimentado con sus purísimas manos: berzas, sopa, espinacas y quizá sardina (caudales, vel brodium ut spinaria et forte sardinis)».

La túnica de Jesucristo, según el padre Olano: «Era de color de ceniza, redonda lo mismo por arriba que por abajo, con mangas también redondas; en la orilla, bordados, a la usanza judía. Habíala cosido la Virgen, y así como Cristo crecía, la túnica crecía también y no sufría deterioro.» Detalle enternecedor: «Un año antes de la pasión, Jesús se había acostumbrado a llevar una camiseta de abrigo debajo de la túnica.»

«Durante la flagelación diéronle 6.000 golpes. De ellos fueron 5.000 en el cuerpo y 1.000 en la cabeza. La corona de espinas componíase de 1.000 puntas, y estaba tejida con junco marino.»

---

[276] P: *Jesús, renunciamiento, humillación.*
[277] Es, resumido, el tercer punto que «se ha de imaginar del summo y verdadero capitán, que es Christo nuestro señor» (ed. cit., página 187).

246

Ya en las últimas meditaciones, persíguese el fin de alentar en el pecho de los ejercitantes la confianza en María y alguno que otro santo. Los ejemplos que el padre Olano cita en su manuscrito son muchos. Tomaremos uno de muestra:

«Bonfinius[278], en su "Historia de Hungría", cuenta que tres años después de la batalla de Nicópolis oíase una voz en la llanura pronunciando los nombres de Jesús y María. Encontróse ser la cabeza de un cristiano, muerto sin confesión, que honraba a la Virgen con particular devoción. Esta habíale preservado de las penas del infierno, conservando con vida su cabeza. Trajéronle un sacerdote, quien le confesó y dio de comulgar, no muriendo hasta este punto.»

II

Las pláticas del padre Olano se celebraban como se ha dicho, en la capilla del colegio. las maderas de los ventanales estaban entornadas. Sobre el altar pendían negros paños y crespones. El ambiente era lúgubre y medroso.

Al final de las meditaciones, cantaban a coro los alumnos, acompañados del harmonio:

> ¡Perdón, oh, Dios mío,
> Perdón, indulgencia,
> Perdón y clemencia,
> Perdón y piedad!

Luego, Lezama, el tiple, y dos fámulos, a tres voces:

> Pequé; ya mi alma
> Su culpa confiesa;
> Mil veces me pesa
> De tanta maldad.

El silencio, durante los cuatro días, fue absoluto; la comida, escasa. Al tercer día, los tiernos corazones e inteligencias

---

[278] Antonio Bonfini (1427-1502), historiador italiano, llamado a la corte de Hungría por Matías Corvino, de quien fue historiógrafo: *Rerum hungaricum decades* (1543).

habían caído en un a manera de torpor y ofuscamiento continuo, originado por los hórridos sobresaltos que les metían en el pecho. A mitad de las meditaciones, algunos niños daban en tierra, presa de síncopes y soponcios. Al concluir la plática del infierno aullaban, con indecible espanto, más que decían:

> Alma de Cristo, santifícame.
> Cuerpo de Cristo, sálvame.
> Agua del costado de Cristo, lávame.
> Pasión de Cristo, confórtame,
> ¡Oh! buen Jesús, óyeme.
> Dentro de tus llagas, escóndeme.
> No permitas que me separe de ti.
> Del enemigo malo, defiéndeme.
> En la hora de mi muerte, llámame.
> Y manda que venga a ti,
> Para que te alabe con los santos
> Por infinitos siglos. Amén[279].

«¡Oh, Jesús mío! Yo no me quiero condenar... Me quiero salvar... ¡Cueste lo que costare!»

Bertuco padeció, todo el tiempo que duraron los ejercicios espirituales, dolorosos desfallecimientos y agonías interiores. Dentro de él despertábase un sentido crítico y de rebelión contra aquellas verdades, pretendidamente inconcusas, que con tanto aparato escénico intentaban inculcarle. Maravillábase de la burda estofa[280] de un Dios que cría al hombre como muñeco con que distraer infinito tedio, y lo trae a la acerbidad de una vida miserable y breve por recibir de él alabanzas, que, siendo Dios, no había de menester, no de otra suerte que un monarca antojadizo y estólido forma cortesanos que lo recreen con adulaciones y lisonjas. Pues si el hombre es cosa tan torpe y hedionda, ¿cómo asegurar que Dios lo hizo a imagen y

[279] «Esta conocida oración, prescripta por San Ignacio en el segundo y tercer modo de orar y todas las veces que manda hacer los tres coloquios, se encuentra ya en varios códices del s. XIV (...) No es fácil precisar el texto exacto que usó San Ignacio, ya que no se incluyó la letra de la oración ni en el autógrafo ni en ninguna de las ediciones hechas hasta 1576» (Obras Completas de San Ignacio. ed. cit., página 151). En la versión que da el novelista se ha omitido una línea: «Sangre de Cristo, embriágame.»

[280] P: del raro carácter.

semejanza suya? Cierto que es así, y no más perfecto, porque incurrió en el pecado del paraíso; mas, ¿por qué se le amasó de barro tan frágil que al primer soplo satánico hízose todo grietas y hendeduras? ¿Sabíalo Dios cuando lo sacó del barro? Pues hizo mal en criar seres para el dolor. ¿No lo sabía? Entonces, ¿dónde está la divina sapiencia y omnipresencia?

Bertuco se oprimía las sienes y trituraba los labios, murmurando: «¡Jesús, Jesús bondadoso, ayúdame! Es Satanás que se introduce en mi inteligencia. ¿Quién soy yo para desentrañar verdades tan altas? ¡Virgen mía, Virgencita blanca y guapina, madre de mi alma, no me desampares! Ves que camino al infierno. ¡Dame la mano!» Pasó toda una noche arrodillado en su camarilla. Fabricó a su modo unas disciplinas, con la cuerda de hacer las palas de red para el juego de pelota, y se azotaba hasta que los ojos se le anublaban y los sentidos se le adormecían.

El padre Sequeros, que por lo demacrado de la carita de Bertuco adivinaba las cuitas y martirios del muchacho, le enviaba miradas de ternura, dándole con esto algún alivio y fortaleza. ¡Oh, si [281] pudiera conseguir algún día la seguridad interior de aquel varón santo y sereno! Y, sin embargo, no era raro que se burlasen de Sequeros, motejándolo de loco. ¡Cuánta injusticia! Bertuco entendía de claro modo en aquellos momentos la rara virtud de su inspector, una virtud de aplomo, por decirlo así, que le hacía caer del cielo perpendicularmente hacia el centro de la vida temporal y médula de todas las virtudes, como la plomada busca el centro de la tierra rigiéndose por la armonía múltiple y unánime de las constelaciones. Y de esta suerte, el eje de la vida de Bertuco, en lugar de correr a sumarse y entremecerse en el gran curso de la humanidad, iba descentrándose, apartándose del cauce hondo y materno, aspirando a huir aguas arriba, o, no siendo esto hacedero, a ser remanso.

La necesidad de la confesión general llegó a hostigar al niño con la violencia de una comezón física. pero el rubor de sus [282] deshonestidades le mantuvieron largo tiempo indeciso en la elección de Padre con quien confesarse. Resolvióse por el valetudinario Avellaneda, conjeturando que la propincuidad en que se hallaba de la tumba y los muchos años de experiencia le ladearían a la indulgencia. En esto, la erró de medio a

[281] P: si él, Bertuco.
[282] P: sus inocentes.

medio. Cuando el anciano oyó la historia menuda y prolija de Bertuco y Rosaura, encrespóse coléricamente; babeando, y con voz tartajosa, de[283] mandíbulas desdentadas, profería frases amenazadoras.

—¡Mereces morir aquí mismo, sin absolución, miserable! ¡Tentado estoy de no absolverte, bestia maligna!

Bertuco se arrastraba por tierra, implorando:

—¡Absolución! ¡Absolución! ¡Por Dios, tenga caridad!

Y sus bellos ojos azules manifestaban el espanto de un cielo en donde se apagase el sol para siempre. Aquella mano temblona de senectud le absolvió. Bertuco salió de la celda con el alma leve y ágil; creía llevar alas en los talones, como un dios pagano. Al día siguiente, recibiendo la comunión, temió derretirse en un deliquio.

---

[283] P: *las*.

AMARI ALIQUID [284]

---

[284] 'Algo de amargura.'

I

A LA[285]...

Verificábase la *Distribución de premios y reparto de dignidades*, junto con una *Concertación* o certamen científico de la clase de Física y[286] declamación de odas. Los alumnos vestían el uniforme por primera vez en el curso: un uniforme de traza militar, con gorra y calzones galoneados, luenga y entallada levita de botones metálicos y fajín de seda azul. A los nuevos, el uniforme les traía extraordinario contentamiento. Los antiguos, mayorcitos ya, avergonzábanse de él como de una librea vilipendiosa, testimonio de esclavitud, y los días señalados para vestirlo procuraban arreglárselas de suerte que sus inspectores no los llevaran de paseo a la ciudad, sino al campo.

La ceremonia se celebraba en el gran salón de actos del colegio. Comenzó a las diez y media de la mañana. Los alumnos de Física y los recitadores ocupaban el estrado. Al pie de éste, y a su derecha, detrás de amplísima mesa, aderezada con rico tapiz, donde se apilaban rimeros de cartulinas, entorchados, cruces y otros objetos varios, enhiestábase el seco torso del Padre Rector, entre dos padres graves.

La orquesta del colegio ejecutó, en el riguroso sentido de la palabra, la marcha de *Tannhaüser*. Don Manuel, profesor de música, cuyo rostro era como una masa informe de *pudding*[287] de sémola, tal le habían roído las viruelas, llevaba la batuta, entregándose a las más desalentadas contorsiones, con lo cual daba a entender que sentía mucho la música.

---

[285] P sustituye el titulillo por este otro: *Desdén*.
[286] P: *y finalmente*.
[287] P: *pastel*.

Los alumnos de Física ostentaron su conocimiento en la materia e hicieron diferentes experimentos, entre otros el de asfixiar en la máquina neumática a un gorrioncillo[288].

Entremesó la orquesta con la serenata de Schubert, que cantó Lezama, alardeando de aquella cristalina voz asexual con que Naturaleza le había compensado de otras deficiencas.

Luego, uno por uno, los recitadores fueron adelantándose al proscenio. Bertuco declamó una oda *a la Estrella Polar,* parto doloroso y frigidísimo del padre Estich. Comenzaba:

> Reluciente lucero que sobre el Polo
> Estás inmóvil, triste, plateado y solo.
> A tu lumbre, en tormentas rudas y graves,
> La proa hacia la ruta ponen las naves...

Se le congratuló con aplausos repetidos. Los niños murmuraban: «La escribió el padre Estich», profundamente admirados, y el esquelético jesuita, autor de los versos, sentía como si la satisfacción se le hiciese carne y cubriéndole los huesos le otorgara espesor y corpulencia.

A seguida, se pasó a la imposición de *dignidades,* o sea jerarquías nominales con que se galardona la buena conducta. Duraban todo el curso, como el dignatario no incurriera en demasías, y consistían en entorchados y galones que se aplicaban a la bocamanga del uniforme.

Conejo, en pie, leía la proclamación:

—Brigadier: Don Segismundo Bárcenas de Toledo y Fernández Portal.

El niño se acercaba a la mesa del Rector, el cual prendía con alfileres los entorchados, que después habían de coser los fámulos, y enderezaba unos cuantos plácemes al recipendiario.

—Regulador: Don José Forjador y Caicoya.

Esta *dignidad* era muy envidiada; su misión consistía en tañer la campana que escande la distribución de horas[289], y, consecuentemente, junto con los galones se le entregaba... ¡un reloj!

—Primera división. Subrigadier: Don...

Y así con los *bedeles de estudios, bedeles de juegos* y *jefes de filas,* para cada división.

---

[288] Nótese el carácter simbólico del experimento que elige Ayala: la cultura errónea es la que ahoga la vida libre de la naturaleza.

[289] P añade: *para estudios, clases y recreos, en la disciplina interna del colegio.*

Bertuco nunca había obtenido una *dignidad*, ni por ellas se le daba una higa. Buena conducta y talento son incompatibles, pensaba. *Dignidades* eran siempre muchachos de inteligencia roma y prematuro apersonamiento, para quienes las abundantes horas de estudio resultaban escasas aún, y así, tras de voluntarioso machaqueo, llegaban al aula con las lecciones a medio saber. Además la buena conducta, la quietud sin reproche durante todo el día suponía un esfuerzo, y Bertuco consideraba que el esfuerzo estigmatiza con caracteres asinarios. A Bertuco bastábale y sobrábale, para ir a la cabeza de sus compañeros, con la explicación previa que el profesor hacía después de haber señalado la lección. Aun la demostración de los más inextricables teoremas y fórmulas algebraicas, en oyéndola una vez, la repetía seguidamente, con gentil desahogo y firmeza. En virtud de esta vivacidad de su inteligencia las horas de estudio, siéndole superfluas, le pesaban en términos que, por llevarlas más levemente, no había travesura que no inventase. De ordinario le colocaban en el último banco, por que no distrajera a los demás, y le consentían satisfacer libremente sus inclinaciones: hacía versos, dibujaba, leía libros de literatura que subrepticiamente el padre Estich le daba.

Después de la imposición de *dignidades* se otorgaron los premios de aplicación. Bertuco ganó la *excelencia primera*, la cual acredita el mejor aprovechamiento en un grupo genérico de asignaturas, y tres primeros premios en las mismas. De consiguiente, le colgaron en el pecho la cruz de *emperador*. Cuando el padre Arostegui se la prendía, le dijo:

—Bien está, Alberto; pero no olvides que el infierno está empedrado de cabezas de hombres de genio. Por mucho que sepas, más tienes que aprender de tus compañeros a quienes hemos hecho dignidades.

¡Bah! La dignidad... Harto adivinaba Bertuco que la dignidad no la da el empleo, sino el mérito; no la otorga la voluntad ajena, sino que es virtud inmanente: se tiene o no se tiene; nunca se recibe.

El acto terminaba. Don Manuel conducía desaforadamente la desmedrada orquesta en un himno final. Eran las doce menos cuarto.

Las divisiones bajaron a los patios de recreación. Antes de romper filas, a la señal de unas palmadas de los inspectores, desglosábanse los que sintieran necesidad de evacuarse, e iban a los lugares excusados, los cuales, en el uso del colegio, se acostumbran llamar *lugares,* a secas. Bertuco fue, entre otros.

Bajo el brazo llevaba las cartulinas. ¿Para qué las quería él? Su padre... Dios conocía por dónde andaba... En todo el curso no había recibido noticias suyas. La vieja Teodora no sabía leer. Años anteriores había enviado sus premios con gran entusiasmo, y luego, en las vacaciones, había tropezado con ellos en un desván, desdeñados, sucios, rugosos. ¡Puaf! Hizo un rollo y los arrojó desdeñosamente por el agujero, al depósito excrementicio.

II

EL HOMBRE DE LAS CAVERNAS

Coste dijo a Pajolero, el alumno más aventajado en años, en cuerpo y en fuerzas físicas:

—Tú podrás ganarme a todo, pero lo que es comiendo...

—Y comiendo también, Coste; no seas mazcayo[290].

—Quita pa allá hom.

—Quítate tú.

—Pues a verlo.

—Cuando quieras.

—¿Qué apostamos?

—¿Esta pala contra esa pelota?

—Apostao. ¿A chuletas? ¿A huevos? ¿A cocletas? ¿A tortilla?

—A lo que se presente.

[291]Coste y Pajolero comían en la misma mesa y frente a frente. De esta manera, el singular y cavernario desafío podía celebrarse con algún rito, oculares testimonios de jueces íntegros[292] y garantías de probidad.

Lo primero que se presentó fueron huevos fritos, los cuales hinchen harto rápidamente el bandullo y oponen tenaz indiferencia a los ácidos estomacales. El espectro de la indigestión, denominada familiarmente en el colegio *triponcio*, se cernía en el refectorio. Pajolero y Coste pensaban en los aprietos de la

---

[290] *Mazcayu:* 'simple, tonto' (Rato, *Diccionario bable.* ed. cit., página 173).

[291] P: *En el refectorio. los muchachos podían repetir de los platos tantas veces como querían.*

[292] P añade: *(que eran los otros alumnos vecinos).*

noche, dentro de la camarilla; y en el inexorable Mur, realizando investigaciones estercolarias y arrojándoles el peso de la ley. No embargante esto, entrambos contendientes se desplomaron sobre los indefensos huevos fritos, y, par por par, deglutieron cinco cada uno. En lo engallado del cráneo y lo insolente de la pupila echábase de ver que se hallaban en buena disposición para ingerir otros tantos pares. Pero el abrutado fámulo Zabalrazcoa, con malos modos y añadiendo una expresión torpe, les manifestó que se habían acabado los huevos. El tribunal, atendida la carencia de armas de combate, declaró tablas.

Presentáronse los huevos por segunda vez, a la vuelta de tres días. Pala y pelota pasaron a poder de Pajolero. Después, con ocasión de unas chuletas, pala y pelota retornaron a Coste. A la cuarta vez surgieron croquetas, una de las pasiones más ardientes del molletudo gallego, quien, contemplando con sorna a su adversario, parecía decirle: «¿Para mí tú, con las *cocletas* delante? Tendría que ver...» Y, en efecto, tuvo que ver. Los vecinos estaban deslumbrados ante la delirante celeridad con que Coste obligaba a las croquetas a escabullírsele, gaznate adentro. Ya iba por las dos docenas, cuando Mur, atraído por la expectación que se advertía en aquella parte del refectorio, acudió, interrogó, y logró noticias cabales del heroico hecho. A la salida, llamó aparte a Coste, y luego a Bertuco, en calidad de ejecutor de la *vindicta* que meditaba; los condujo a una clase y allí les hizo esperar unos momentos. Coste, abarrotado de croquetas, no osaba moverse por temor de que se le extraviase el estómago. Reapareció Mur con un libro abierto en las manos; diósolo a Bertuco. El niño conocía bien el volumen: era la *Diferencia entre lo temporal y lo eterno, por el Padre Juan Eusebio Nieremberg*.

—¿Sabes de qué se componen las croquetas, guarro, glotón?

Coste, congestionado, defendiéndose del sopor que le invadía, no prestaba atención a Mur.

—Y tú, Bertuco, ¿lo sabes?

—Yo creo que de gallina, cuando son buenas...

—Como lo son las que os dan en el colegio. ¿Lo oyes gorrino? Pues bien; Bertuco, lee. Por aquí.

Las ventanas estaban entornadas. En el recinto había penumbra. Bertuco se acercó a una rendija, de donde manaba la luz. Y leyó:

«Los regalos, ¿qué son sino cosas viles y sucísimas? Por cierto, que si se considera lo que es un capón o gallina, que es

el pasto más ordinario de los ricos y regalados, que se había
de hacer mil ascos de ellos; porque si cociéndose la olla
echaran dentro gusanos, lombrices y estiércol de la caballeriza,
nadie comiera de ella; pues la gallina, ¿qué es sino un vaso
lleno de estiércol, gusanos, lombrices y otras cosas asquerosísimas que come, como son flemones, excrementos de las narices,
y otras más asquerosas del cuerpo humano? Y si sólo el
sonarse el cocinero o escupir un flemón en el guisado...»

En llegando a este punto, el pobre lector, lívido, estomaga-
do, desfalleciente, se dejó caer, arrojando cuanto había comido. Coste roncaba, sentado en actitud canónica y profunda.

III

EL SISTEMA DEMOCRÁTICO

El padre Urgoíti tenía a su cargo las clases de Historia de
España e Historia Universal. Su bondad y candidez eran
tantas, que así que un alumno, sorprendido absolutamente *in
albis* acerca de la lección del día sacaba el morrito simulando
sollozar por salir con bien del trance, ya estaba el padre
Urgoíti atribuladísimo, dispuesto a encontrar disculpable y
hasta meritoria la ignorancia, y pasaba a otro alumno, y luego
a otro, hasta uno que atinase a urdir cuatro paparruchas, y si
no daba con ninguno no se encolerizaba ni repartía denuestos
y amenazas, pero volvía a explicarles la lección, y en viendo
gestos distraídos o de cansancio, les leía versos del duque de
Rivas o de Zorrilla y libros amenos. Se le burlaban en las
narices, campaban por sus respetos, ideaban los más capricho-
sos abusos, prostituían la austera dignidad histórica; y el
padre Urgoíti, en su bienaventuranza perennal, dulce y casi
sonriente con aquel su rostro correcto de piel mate, como
tallado en marfil.

Una mañana empezaba el padre Urgoíti a referir por lo
menudo curiosas particularidades de la vida espartana, cuando
a las pocas frases se detiene, algo pálido, y recorre la casta y
elevada frente con la diestra mano, así como si pretendiera
ahuyentar un desvanecimiento del sentido. Al reanudar la
plática, se advierte que la voz le tiembla un poco. Nueva
pausa, acompañada de más intensa palidez. Es evidente que el

padre Urgoti hace esfuerzos por seguir hablando de manera que no se trasluzca cierta inquietud que le acosa. Tercer alto en el discurso. Ahora se enjuga el sudor que constela su ebúrnea frente.

—¿No creéis sentir que la tierra oscila, hijos míos?

—Los niños se ríen.

—Sí, sí; oscila, sin duda alguna. Quizá un terremoto. No; más bien es el púlpito, que se mueve. Fijad la atención.

Los niños miran de hito en hito. Sí; el púlpito se estremece. Los ensamblados tablones hacen: *crac, crac*. Desciende el padre Urgoiti, y abriendo la portezuela que hay en la base, descubre a Alfonso Menéndez, *Patón* de apodo, con los miembros ensortijados, cadavérica la faz. El padre Urgoiti retrocede dos pasos, santiguándose. Luego extrae al niño de aquella cavidad poliédrica en donde lo habían vaciado [293], tomándolo por el pestorejo, a la manera maternal con que la gata transporta sus cachorrillos, y lo deposita sobre el pavimento. El niño permanece algún tiempo enmadejado, inhábil para la moción. Algunos compañeros comentan con vayas la extravagante estructura a que el tormento lo constriñó: como manifiesta un perspicuo psicólogo: «La crueldad es connatural del hombre; los niños son crueles, los salvajes son crueles.»

—¿Quién te ha metido aquí, infortunado?

—El padre Mur.

—No puede ser.

—Pues es, sin embargo, padre Urgoiti.

—¿En qué tremendo pecado has podido caer, Patón?

—Eso sí que ya no lo puedo decir.

—Tan vergonzoso es...

—No. Es que yo mismo lo ignoro.

—Imposible, Patón, imposible.

Entonces los niños desarrollan ante los espantados ojos de Urgoiti el repertorio de temas penales inventados por Mur, sus infinitas variantes y las innumerables infracciones leves a pretexto de las cuales sobrevenían.

El padre Urgoiti quedó aterrado. Al salir de la clase corrió en busca de su amigo Ocaña.

—¿Sabes, Ocaña, lo que ocurre? El padre Rector lo ignora, de seguro —y le traslada, ce por be, las noticias que de sus alumnos ha recibido.

—Conocía algo —le respondió el padre Ocaña—, sospecha-

---

[293] P: *amoldado*.

ba más aún, pero nunca creí que llegase a tanto. Es indecoroso, no encuentro otra palabra.

—Fuerza es que nos resolvamos a hacer algo.

—¿El qué?

—Decírselo al Rector.

—Y ¿quién le pone el cascabel al gato? Mur es su ojito derecho.

—También a ti te mira bien...

—Yo no me atrevo.

—Una idea. Al recreo hablaré con algunos otros; de esta suerte nos presentamos varios.

—¿Quién ha de hablar?

—Viniendo ustedes, yo mismo. Su presencia me prestará alientos.

—Pues entonces, a ello.

En el recreo reclutaron a Estich, Numarte y al deforme Landazabal. Convinieron en reunirse a la caída de la tarde e ir conjuntamente a la celda de Arostegui. Mas, habiéndose traslucido algún síntoma de la conspiración, adelantóseles Mur, y, cuando daban unos golpecitos en la puerta del Rector, ya estaba éste al cabo de que un grupo de Padres venía a él en son de queja, y en cuanto a los hechos y razones en que la asentaban Arostegui aceptó como óptimos aquellos que su valido le ofreciera.

—Tan, tatatán, tan [294]... —los golpecitos.

En silencio, los corazones batían sonoramente. Y el silbo, desde el fondo de la guarida:

—Adelantee...

A la cabeza de los quejosos caminaba el bienaventurado Urgoití, todo candor y mansedumbre. Como el pasadizo que la camarilla hace no consentía otra cosa, fueron penetrando de uno en uno, de modo que el Superior pudo elevar su mueca de asombro hasta la quinta potencia, e ir apartando en cinco veces las posaderas del asiento, según aparecía un jesuita más,

---

[294] «No es infrecuente en Pérez de Ayala el intento de captar onomatopéyicamente los diversos sonidos de un ambiente determinado, para lograr con ello una mayor expresividad y juego» (González Calvo, *op. cit.*, pág. 116). Recuérdese que la novela corta *Justicia* comienza así:

«TIN. TAN.
TIN, TIN, TIN.
TAN. TAN. TAN» *(Obras Completas*, II, ed. cit., pág. 1137).

hasta quedar en pie. Y ya cuando los tuvo a todos presentes, afilando los sutiles labios, les envió estas someras[295] palabras, antes de que ellos pudieran hablar:

—¡Una comisión...! ¡Una comisión...! En la milicia de Ignacio nacen los retoños primeros del sistema democrático[296]... Y a ustedes cinco corresponde la honrosa empresa... Retírense, retírense por Dios vivo, y hagan por aliviarme de esta pesadumbre que me imponen. ¡El sistema democrático!

En el tránsito no osaron cruzar una palabra, sino que huyeron a su rincón, ruborosos, abochornados.

IV

EL COLILLERO, EMPUÑANDO EL CETRO

Bertuco llevaba quince días de malestar, disimulando. Estaba inapetente, insomne, laxo y con fuertes jaquecas. Ahiló y empalideció.

Una noche, después de la cena, Conejo le ordenó que no se levantara al día siguiente.

—Estás enfermo, Bertuco.

—No me encuentro bien.

—¿Por qué no lo has dicho?

—Creí que pasaría.

A las seis de la mañana oyó cómo sus compañeros salían de la cama, se lavoteaban, partíanse a las faenas habituales. A poco de quedarse solo llegó el hermano Echevarría, enfermero, el cual le hizo varias preguntas, inquiriendo los síntomas de la dolencia; le pulsó, le tocó las sienes, por ver si tenía calentura, y, a la postre, introduciendo la mano por debajo del embozo, le tanteaba con dos dedos el vientre, punto por punto, e interrogaba: «¿Te duele aquí? ¿y aquí?», bajando siempre, con tendencia a la coyuntura de los muslos, hasta llegar a lo que *Celestina* denominó graciosamente el rabillo de

---

[295] P: *sucintas.*

[296] «Ayudará asimesmo para todo, que, a quien quiera que fuere elegido por Rector, hagan todos gran honor y acatamiento, y obedézcanle como a quien tienen en lugar de Cristo Señor nuestro, y déjenle la disposición de todo...» *(Reglas de San Ignacio,* ed. cit., pág. 600).

la barriga[297], al cual tomó por la base, así como al descuido y a manera de accidente en el examen facultativo; entretúvose con él un buen espacio de tiempo, que fuera de cierto más largo si la manifiesta inquietud y turbación del muchacho no le hubieran obligado a abandonar la débil presa.

Dieta, purgantes, lavativas, y a los tres días ya estaba Bertuco en la sala de convalecencia, una habitación clara, con dos luces y diferentes juegos en que pasar distraídamente las horas los enfermitos. De los muros pendían carteles en colores, explicando la nutrida variedad de hongos y setas, comestibles y venenosos. El deforme padre Landazabal solía acompañar a los niños convalecientes; era uno de sus mayores placeres. Les narraba historias curiosas y milagreras de sus años de misionero; describíales ridículas costumbres de los países salvajes y mil amenas curiosidades. Otras veces jugaba con ellos al asalto, a las damas o al billar romano. No era raro tampoco que se hiciera servir sus modestas refecciones junto con sus amiguitos. A eso de las once llegaba a la enfermería, después de muchas peripecias, porque a tal hora los fámulos barrían los tránsitos y el padre Landazabal no pisaba las barreduras por nada del mundo. Era una reliquia de su vida de misionero; él evangelizaba a los salvajes, y los salvajes, a trueque de esto, le infundían innumerables supersticiones. En el colegio barrían con aserrín húmedo, y Landazabal había aprendido en el Perú que pisar aserrín o despojos de madera es causa de desgracia. Saltaba por encima de las barreduras; mas, como según sabemos, este excelente jesuita no se sostenía en pie si no era afianzándose en las propias nalgas, acontecía que por el aire olvidaba el equilibrio y venía a tierra sonoramente. Era un espíritu débil y candoroso. Los demás Padres no se cuidaban de él; vivía vagando por la casona inmensa con la timidez y el apocamiento de una criatura de tres años. Cuando había algún niño convaleciente Landazabal se consideraba feliz. A Bertuco le inició en varios curiosos enigmas de la Naturaleza: por ejemplo, matando una golondrina se originan lluvias durante cuatro semanas; los huevos de gallina puestos los días de

_____

[297] En el Primer Auto de la Comedia, Celestina dice a Pármeno: «¡Mas ravia mala te mate si te llego a mí, aunque vieja! Que la voz tienes ronca, las barbas te apuntan. ¡Mal sosegadilla deves tener la punta de la barriga!» Y le responde Pármeno: «¡Como cola de alacrán!» (edición de Humberto López Morales, Barcelona, Planeta, colección Clásicos Universales, 1980, pág. 48).

Jueves y Viernes Santo extinguen el incendio en donde se arrojen; cuando un grano de polvo entra en el ojo, sale por sí mismo, escupiendo tres veces en el brazo derecho; no se deben romper a la mesa cáscaras de huevo, daría fiebre; no se debe señalar con el dedo al cielo, a la luna o a las estrellas, es ponerlo en los ojos de los ángeles.

Landazabal era singularmente dado a hacer la apología del tabaco, viniera o no en oportunidad.

Una tarde de domingo hablaban Bertuco y el deforme jesuita, apoyados en el alféizar de una ventana. Caía el sol, dorado y melancólico. Los alumnos estaban de paseo. Veíanse al pie de la ventana los senderitos que conducen al colegio. Iban y venían devotas enlutadas.

—Tú no sabes, Bertuco... Aquello es gloria. Cuba ha sido el país que más me gustó. ¡Qué cigarros! Si vieras... Aquellas mulatazas se dan un arte para hacerlos... Te advierto que andan desnudas.

—Ave María Purísima. ¿Usted qué dice, Padre?

—Son como demonios: no te exagero.

—¡Calla! ¿Usted ve?

—¿El qué?

—Ruth.

—¿Ruth?

—Sí, señor.

—¿Quién es Ruth?

—Aquella señora que viene hacia el colegio... Ahora entra.

—Bueno, ¿qué?

—Pero ¿usted no sabe?

—¡Yo qué he de saber, Bertuco!

—Es una señora guapísima, inglesa, no se sabe si protestante o judía, casada con Villamor, el ingeniero[298]. El padre Sequeros nos profetizó que se convertiría...

—Eso son cuentos.

—Entonces, ¿a qué viene?

—¡Yo qué sé!

Un silencio.

—A propósito, Bertuco: ¿no fumas?

---

[298] Florencio Friera pone este dato en conexión con los ferrocarriles, la inversión de capitales, la construcción del puerto de San Esteban de Pravia y las obras del nuevo puerto del Musel, llamado a sustituir al tradicional del Muelle, en Gijón *(op. cit.,* pág. 106, nota 17).

Bertuco oprimió instintivamente con el codo una cajetilla que guardaba oculta.

—Vamos, Padre... ¡Qué bromas! Tan prohibido como está...

—Vaya... vaya... Si yo no te he de reñir... Confiesa... —el jesuita amabilizaba la voz, una voz extraña, vacilante.

Bertuco pensaba: «Quiere tenderme una añagaza. ¡Pobre hombre!»

—¿Por qué callas? ¿No tienes confianza conmigo? ¿Crees que soy malo? Me gustaría que dijeses la verdad. De seguro tienes pitillos. Y si no los tuvieras y yo sí, te los ofrecería de buen grado...

Bertuco pensaba: «Para quien te crea, viejo.»

—Vaya, Bertuco: dame esa prueba de que eres mi amigo. Supón que yo te pido un pitillo, que quiero fumar... —la voz era por momentos más vacilante.

Bertuco pensaba: «Nunca pude imaginar que fuera tan astuto este Padre.»

—Mire usted, Padre Landazabal: no fumo fuera del colegio ¿y quiere que fume dentro?

—¡Qué lástima! El tabaco es lo mejor que hay. El tabaco y el café.

El deforme jesuita fue a sentarse, abatido y evidentemente triste. Bertuco enviaba volando el pensamiento hacia Ruth. ¿Qué haría? ¿A qué vendría? ¿En dónde la habrían recibido?

El lunes, Bertuco, restablecido ya, ingresó de nuevo en la monótona disciplina escolar. En la recreación, sus amigos acudieron a saludarle.

—Una semanita así nunca viene mal —dijo Ricardín Campomanes.

—¿Fue maula[299]? —preguntó el carrilludo Coste.

—Maula... Anda allá. Me mandó Conejo. Voy a daros una noticia tremenda. La señora de Villamor estuvo ayer en el colegio.

—¡Bah! Noticia fresca —exclamó Ricardín—. Ayer, cuando volvimos del paseo, nos la encontramos en la portería. El padre Sequeros asegura que viene a convertirse.

Formaban grupo Campomanes, Coste, Rielas y Bertuco, apartados un trecho de la división.

—Y el hermano Echevarría, ¿que tal? —Rielas guiñaba el ojo, afanándose en apicarar el gesto.

---

[299] Aquí, *maula:* 'engaño o artificio encubierto' *(DRAE).*

—Es un gran médico. Examina con mucho cuidado a los enfermos —afirmó Campomanes, socarronamente.

Coste acudió a opinar.

—Yo nunca os hablé de ello; pero, vamos que, cuando me disloqué el pie, empezó a palparme la barriga y... —los carrillos se le arrebolaron.

Los mancebos enmudecieron unos minutos. Estaban cohibidos luchando entre el deseo de descubrir algo y la dificultad de expresarlo en términos convenientes. Bertuco se adelantó[300]:

—Y... te empuñó el cetro, ¿eh?, lo mismo que a mí.

—¡Reconcho! Has acertado.

—Y a mí.

—Y a mí.

—¡Qué bárbaro!

Muequeaban de asombro y proferían risotadas.

Añadió Bertuco:

—Ahora viene lo bueno. Trátase del padre Landazabal. El muy pícaro quería sonsacarme si fumaba[301] o no. Hasta un pitillo llegó a pedirme... Qué tal, si me dejo engañar...

—No te hubieras engañado, es decir, no te hubiera engañado.

—¿Qué quieres decir, Ricardín?

—Que el pobre jorobeta se perece por fumar. Los demás Padres lo reputan idiota, no le hacen caso y lo dejan abandonado a su suerte. El infeliz no se atreve a pedir de fumar al Rector, como hace el padre Iturria, y se sirve de estos medios, cuando no de otros. Un día salí yo a *lugares*, en el estudio de la tarde. Pues bien, me encontré al padre Landazabal buscando por los retretes las colillas que nosotros dejamos. Cuando lo sorprendí se echó a temblar y me rogó que no contara nada a nadie. Luego me pidió, por amor de Dios, un pitillo. Yo le di los que tenía.

—¡Jesús!

—¡Jesús!

—Pobre corcovado!

Llegó en esto el padre Sequeros.

---

300 P ha suprimido todo este párrafo.
301 P: *fumo*.

—¿Qué concilios hacéis? ¡A jugar, a jugar!

Y dispersó a los niños, dando palmadas, como se hace con las aves de corral*.

(*) A guisa de escolio, creo oportuno agregar algo que me acaeció hace cosa de cinco años. Habíame ido a pasar el mes de Agosto en un lugar costero del Cantábrico. En compañía de un amigo, paseaba largamente, discurriendo y dialogando acerca de todas las cosas. Solían ir con nosotros algunos niños, hermanos de aquél, los cuales se holgaban de ordinario a su manera alejados de nuestra conversación. Cierta tarde explicaba yo a mi amigo las aficiones táctiles del hermano Echeverría (que tal es su verdadero nombre), del cual hube de ser yo frustrado sujeto paciente en el colegio de Gijón [302], cuando hete aquí que uno de los niños, alumno a la sazón de los jesuitas comienza a reír alocadamente. Volvímonos a él, preguntándole la causa de tanto regocijo. El muchacho nos dio a entender que había oído mi cuento. Cuando pudo hablar, dijo: «Lo mismo que ahora.»

Es decir, que si mis cálculos no yerran, este laborioso lego lleva diez y seis años dedicado a estudios de organografía comparada. ¡No está mal! Tengo entendido que continúa en el colegio de Gijón.

---

[302] En vez de *del cual hube de ser yo...,* P atenúa: *y el Colegio. donde estaba. el de Gijón.*

EL LIBRO DE RUTH

Quae respondit: ne adverseris mihi
ut relinquam te et abeam: quoqum-
que enim perrexeris, pergam: et ubi
morata fueris, et ego pariter mora-
bor. Populus tuus populus meus, et
Deus tuus Deus meus.
(Libro de Ruth, cap. I, v. XVI.)[303]

I

Ruth Flowers había nacido en una de las islas del Canal, en
Jersey[304]. Por la traza corpórea pertenecía al tipo angélico de
la mujer inglesa: figura espigada y fusiforme; equívoca sexualidad de efebo; el continente, virginalmente tímido; la *carna-*

---

[303] Traducción de Nácar-Colunga: «Ruth le respondió: 'No insis-
tas en que te deje y me vaya lejos de ti; donde vayas tú, iré yo; donde
mores tú, moraré yo; tu pueblo será mi pueblo y tu Dios será mi
Dios'» (12.ª edición, Madrid, Biblioteca de Autores Cristianos, 1962,
página 284).
[304] Escribe Pérez de Ayala a su amigo Miguel Rodríguez-Acosta el
3 de septiembre de 1907: «Hasta que ayer, como volviera de mi
veraneo en la isla de Jersey...» *(Cincuenta años* de cartas íntimas a su
amigo Miguel Rodríguez-Acosta, Madrid, Castalia, 1980, pág. 73.)
Comenta Agustín Coletes: «Las referencias geográficas (la capital
Saint Helier, el castillo de Mont Orgueill, etc.) son, consecuentemente,
exactas. De cualquier modo, lo cierto es que constituye un acierto del
escritor el haber hecho a su personaje nativo de las islas del canal: el
carácter melancólico, soñador, tímido y amante de la naturaleza de
Ruth responde bien a su origen físico en una olvidada, pequeña y
bucólica isla inglesa» *(op. cit.,* págs. 988-989).

tion o matiz del rostro [305], según aquel terceto de Isabel Barret Browning [306]:

> *And her face is lily-clear,*
> *Lily-shaped, and dropped in duty*
> *To the law of its own beauty.*

Un rostro embebido en luz, como la azucena, y en forma de azucena, y rociado de una a manera de gravedad que no era sino la conciencia del respeto debido a la propia hermosura; azules los ojos, dulce oración bajo el relicario de la nevada frente; rubio lino cardado, la cabellera. En lo espiritual, era soñadora, sensitiva y dócil a todo linaje de quimeras. El mar múltiple y Shakespeare [307] múltiple habían envuelto su infancia. Su casita, sobre la playa de Saint Helier, enfrentábase con la fortaleza, ya en ruinas, que la Reina Virgen levantara, mar adentro. Desde su isla alcanzábase a ver, del lado allá de las olas, en los días serenos, una mancha lechosa de tierra francesa, en donde está la tumba de Chateaubriand [308]. Y no lejos de su cuna yérguese la mole bélica del castillo de Mont Orgueill, sobre el acantilado rudo que multiplicó el canto de Childe Harold peregrino [309].

---

[305] P, más sencillamente: *el rostro.*

[306] «Elisabeth Barret Browning (1806-1861), poetisa menor de la era victoriana, casada con el gran poeta Robert Browning, es hoy principalmente recordada por sus *Sonnets from the Portuguese* (aunque en su día otro libro suyo, *Aurora Leigh,* fue mucho más popular), obra a la que pertenece el terceto citado por Ayala» (Coletes, *op. cit.,* página 984).

[307] La enorme admiración de Ayala por Shakespeare se expresa, por ejemplo, en *Las máscaras* y en el capítulo de la lectura de *Otelo* en *Troteras y danzaderas,* además de multitud de referencias concretas a lo largo de toda su obra. Resume bien Agustín Coletes: «... Shakespeare es para Ayala mucho más que un gran autor dramático (...) Para el escritor asturiano, Shakespeare es símbolo y representación de muchas cosas: el gran Arte, la perfecta fusión entre vida y literatura, la educación estética, el pensamiento liberal, Inglaterra» *(op. cit.,* página 1202).

[308] Chateaubriand, nacido en 1786, murió en julio de 1848 y fue enterrado, como lo había pedido, en el islote de Grand-Bé, delante de San Maló, donde había nacido.

[309] El protagonista de *Sonreía,* uno de los «Primeros trabajos» de Ayala, «llevaba en bolsillo un librejo encuadernado en tersa piel rojiza con las peregrinaciones de *Childe Harold»* *(Obras Completas,* I, ed. cit.,

En Jersey conociera a Villamor, quien, reposándose de los estudios que le habían llevado a la Gran Bretaña, veraneaba en Jersey. A poco de relacionarse contrajeron matrimonio.

Ruth pensaba en España como en una tierra encendida de rosas y poblada de aventuras, el país de la novela cotidiana.

Cruzó, en su viaje nupcial, la llanada francesa, amable y riente, y desde San Sebastián, siguiendo la costa del Cantábrico, llegó a Regium, húmedo y melancólico. Villamor había alquilado una casa en la calle de Zubiaurre[310], frente al mar; un mar verdinegro y hosco, como el de Ruth. ¡Y ella que había soñado con un mar latino, color de añil, tachonado de velas purpúreas...!

Al año de matrimonio llegó una niña, Grace, y dos años más tarde un varón, Lionel.

Villamor amaba a Ruth con tan delicado rendimiento que no gustaba ni atinaba a decírselo, experimentando cierto pudor de la palabra como de cosa fútil, vestidura de ficciones y tosco remedo del amor[311]. Acordábase de sus breves aventuras con damas galantes, y la herida que le hacían en el sentimiento con charlas mimosas de encarecido afecto, moviéndole a apartarse de ellas con repugnancia. Muchas veces era tan caudalosa la crecida de su pasión que se hubiera arrojado a los pies de Ruth murmurando mil locuras que se le atropellaban en los labios y pidiéndole caricias, como un niño; pero el temor de caer en liviandad a los ojos de su esposa, le contenía. Ni aun osaba mirarla con amorosa insistencia, por miedo al ridículo o a que en sus ojos adivinara Ruth alguna vislumbre de torpeza. Era de un exterior frío, reconcentrado, impasible: como los líquidos bullidores y expansivos, necesitaba un continente muy recio. Hasta con sus hijos parecía adusto[312].

---

página 848). Quizá Pérez de Ayala hizo lo mismo. De los ingleses, Byron es «el poeta romántico, con bastante diferencia, en que más se detiene Ayala», (Coletes, *op. cit.*. pág. 1186). Su atención se centra, sobre todo, en el tratamiento del tema de Don Juan, comentado en *Las máscaras*.

[310] Puede referirse a la calle de Ezcurdia, en Gijón.

[311] En las novelas de Pérez de Ayala, muchas veces, el que habla más no es el que más siente. Ese es uno de los temas centrales de *Belarmino y Apolonio* (véase mi edición, citada, y el estudio de León Livingstone, «The Theme of the 'paradoxe sur le comedien' in the novels of Pérez de Ayala», en *Hispanic Review*, XXIII, 3 de julio de 1954, págs. 208-224).

[312] Pérez de Ayala ha censurado muchas veces este vicio del carác-

El corazón de Ruth, tierno y nacido para el halago, no comprendía al esposo, y juzgaba como desamor lo que no era sino amor acrecentado. Esclavos los dos de la propia dignidad, una timidez y frialdad aparente se había unido a otra timidez fría en la superficie, de suerte que en el trato familiar se les interponía una terrible y opaca oquedad. Y así vivían mano a mano, alejándose por momentos; ella cada vez más triste y más ausente del hogar con el pensamiento; él cada vez más enamorado y más triste, comprendiendo que su Ruth dejaba de quererlo.

Las continuas cavilaciones y melancolías de Ruth —tras de los vidrios del mirador, cara al mar; el artístico volumen de Longfellow[313] o de Shelley[314], caído en el regazo— trajeron por obra una gran alteración nerviosa. La linda azucena del Norte se mustiaba. Observábala cautelosamente Villamor, atribulado y sin saber cómo acudir con el remedio. Al fin, temiendo serias complicaciones del mal, se atrevió a decir:

—Querida, me parece que Regium no te sienta. Es preciso que pases una temporada de campo, de montaña a ser posible. Si quieres ir a Jersey, no te contrarío. Pero, en mi opinión, te conviene un clima de altura. Mi madre vive en Agnudeña, ya sabes, una región abrupta y solitaria; se parece a los *highlands* escoceses. Te gustará. Mi madre aún no te conoce; te querrá mucho. Creo que tú también la querrás. Es una mujer sencilla... aldeana... pero...

—Eso ¿qué importa?

—Gracias, Ruth. ¿Te gustaría ir?

—¿Por qué no?

—Llevarás a los niños y a la *nurse*. Para todos será muy saludable. Os acompañaré una corta temporada, porque las obras del puerto... ya sabes...

—Como quieras.

---

ter español. Recuérdese que *Las novelas de Urbano y Simona* son, a mi modo de ver, una especie de *libro de buen amor* para uso de los españoles del siglo XX (véase mi edición, Madrid, Alianza Editorial, colección El Libro de Bolsillo, 1969).

[313] Al considerar a Longfellow lectura favorita de Ruth, «aquí habla Ayala, en realidad, de sí mismo» (Coletes, *op. cit.*, pág. 983).

[314] Pérez de Ayala comentó el clásico texto *The Defence of Poetry* en sus *Divagaciones literarias*, Madrid, Biblioteca Nueva, 1958. En una ocasión habla de «el divino Shelley» *(Tributo a Inglaterra*, Madrid, Aguilar, 1963, pág. 58).

—¡Ah! Perdóname. No quisiera ofender tus creencias; pero es preciso que mi madre piense que eres católica, y hasta... No me atrevo.

—Habla.

—Hasta que asistas a misa. En este caso sólo podremos ir. De otra suerte, imposible.

—Como quieras.

Se fueron al arriscado Agnudeña. Ruth, la niña y la *nurse* hablaban inglés y contadas frases en castellano. El niño comenzaba a chapurrear la lengua paterna. Villamor les sirvió de intérprete en la montaña. A Ruth le gustó la braveza del paraje y la buena gracia patriarcal[315] de sus moradores. La vieja estaba encantada con su nuera y sus nietos. De la una decía que Dios no hace cuerpos tan *guapos* si no es para infundirles un alma buena, y que parecía *talmente* un querubín. De los nenes que eran *pintiparaos* los angelotes de las estampas. La que no le entraba enteramente era la *nurse*, a causa de lo acecinado[316] de su semblante y de lo doctoral de sus lentes.

Ruth asistía los domingos a misa. El santuario era una ermita montañesa, rodeada de castaños patriarcas y con un esquilón de acento inocente y díscolo. Los santos, toscamente entallados en madera, tenían esa rigidez bizantina que sin duda conviene a la bienaventuranza[317]. Dentro del recinto olía a monte y a fortaleza[318]. Y Ruth comprendió que aquella

---

[315] P: *pastoral*.

[316] Pérez de Ayala suele emplear esta forma para expresar la ausencia de sensualidad, el puritanismo repulsivo. También son *acecinadas* Teresa (en *Artemisa*) y sobre todo doña Micaela, la madre de Urbano: «Doña Micaela, acecinada, aplastado el seno por un justillo de dril, vestida de negro, parecía la efigie de un viernes de cuaresma...» (ed. cit., pág. 48).

[317] A pesar de su anticlericalismo, Pérez de Ayala suele evocar con afecto estas sencillas iglesias campesinas. Recuérdese, por ejemplo, la descripción que hace en *Tinieblas en las cumbres*: «no era sino humilde capilla, con una prolongación triangular del muro de la fachada, a manera de espadaña o campanario, y en él dos campanitas humildes en sendos huecos de medio punto; una cruz de hierro en el vértice superior. Sus paredes no estaban jabelgadas como las de otros santuarios de aldea, sino ennoblecidas con una capa de temple color amatista, ajada y raída por los huracanes salitrosos; parecía un prelado sencillo y pobre» (ed. cit., pág. 92).

[318] P suprime: *y a fortaleza*.

sed que alteraba sin tregua su alma podía satisfacerse en las aguas de la religión católica. La fiesta del patrono acaeció estando Ruth en Agnudeña. Sobre el pavimento de la ermita los montañeses amontonaron un tapiz de espadaña, juncia, romero y rosas carmíneas. Los incensarios borbollaban fragancias de Oriente. En el coro, seis cornamusas vertían sin reposo guturales y halagadoras canturrias. Ruth sintió a modo de una ebriedad; era su tierra de promisión, lo emotivo y lo pintoresco de la novela cotidiana que había soñado frente a la fortaleza de la Reina Virgen.

Allí mismo, sin salir de Agnudeña, hubiera entablado conversaciones piadosas con el párroco; pero éste, aparte la agria cerrazón de su dialecto, era un bárbaro que vivía sólo para la caza y otros ejercicios violentos y crueles [319].

De vuelta en Regium, Villamor buscó un preceptor que enseñase correcto castellano a sus hijos

—Es un amigo íntimo mío, Ruth, que por especial favor accede a mi deseo. Ha viajado mucho, hasta el Japón, y habla correctamente el inglés y el francés; de suerte que contigo puede entenderse en tu propio idioma, y, hasta si lo deseas, darte lecciones de castellano. Tiene gran talento y elocuencia; no será raro que lo elijan diputado en la próxima legislatura. Se llama Luciano Pirracas. Espero que, por su educación y particularidades, no te cause enojo, antes te sirva para conversar y distraerte.

Don Luciano Pirracas apareció en casa del ingeniero. De primera intención, a Ruth no le fue simpático. Andaba por la treintena y era adiposo y locuaz. Su charla, como la atmósfera, envolvía todas las cosas existentes sobre la haz de la tierra. Dijérase que nada podía vivir como no fuera alentando en su palabra profusa. A fuerza de perspicacia daba en superficial; tocaba los asuntos en la costra y los creía ya resueltos. Describiendo tierras exóticas lograba poner en sus frases vivos colores y evocaciones repentinas. En tal caso, Ruth le escuchaba con atención. Era anticlerical furibundo, e induciendo de la religión de Ruth que ésta le prestaría aquiescencia, disparábase en vituperios contra la clerecía y muy particularmente contra la Sociedad de Jesús. Pero Ruth, que vivía en crisis religiosa, le vedó con delicadeza que la hablara de este extremo.

---

[319] P suprime: *y crueles.*

274

Insensiblemente, Picarras se fue enamorando de Ruth, y como no era hombre de vida profunda, la mujer del ingeniero lo comprendió en seguida, agradeciéndole la nobleza con que procedía esforzándose en acallar aquel fuego por respeto al amigo y a su esposa.

Cada vez que en sus paseos dominicales pasaba el matrimonio por delante del colegio de la Inmaculada a Ruth se le iban los ojos hacia el caserón. Deseaba entrar y desentrañar su vida oculta. Conocía a todos los Padres, habiéndose cruzado con ellos tantas veces; pero ignoraba sus nombres. Los conceptuaba eminentes en santidad y únicos en ciencia divina. Comprendía que sólo ellos eran a propósito para otorgarla la luz de la gracia y un cabezal de sosiego en que adormecer el espíritu. Sin saber cómo, sus ansias iban hacia aquel jesuita alto, fuerte y austero que regía a los niños mayores. No le había visto nunca los ojos, y, sin embargo, sabía que eran pardos y penetrativos, de esos ojos desnudos, tristes y castos que saben leer en las almas.

Otro individuo que le atraía singularmente era Gonzalfáñez, del cual Villamor le había hecho breve relato acerca del misterio en que se arrebozaba. Los dos esposos lo habían sorprendido en guisas extravagantes: una vez, conversando con las hierbas, tumbado en el prado; otra encaramado en un pomar, cebando los bichejos de un nido.

La única relación que en Regium mantenía Ruth era con la señora del vista de aduanas, Aurora Blas. Visitábanse de tarde en tarde y con mucha etiqueta. Aurora andaba muy metida por los jesuitas y no perdonaba ocasión de pronunciar un ardoroso elogio de los benditos Padres. Y así fue cómo Ruth confió un día a Aurora sus inquietudes espirituales y su resolución de acogerse a una religión que la satisficiera [320].

—*Mais, alors vous devez aller tout de suite au couvent des Jesuites. Oh combien ça me plait! Vous êtes un ange.*

—*Ma chère Aurora; ça c'est bien difficile. Comment pourrais-je aller moi toute seule? Je n'y connais personne*[*].

Aurora se prestó, al proviso, a servir de correveidile. No faltaba más. Fue a visitar al padre Olano, su confesor; éste

---

[320] P: *que le satisficiera los anhelos.*

[*] —Entonces, lo que usted debe hacer es ir inmediatamente al convento. ¡Qué alegría! Es usted un ángel.
—Pero, querida Aurora; no es cosa fácil. ¿Cómo voy a ir si no conozco a nadie?

acudió a Arostegui; Arostegui manifestó que le placía mucho el caso y a los dos días, Aurora y Ruth entraban en el colegio, un domingo, al caer la tarde. Olano las aguardaba en el salón de visitas. La primera dificultad con que tropezaron fue que Olano no sabía inglés, ni francés, y Ruth no se enteraba cumplidamente del castellano. Aurora sintióse perpleja:

—Padre, yo creí que todos ustedes sabían al dedillo el francés.

—¿Para qué, hija mía? —respondió el padre Olano, ruborizándose—. Lo estudian los que tienen necesidad de él. En los otros sería vanidad. Pero, en fin, esto no es un impedimento absoluto. La señora, por lo que veo, entiende español. Yo la hablaré despacio, y cuando no me comprendiera, le repetiré lo que sea cuantas veces sea preciso. De este modo las verdades se le inculcarán con mayor fuerza. De aquí en adelante puede venir a la hora que mejor le convenga, y hablaremos aquí.

—*Six heures du soir, si ça vous plait.*

—¿Qué dice?

—Que a las seis de la tarde, si no le molesta.

—Muy bien. ¿Quedamos en eso?

Así se hizo.

Ruth acudió puntualmente, aun cuando le repelía el aspecto del padre Olano y cierta manera crasa y adherente que tenía de mirarla.

Convencida a la postre de que no avanzaba nada en el camino de perfección, escribió un billete al padre Olano despidiéndose, y achacando su determinación a la dificultad insuperable del idioma. Con la esquela en la mano y sombrío abatimiento en el rostro, el catequista encaminóse a la celda del Rector.

—Pero, hombre, ¿por qué no me ha dicho usted el primer día que esa señora no sabía castellano?

—Yo creía...

—Usted creía que el Espíritu Santo le iba a soplar a usted el don de lenguas, ¿no es eso?

Aquel mismo día, la señora de Villamor recibió una carta, en correcto francés, rogándola que tuviera a bien continuar por el camino emprendido, y que volviera al colegio en donde hallaría un Padre con quien poder entenderse a su gusto. El Padre resultó ser Conejo, que además de Prefecto de disciplina era profesor de francés, primer curso. A los pocos días, Conejo renunciaba a la empresa de adicionar un alma a los rebaños del romano pontífice.

—Reverendo Padre Rector, lo lamento mucho, pero no me es posible hacer nada, porque... o yo no sé francés o es la señora esa quien no lo sabe. No podemos interpretarnos recíprocamente.

—Lo más probable, padre Eraña, es que usted lo ignore, y en esto no hay ofensa.

—¡Por Dios, Padre Rector! Ni por pienso...

—Acaso el padre Sequeros... ¿Usted que opina?

—Yo...

—Sí, usted; puesto que le pregunto...

—Que lo habla como Fenelón[321], eso ya se sabe.

—Pues dígale esta tarde a esa señora que desde mañana bajará a recibirla otro Padre. Y como no estaría bien hacer esta distinción a favor de una solamente, bueno es que con cautela, vayan ustedes informando a otras beatas de que el padre Sequeros vuelve a los ministerios.

Cuando Sequeros recibió la orden, no pudo celar la alegría que le daban. Vio el dedo de Dios, eligiéndole, y por la noche se revolcó sobre la tarima de su celda, humedeciéndola de llanto y besándola, y luego se zurraba los lomos con las disciplinas, y murmuraba:

—¡Corazón santo, yo no soy digno! ¡Amado padre Riscal, yo no merezco...!

En las recreaciones de los Padres hubo comidilla abundosa. La nueva llegó hasta la manida[322] de Atienza, el cual, en la primera ocasión, le sopló a Ocaña en el oído:

—¿Qué te he dicho yo, Ocañita? Que echarían mano de Sequeros cuando lo necesitaran[323]. ¿No te lo he dicho yo? Mira, lo tengo muy bien organizado —y daba un golpecito con el índice en la carnosa nariz.

---

[321] Fenelón (1651-1715) fue arzobispo de Cambray y preceptor del duque de Borgoña, heredero de la corona francesa. Su fortuna sufrió grandes altibajos, a causa de sus actitudes espirituales. Polemizó contra Bossuet y los jansenistas. Su obra más famosa es el *Telémaco* (1699), novela que expresa sus ideas reformadoras, con evidentes alusiones a la política francesa de su tiempo.

[322] *manida:* 'lugar o paraje donde un hombre o animal se recoge y hace mansión' *(DRAE)*.

[323] P: *necesitasen.*

II

Un repique de nudillos en la puerta le despertó. Levantóse en paños menores y salió a la celda. Encendió el quinqué, miró instintivamente el reloj, que había dejado sobre la mesa, al acostarse. Eran las cinco de la matinada.

Sequeros volvió, con el quinqué en la mano, al camaranchón en donde estaba su yacija, y lo colocó en el suelo. Enderezó los ojos hacia el crucifijo, colgado del muro sobre la cabecera del lecho, santiguándose. Calzóse luego las medias, de lana y hasta más arriba de la rodilla, se vistió los calzones, de mahón azul, desteñido ya, no más largos de la corva y acuchillados de remiendos, insistentemente en la culera; se puso los zapatos; arremangó los puños de la camiseta y comenzó a lavotearse en un cacharro que había sobre un sillete. En habiéndose enjutado, tal como estaba y sin ponerse más prendas de vestir, hizo la limpieza del cuarto. Con una escobilla fue barriendo la suciedad del entarimado y la apiló en un montoncito, a la puerta. Sacudió violentamente el fementido colchón; aireó un momento las sábanas luego que hubo abierto el ventanal; batió el cabezal y con mucha destreza, dejó lista la cama. Se le ocurrió: «¡Vamos, que si Ruth me sorprendiera en esta traza...!» Avergonzado, se llevó las manos al rostro; en seguida se empinó y golpeó el tillado con el pie, como si espantase un gato, diciendo: *Fugite, Satana,* y trazó una cruz en el vacío. Vistióse la camisa, la sotana, única que tenía y se encasquetó el bonete. Giró la vista en torno, contemplando su ajuar indigente; después de vestido no le quedaban otras prendas que el balandrán[324], el manteo, una teja despeluchada, raída, lamentable, y luego un rosario, el crucifijo que le habían entregado al hacer los votos y con el cual le enterrarían, *El Tesoro* y el breviario.

Sonrió, envanecido de lo que él creía tanta pobreza. Marchábase ya, cuando, arrepintiéndose de camino, penetró en el zaquizamí nuevamente y salió con el balandrán puesto.

En los tránsitos, otros Padres caminaban en la misma dirección, silenciosamente. Estich se estrujaba las manos, haciendo

---

[324] *balandrán:* 'vestidura talar ancha y con esclavina que suelen usar los eclesiásticos'.

sonar los huesos, por ahuyentar el frescor de la madrugada. Penetraron en la capilla reservada, en donde hicieron las oraciones en común. Oíase, de vez en vez, el canto de un gallo campesino. Sequeros celebró su misa y se restituyó a la celda, para hacer la oración y meditación matinales. Sacó el crucifijo de sobre la cabecera al cuarto exterior, suspendiólo en un clavo e hincóse de rodillas, orando vocalmente. Púsose en pie y trajo a la memoria el punto elegido la noche anterior en el libro del padre Luis de la Puente[325], durante el penúltimo cuarto de hora antes de acostarse: *Del primer milagro que hizo Cristo nuestro Señor en las bodas de Caná, de Galilea*. Imaginóse en la presencia de Dios, trayendo en ayuda de sus propósitos la interpretación que San Bernardo da del pasaje bíblico aquel en que Abraham, subiendo a sacrificar su hijo, deja en la falda del monte impedimenta y servidumbre; una y otra representan cuidados y pensamientos terrenales. Por recogerse en el punto de la meditación se esforzó en que sus potencias contribuyeran, como quiere San Ignacio, de manera que trabajando el entendimiento en las varias circunstancias que encierra el conocido versículo *quis, quid, ubi, cui, quoties, cur, quomodo, quando**, se le inflamase la voluntad, y, enfervorizada el alma, luego de cavar, rumiar y ahondar en la meditación, entrarse por el coloquio. Aderezaba con meticulosa solicitud la composición de lugar. Su imaginación plasmaba prestamente realidades apetecidas. *Hubo unas bodas en Caná de Galilea, en las cuales se halló la madre de Jesús, y él fue convidado con sus discípulos; y como faltase el vino, díjole su madre: No tienen vino*[326]. Sequeros veía la gran cuadra del festín; columnas de alabastro, al fondo; fragancias espesas; colgaduras, y a través de una que la brisa alzaba, colinas de oro, palmeras y un lago terso; los comensales, con túnicas abigarradas; vasijas de plata bruñida; manjares condimentados con especias; la desposada, embellecida por el rubor, el marido con ojos como tizones; Cristo, corpulento y dulce, la cabeza inclinada sobre la túnica

---

[325] El padre Luis de la Puente (1554-1624), jesuita vallisoletano, fue autor de numerosas obras ascéticas, traducidas a muchos idiomas. El novelista debe referirse a las *Meditaciones de los misterios de nuestra Santa Fe*. Puede verse, sobre él, el estudio de C. M. Abad, *Luis de la Puente*, Palencia, 1939.

   * Quién, qué, en dónde, en favor de quién, cuántas veces, por qué, de qué manera, cuándo.

[326] El relato evangélico de las bodas de Caná está en Juan, 2,1-11.

inconsútil de lino blanco; la Virgen... con el propio rostro de Ruth.

«¡Oh, Jesús mío!» sollozaba Sequeros, «apartad de mi mente imágenes temporales». Pero la Virgen permanecía con el rostro ebúrneo y angélico de Ruth.

«*Ponderaré la confianza tan amorosa y resignada con que hizo la Virgen aquella brevísima petición:* VINUM NON HABENT, *no tienen vino, como quien estaba certificada de las entrañas de piedad de su Hijo. A esta demanda respondió Cristo nuestro Señor: ¿Qué tienes que ver conmigo, mujer? No ha llegado mi hora. Ponderemos las causas de esta respuesta, al parecer tan desabrida...*»

Y Sequeros, arrastrado enteramente por la existencia imaginativa que había provocado, continuó en voz alta:

«Ves, Ruth, que a las veces te hablo con dureza, lo cual te mueve a desconsolación. ¿Qué otra cosa persigo si no es tu bien? ¡Ay, que las veredas del bien son ásperas, Ruth! ¿Piensas que no te amo? ¿Cómo no he de amar tu alma de armiño, alma blanca y suave en la cual la mía se recrea? ¡Ruth, Ruth, corderilla mimada de mi rebañuelo, la más linda, la más graciosica y débil, la que más amo, por habérseme extraviado! ¡Si supieras, Ruth, cuánto te amo, cuánto, cuánto...!»

En esto, el astuto hermano Cervino, lego visitador, esto es, encargado de ir espiando de celda en celda a la hora de meditación [327], abrió la puerta súbitamente, insinuó la cabezota en el cuarto de Sequeros y cazó al vuelo las últimas frases del soliloquio. Cuando Sequeros volvió los ojos a la entrada, atraído por el ruido audible del mundo efectivo, el visitador había desaparecido ya. A través del ventanal se infundía la bruma argentífera [328] de la matinada. Los muebles de la celda se concretaban en la naciente luz de Dios. Fuera, la campiña empezaba a manifestarse entre tules de suma levidad. Sequeros consultó el reloj.

—¡Dios me valga! Van a dar las seis y media. No he sacado el fruto de la meditación ni he hecho examen de conciencia. ¡Jesús! ¡Jesús, ayúdame!

---

[327] Sin ser cita literal, la comparación tiene el tono de las del *Cantar de los Cantares*. Por ejemplo: «Son tus cabellos rebañitos de cabras / que ondulantes van por los montes de Galad. / Son tus dientes cual rebaño de ovejas de esquilas / que suben del lavadero / todas con sus crías mellizas / sin que haya entre ellas estériles» (4.2).

[328] P: *argéntea*.

Besó el crucifijo y subió raudamente a las camarillas de los alumnos. Los acompañó según era su deber, durante la misa, hasta las siete y cuarto; durante el estudio de la mañana, hasta las ocho, hora de desayunar.

Desayunó en el refectorio de los Padres y volvió a la recreación de los niños, hasta las ocho y media, en que comenzaban las clases. Subió a su celda y distrajo el tiempo, hasta las nueve, leyendo libros devotos. Bajó a su confesonario, en la iglesia pública del colegio. Desde el comienzo de la catequización de Ruth, el padre Arostegui le había ordenado reanudar su ministerio penitenciario, lo cual le originaba estúpidas molestias que Sequeros ofrecía a cambio de culpas veniales. Las *madreselvas* bloqueaban su confesonario y hasta se enredaban en querellas ruidosas, disputándose la vez que habían de seguir en el turno. Luego, en habiéndose adherido a la rejilla, en fuerza de escrúpulos y sandias menudencias que traían para desembuchar, no había expediente fácil y piadoso con que dar por terminada la confesión.

A las diez y media, Sequeros daba su clase de francés, segundo curso, hasta las once. Eran discípulos suyos, Bertuco, Campomanes, Rielas y Rodríguez. A las once salían los niños a recreo, acompañados de Sequeros, hasta las once y media. Entonces, los alumnos iban al estudio, con el inspector segundo. Sequeros subió a su habitación, en donde hizo examen de conciencia, durante quince minutos. A las doce menos cuarto asistió a las letanías de los Padres, rezadas en la capilla íntima. La comida era a las doce, y se prolongaba hasta la una menos cuarto. Los Padres subían a los tránsitos, a solazarse platicando, y los alumnos a los patios de recreación. El padre Sequeros, con los alumnos. Duraba el recreo de los niños hasta la una y media, y a continuación venía un estudio de media hora. preparatorio de las clases de la tarde, presidido por Sequeros. Al final de este estudio Sequeros quedó libre; consentíasele dormir hasta media hora de siesta. Se tendió en la cama; elevó la mirada al cielo raso; sobre la tediosa tersura de la techumbre diose arte con que esbozar visiones e ilusiones. Dentro de unos instantes llegaría Ruth al salón de visitas. Quizá venía ya de camino. ¡Cuan dócil y bondadoso el espíritu de Ruth! ¡Con qué santa celeridad se alimentaba de las verdades fundamentales de la religión católica, convirtiéndolas en sustancia de su sustancia! ¡Cómo aderezaba con imágenes preñadas de divina luz los místicos arrebatos de su corazón! Los adelantos conseguidos eran sorprendentes; estaba adoctrinada ya en todos los extremos que importan, porque a las veces viene el Señor muy tarde; pero paga tan bien y tan por junto como en un punto da a otros. «¡Oh, mi Jesús y venerable Riscal; qué regalo tan sabroso me hacéis!» Al día siguiente se bautizaría Ruth en la iglesia pública del colegio. Los alumnos en pleno asistirían. El padre Sequeros iba a verter las aguas lustrales del simbólico Jordán sobre la aurina cabeza de Ruth... «¡Qué regalo tan sabroso me hacéis!» Descendió del lecho y diose a pasear. De minuto en minuto, sacaba el reloj. «Las tres menos cuarto. No me explico...» Púdole la impaciencia y bajó al recibimiento. Santiesteban, de la sonrisa pútrida salió a su encuentro.

—Subía a llamarle, padre Sequeros. La señora está en el locutorio.

Vestía de negro, lo cual sutilizaba su natural sutilidad. A través del velo, flotante y tránslúcido, la cabellera tomaba reflejos de metal[329]. Levantóse, así que vio asomar a Sequeros, y corrió hacia él.

—*Mon Père, mon Père.*

—*Ma soeur, ma chère soeur, ma petite soeur**...

Se estrecharon las manos, contemplándose con regocijo infantil. La obligó a sentarse luego y se acomodó al lado de ella. «Hoy, verdaderamente, no tenemos de qué hablar; es día de callar...» decía Sequeros.

—*De chanter plutôt***.

«De rezar, hermanita.» «No, no, de cantar. Soy feliz.»

—*Donc. ¡Aleluya!***.

Rieron, alborozados. Tenían los ojos resplandecientes. Ruth refirió que ya tenía terminado el traje blanco y muy elegante. «Siempre le dije a usted, Ruth, que el blanco y el negro es lo que mejor le va. Mañana parecerá usted un ángel. Y lo es...»

—*Mais non, mais non. Que vous êtes gentil****.

«Repito que sí. Soy su padre espiritual, y no hay pecado de orgullo en creer lo que digo.» Luego, meditabundo: «¡Qué lástima que no puedan bautizarse mañana los niños! Sería un espectáculo conmovedor. Y su marido, ¿vendrá?» «¡Ay! No lo

---

[329] Nótese el sabor *modern style* de esta aparición, que parece sacada de un cuadro prerrafaelista.
  * —Padre mío. Padre mío.
    —Hermana mía, querida hermana, hermanita.
 ** —De cantar mejor.
*** —Pues, ¡Aleluya!
**** —Quiá. Que amable es usted...

sé. Ya sabe, Padre mío, lo fríamente que vivimos. ¡Padezco mucho!» «¡Pobre hermanita!» Platicaron sin tasa.

Santiesteban vino a dar la hora: las cinco y media.

—*Pas possible** —exclamó Ruth.

¡Cómo había volado el tiempo...! Despidiéronse tiernamente hasta el siguiente día.

Los alumnos salían de las clases. En el claustro unióseles el padre Sequeros; merendaron; salieron a la recreación, en donde, rodeado de un pequeño grupo de adictos y devotos, el inspector les hizo menuda cuenta de varias circunstancias edificantes que habían concurrido en Ruth para ser elegida de la gracia, ponderando la extraordinaria virtud, candor y belleza de esta señora y otras muchas curiosidades que deleitaban a los niños; siguióse el estudio, entreverado de rosario y lectura espiritual; a las ocho, la cena, y Sequeros fue al refectorio de los Padres; condujo luego a los muchachos al dormitorio y retornó al pasillo del piso principal. Los jesuitas paseaban en pequeños grupos, quiénes de frente, quiénes de espalda[330], platicando sobre nonadas y baladíes rencillas, de muros adentro. Sequeros se sumó al primer pelotón que halló al paso. Lo formaban Landazabal, titubeante y con las manos clavadas en lo mollar del trasero; Estich, ajirafado y redicho; Numarte, panzudo y estólido como un trompo, y Ocañita, minúsculo y murmurador. No había entre ellos ningún profeso, o jesuita propiamente dicho, esto es, que además de los tres votos simples hubieran hecho el cuarto, de obediencia al Papa. Numarte y Landazabal eran coadjutores espirituales, Padres graves; Estich y Ocaña, maestrillos. Cuando se les acercó Sequeros conversaban precisamente de las intrigas y favoritismos con que se elegían, contra justicia y caridad, los individuos que habían de hacer el último voto, ideal supremo de todo el que ingresa en la Orden.

—Y usted, Padre —preguntó Ocañita a Sequeros—, ¿por qué no llegó a hacer el cuarto voto?

—Sin duda porque después de mi tercera aprobación los Superiores hallaron que yo no era eminente en ciencia o virtud, como quiere San Ignacio. Pero desde todas las partes se puede servir a Dios.

—Ya lo creo; y mucho más desde nuestro sitio —afirmó Landazabal, deforme.

---

* Imposible.

[330] P añade: *dando cara a los anteriores y.*

Pasáronse a hablar del dinero de la Compañía. Las aseveraciones de Numarte, muy amigo del padre Iturria, procurador, tenían gran fuerza:

—Iturria, me aseguró que este colegio es un negocio excelente. Hechas las tres partes de los ingresos, una para el General, en Roma y otra para el Provincial, queda mucho dinero aún de la tercera, para los gastos de la casa. Según me dice Iturria, lo sobrante lo tiene el Rector, y dispone de ello a su manera, en labores de propaganda, etc. Creo que se piensa hacer un periódico en Pilares y varias reformas en el colegio.

—La verdad es que —interviene Estich— cuando nuestros adversarios propalan que somos ricos, no se equivocan. Y vamos a ver, ¿qué hacen del dinero, tanto en Roma como en la provincia? ¿Dónde lo guardan?

—Mira este bobo... —replica Numarte—. En un banco de Londres. Eso lo sabemos todos. Según parece, Inglaterra es un país en donde hay cierta seguridad. Es curioso, ¿verdad? Entre protestantes... Ya veis, aquella condenada Isabel...

Y expone Landazabal:

—Sí; porque mira tú que aquí, a cada paso, ¡zas! Hay una algarada de verduleras y terminan apedreando nuestras casas.

—La culpa la tiene el liberalismo —interpone Numarte.

—Pss... ¿Qué más da que la canalla, la hez, la cloaca nos odie? —se pregunta Estich, con inflexiones oratorias—. Con nosotros están los buenos, las clases acomodadas y los ricos. Es fuerza reconocer que, en esto, nuestros Superiores han demostrado siempre una rara habilidad para captarse las voluntades de los que mandan.

El coloquio era perfectamente pueril; los interlocutores exteriorizaban su prurito de opinar a la manera de atolondrados mancebos que ignoran por entero las cosas de la realidad.

A las nueve y media terminóse el recreo. La Comunidad acudió a la capilla. Cada Padre hizo su examen de conciencia y breve oración, retornando individualmente a sus celdas, según iban concluyendo.

Sequeros, luego de quedar en ropas menores, apagó su quinqué y, a tientas, se orientó hacia el lecho. Arrebujábase en las ropas, dispuesto a dormir, cuando, al introducir la mano debajo del cabezal buscando fácil postura, halló un papel, cuidadosamente doblado. Saltó a tierra, encendió el quinqué, leyó:

«Aun cuando nunca logré favorecerle con mi confianza, por sospechar que usted transige harto fácilmente con flaquezas de la carne, nunca pude imaginar que se dejara corromper con tanta prontitud por las pasiones, y mucho menos que las expresara con escándalo de sus hermanos y del mundo. Se conocen de público muchos de sus pecaminosos diálogos con la señora inglesa. ¡Dios le perdone! Las gentes generalizan su desenfreno atribuyéndolo a todos los hijos de la Compañía. Así, he resuelto disponer que desde mañana no salga usted para nada de su celda, para nada. El aislamiento es necesario; labrará usted en su pasado y quizá Dios le toque de arrepentimiento. Por no dar más que decir no suprimimos la ceremonia de mañana, y el padre Olano bautizará a esa señora, la cual me temo mucho que no esté en disposición por culpa de usted. Repito que no salga usted de la celda para nada. Obedezca la voluntad de su Rector, que en este caso es la de Dios mismo.

P. AROSTEGUI, S. J.»

El padre Sequeros empalideció atrozmente. Estrujó la esquelita azul, la arrojó al suelo y la escupió. En el formidable biceps de su brazo derecho un nerviecillo comenzó a palpitar. Sin acordarse de que estaba casi desnudo, se lanzó a la puerta, con ánimo de saltar al Superior y saciar en él su furia; pero le tomó un desfallecimiento de la voluntad y se detuvo secamente en el centro de la estancia. Era la segunda vez que le acometía una iracundia homicida. La primera fue en Loyola siendo muy mozo, contra el ayudante del maestro de novicios.

—Me viene una tentación, Padre —había dicho Sequeros.

—¿Cuál, hijo mío? —respondió el ayudante, sonriendo fríamente.

Y Sequeros, frenético, arrebatado:

—La de tirarle ahora mismo por el balcón y que le salten los sesos contra las piedras.

El ayudante, inmóvil, con sonrisa gélida, había exclamado:

—¡Ah! ¡Cosas del demonio!

—El demonio es usted. Yo soy generoso y abierto, no puedo con ese carácter de usted, torcido, hipócrita, malicioso, cruel, empedernido... ¿Es usted representante de Dios? ¿Son como usted los hijos de San Ignacio? ¡Dios mío, Dios mío! No puedo más.

Ahora, Sequeros reanimaba aquella triste escena. Volvió los extraviados ojos hacia una estampa del venerable Riscal. El rostro se le fue empurpurando. Rompió a llorar y a sollozar, y, arrodillándose, besó el suelo:

—¡*Fiat voluntas tua!*

III

A Ruth, el día de su bautizo, la dijeron que el padre Sequeros había enfermado repentinamente la noche antes. Lo creyó, y se dejó bautizar por el casposo Olano. Ruth acudió ávidamente al colegio, interesándose por la salud de su catequista. El padre Sequeros no mejoraba; Ruth sintióse invadida de melancolía y zozobra. Al tercer día escribió una carta al jesuita; los trazos temblaban de solicitud. No hubo respuesta. Sucediéronse las cartas, aumentando el quejumbroso desconsuelo de ellas conforme la mudez del confesor permanecía inquebrantable. «Le necesito —llegó a escribir con angustia—. Mi espíritu no está aún plenamente fortificado en la nueva fe. Tengo desmayos y pensamientos horribles. No sosiego. ¡Ayúdeme, por Dios! ¡Póngame siquiera una línea por donde vea que no debo desesperar de que el Señor se apiade de mis sufrimientos.» Y, en verdad, Ruth sufría de continuo; la fiebre de sus cavilaciones la iba devorando, poco a poco, y empañando aquella tersura translúcida —leche y rosas— de su tez. Apartábase del curso del tiempo, durante largas horas, recostada en un sillón, o vagaba fantasmagóricamente por sus habitaciones, sin contacto con el mundo sensible. Villamor y Pirracas espiaban atribulados los progresos del mal; creían entender, pero no hallaban la medicina. La creciente consunción de Ruth consumía igualmente al esposo.

Una noche, la *nurse* hubo de restituir a Ruth a la realidad. Villamor acababa de pegarse un tiro, bien asestado. Murió al instante. Ruth se precipitó sobre el cuerpo, caliente aún, de su marido, amortajándolo con delirantes besos. Había dejado dos cartas, una para Ruth, otra para Pirracas. La *nurse*, después de vestir, en silencio, a Gracia y Lionel, los condujo a casa de la señora de Blas, llevando al propio tiempo la epístola de Pirracas. La de Ruth era rotunda y misteriosa:

«*Farewell for ever! I loved you, Ruth, above all. I loved you, my sweet, my sweetest heart!*»*.

---

* Adiós, para siempre. Te amé, Ruth, más que a todas las cosas. Te amé, corazón mío.

Ruth no lloraba; sus ojos estaban áridos; el corazón, yermo, amenazaba quebrarse. Arrodillóse junto al cadáver de Villamor, y le miraba con desvarío, los finos brazos en cruz. Así pasó un tiempo, hasta que Pirracas se precipitó en el despacho, con gesto soez, lanzando al rostro de Ruth un papel arrugado. Ordenó a la mujer que leyese. Esta, maquinalmente, le obedeció:

«Amigo de mi alma: no puedo más. Tú comprendes, como yo comprendo; quizá sabes. De tus torturas de amigo fiel deduce las mías de marido engañado. No he querido enterarme. ¿Para qué? ¿Me robó la honra ese jesuíta y luego abandonó a Ruth? ¿Qué más da? Lo cierto es que ella está enamorada de otro, y yo sin el amor de Ruth no puedo vivir. Cuida de ella y de mis pobres hijos. ¡Adiós!

CÉSAR.»

Ruth exclamó embravecida:

—*Oh, no! That is not true. Tremendous thing!* —y luego, derritiéndose en llanto, sobre la frente del marido—: *I was faithfull with you. I loved you. Forgive me, dearest**.

En la frente de Pirracas se inflaban dos lóbregas venas; estaba congestionado; sanguíneos los ojos y la mano derecha en el bolsillo de la americana. Intentó hablar y rugió. Violentos escalofríos le sacudían de arriba a abajo. Asiendo a Ruth por un hombro la zarandeó brutalmente. La mujer se puso en pie a tiempo que Pirracas enarbolaba un revólver.

Ruth empuñó las muñecas de Pirracas, obligándole a permanecer con los brazos en alto. La mujer parecía endeble y el hombre nervudo; los brazos de Ruth, como de espuma; los de Pirracas, rollizos; la carita de ella, de un blanco irreprochable; la de él, púrpura. Pero aquel cuerpo sutil no se doblegaba, y sus manecitas apresaban aceradamente las muñecas de su agresor, y éste, fuera de sí, la escupía, la pataleaba, desollándola los tobillos, bramando:

—*Whore, damned whore!***.

Al rumor, acudieron los domésticos, y entre ellos Celestino el delineante. Sujetaron al energúmeno. Ruth se envolvió la cabeza en un chal y salió a la calle.

---

* —Oh, no. No es cierto. ¡Horrible! Te fui fiel. Te amé. Perdóname, querido.
** —Puta, maldita puta.

Eran las ocho de la noche. Los transeúntes de Regium vieron con asombro la silueta rauda y fina de Ruth atravesando calles con rumbo al colegio de los padres jesuitas. Algunos la siguieron. Curiosearon cuando zarandeó vertiginosamente el alambre de la campana. En viéndola entrar, volviéronse, forjando historias picarescas.

Ruth se adentró por la portería, sin decir nada; apoyóse un momento contra un muro, sorbiendo aire, la mano sobre el corazón. Luego, con voz ahilada y moribunda, suspiró:

—El padre Sequeros... Yo necesito ver... ¡por Dios!

Santiesteban, de la sonrisa pútrida, estaba boquiabierto. Respondió, a gritos, de manera que su castellano fuera inteligible:

—Padre Sequeros, enfermo. Demás Padres, refectorio. Imposible ver —con esta construcción telegráfifica suponía llegar más derecho a las entendederas de Ruth, la cual, comprendiendo la negativa, levantó el busto arrogantemente y penetró al patio con decisión. Quiso interponerse el lego, mas Ruth, de un manotazo, le constriñó a apartarse, haciéndole bailar de camino un aurresku rudimentario. Santiesteban salió, dándose con los zancajos en la rabadilla de tanto correr, disparado, hacia el refectorio de los Padres; fue a la vera del Superior y le puso al tanto de la insolencia femenina. Arostegui llamó a Olano; le dijo al oído:

—Vaya a ver la tripa que se le ha roto a esa individua y procure hacerla tomar las de Villadiego cuanto antes.

Olano dispúsose a obedecer las órdenes del Rector, repapilándose de placer y quizá un algo nerviosillo. Desde el patio oyó gritos en el tránsito del piso primero; era Ruth, clamando por el padre Sequeros. Subió Olano las escaleras con cuanta agilidad le consentían sus fofas facultades, llegando al tránsito jadeante, sin resuello. A los pocos pasos topóse con Ruth.

—Padre Sequeros... ¡Yo necesito ver!

—Vamos, tranquilícese, hija mía. Acompáñeme a la celda.

—¡Padre Sequeros!

—Sí, ya entiendo. Un momento de calma. Acompáñeme.

Exhausta de energías y casi inconsciente, la viuda de Villamor siguió al jesuita, el cual la había tomado de la mano, y de esta suerte la condujo a su celda, dejándola en la habitación, en tanto él se ocultaba detrás de la cortineja que hay a la entrada de la camarilla. El padre Olano tenía la boca seca, el corazón acelerado y las manos temblonas, por obra de la emoción e incertidumbre, a tiempo que se desceñía el fajín y se

288

desvestía la sotana, porque era muy cuidadoso de no incurrir en necias infracciones, cuya manera de burlar conocía al dedillo. Así, Olano no ignoraba que el religioso que se despoja de sus hábitos se hace *ipso facto* reo de excomunión; pero, el mismo aligeramiento indumentario se trueca en acto meritorio cuando, por no profanar las santas vestiduras, se realiza para fornicar, por ejemplo, o ir de incógnito a un prostíbulo, según concretamente se asegura en los *Veinticuatro Padres,* en la *Praxis ex Societatis Jesu scola,* y en el padre Diana: *Si habitum dimitat ut furetur occulte, vel fornicetur. Ut eat incognitus ad lupanar.*

Ruth Flowers, en una butaca de enea, permanecía con la cabeza caída sobre las manos y los codos en las rodillas. Olano asomó en la puerta de la camarilla; avanzó con sigilo hasta sentarse a la izquierda de Ruth. La señora murmuró, sin alzar los ojos:

—¡Padre Sequeros! ¡Padre Sequeros!

—Por ahora... es imposible... hija mía —la concupiscencia le quebraba la voz.

Ruth se puso en pie y Olano hizo lo propio, aprisionándola entrambas manos. Hasta aquel instante, la cuitada mujer no había parado atención en la traza inconveniente del jesuita: el plebeyo rostro, torturado de furor venusto [331], el bovino pestorejo, de color cárdeno; la camisa, burda y con mugre, abierta por el pecho y mostrando una elástica, fuerte y áspera pelambre; los calzones azules, remendados, con fuelles y sin botones en la pretina; las pantorras, de extraordinario desarrollo, embutidas en toscas medias, agujereadas a trechos; sin zapatos. En cualquier otro trance hubiera sido grotesco, risible sobre toda ponderación. En aquel caso resultaba terrible, como un sátiro brutal, embriagado de mosto y de lujuria [332]. Ruth creyó perder el sentido y con él la razón. El dolor de los tobillos, que aumentaba por momentos, apenas le consentía sustentarse sobre los pies. Deseaba la muerte. Los ojos se le nublaban...

Mas he aquí que, como entre sueños, advierte que la torpe y embotada mano del jesuita explora sus senos, aquellos dulcísimos senos cuya delicadeza eréctil la maternidad había respetado [333], y, luego, unos labios calientes y blanduchos sobre su

---

[331] P: *venéreo.*
[332] P suprime *brutal, embriagado de mosto y de lujuria.*
[333] P reduce a: *explora sus senos.*

boca casi exangüe, que el terror helaba. Por un prodigio de fortaleza, nacida de tanto horror, Ruth pudo sacudirse de encima aquel fardel de libidinosidades furiosas[334]. Olano retornó a la presa; Ruth le contuvo aplicándole un puñetazo sobre un ojo, y aprovechando el aturdimiento del hombre, huyó de aquella estancia maldita, y luego de aquellos tránsitos penumbrosos y hostiles, y luego de aquella casona negra, alucinante[335]. Y salió a las veredicas y pradezuelos que hay tendidos al pie del colegio; sus pasos vacilaban; su razón se ensombrecía. Cayó sobre la hierba, exhalando un lamento:

—*My God!**

Unos brazos tímidos y afectuosos se posaron sobre sus hombros; luego la ayudaron a que se incorporase. Una voz buena dijo:

—*Poor beautiful creature! Come to me!***

—*You... Gonzalfáñez. Let me see the children, and die.*

—*Not yet. Come to me.*

Desde aquella noche, Ruth, con sus hijos y la *nurse*, se instalaron en casa de Gonzalfáñez.

---

[334] P: *de libidinosidad.*
[335] P suprime *alucinante.*

* —Dios mío.
** —Pobrecita, tan hermosa... Venga usted conmigo.
  —¿Es usted..., Gonzalfáñez? Quiero ver a mis hijos y morir.
  —Todavía no. Venga usted conmigo.

FRONTI NULLA FIDES[336]

---

[336] Puede traducirse como: 'Ninguna confianza en lo aparente.'

I

Secuestrado en su celda el padre Sequeros, desgajado de su prole infantil y de su prole espiritual, del estudio y del confesonario, ¿quién había de ser el pastor preferido de las damas devotas, sino el dulcísimo, casposo y oleaginoso padre Olano? Veíasele de continuo en juntas femeninas, de visiteo y conferencia con mujeres, enredado de *madreselvas* temblorosas, a la manera de un bravo roble antiguo, y, sin embargo, ¡cuán entera su reputación! ¡Cuán pulquérrima su fama! ¡Su prestigio, cuán en[337] creciente! Cierto que era muy madurico[338] de años, poco agraciado de rostro y nada aseado de su persona; mas, no por estas nimias[339] circunstancias se ha de entender que se mermase en un ápice su virtud y fortaleza, que para la opinión de sus confesadas y amigas no le cedía en belleza y encanto a un querubín[340]. Habiendo hembra próxima, el padre Olano se transfiguraba. Un hombre de mundo y poco versado en achaques de cosas santas quizá dijese que los ojos se le inflamaban, que la boca le rezumaba lascivamente y que las mejillas se le congestionaban. ¡Oh, qué dañoso error! Ello es que nadie osó decir semejante dislate e impiedad. ¡Celo, puro celo de las almas! No había sino verle predicando. ¡Cuánta energía interior! ¡Qué manera de doblegarse a las insinuaciones del Espíritu Santo, que bajaba a infundírsele! Las contorsiones que hacía, ¡qué inspiradas! Los gritos, ¡qué patéticos! Los lloriqueos, ¡qué hondos y contagiosos! Seguíanle al punto las beatas, lagrimeciendo y moqueando, que no

---

[337] P suprime *en*.
[338] P: *madurito*.
[339] P: *menudas*.
[340] P: *un Antinoo*.

había cuadro más edificante y gustoso a los ojos de nuestro Señor y del santo Padre San Ignacio.

Pues, ¿y en obras de caridad, de labor social, propaganda y beneficencia? Innumerables son las cofradías, archicofradías, congregaciones, sociedades y centros que en Regium nacieron gracias a la diligencia del padre Olano, todos los cuales existen todavía, a pesar de vicisitudes largas, como si un especial favor divino las rigiera.

Por entonces, una proxeneta de ínfima estofa que había apilado algún caudal en pecaminosos tratos de tercería, estableció una casa de mal vivir en un sitio céntrico; una morada de construcción reciente, y a lo que se decía, con mucha decencia, entendiendo por decencia, ¡oh, pícara elasticidad del vocablo!, lujo indecoroso. En los círculos canallescos y entre gente libertina, se conocía a la proxeneta referida por el apodo de *Telva les burres*. Esta mujer implantó el negocio sin perdonar sacrificio. Era voz pública que sus pupilas[341] ostentaban provocativa belleza, que hacían dulcísimo el pecado, exornándolo con no pocas complicaciones de gran novedad en Regium; que acostumbraban bañarse a diario, o cuando menos un día sí y otro no, y, en suma, que estaban reclutadas entre la flor y nata de las falanges del vicio. Las había andaluzas, madrileñas, catalanas, ¡hasta una portuguesa! Con esto, los umbrales de Telva se elevaron en dignidad. A los antiguos visitantes (mozarrones zafios y cazurros, chalanes, obreros, marinerazos de toda laya y procedencia) se les dio con el postigo en las narices. Ahora, los contertulios y parroquianos procedían de las clases acomodadas de la sociedad: tenderos, consignatarios de buques, empleados de fábricas y almacenes, propietarios, etc, etc. Con lo cual, Telva se enorgulleció grandemente. Hízose vestidos de rica tela y severo colorido, compró una mantilla negra, y así ataviada, a lo señor, salía a ostentar su cinismo, paseando las calles más concurridas, visitando iglesias y poniendo en un brete a las señoras honradas.

Las orgías de la casa nueva fueron tan frecuentes y locas, que todo Regium murmuró del asunto, manifestando púdico estupor. Andando el tiempo, las orgías degeneraron en violencias y báquicas necedades. Señoritos y horterillas, así que se embriagaban, acudían en horda a casa de Telva, tomaban el edificio por asalto si se les negaba permiso para entrar, y, ya dentro, daban al traste con personas y cosas, convencidos de

---

[341] P añade: *o asiladas.*

que con esto conseguían heroico renombre. Y así fue como una pandilla de bárbaros sacaron a rastras a la portuguesa desnuda, tirándole de la cabellera, y con tan poca cortesanía, que le desollaron las nalgas, le magullaron un seno, la acardenalaron y la dejaron con vida por inexplicable antojo de la providencia.

Aquella morada de escándalo y abominación tenía consternadas a las almas sencillas de Regium. Intentaron influir cerca de los poderes públicos, por ver de suprimirla y hasta derruirla; pero fracasaron tan santos propósitos.

Una mañanita, la señora del vista de aduanas, Aurora Blas de Enríquez, hija de confesión del padre Olano, se presentó en la portería del colegio. La acompañaba Maruja Pelayo, hija también del mismo Padre espiritual, y, en cuanto a la carne, de un reputado ortopédico. Venían de oír la misa del padre Anabitarte, muy ligerita y simpática. El traje que traían era sencillo; el rostro, empenumbrado bajo la flotante mantilla. Las dos lindas, las dos rubias, las dos gazmoñas; más gordezuela la casada. Recibiólas el hermano Santiesteban, con su pútrida sonrisa.

—Venimos a ver al padre Olano. Tenemos precisión de hablarle hoy mismo —manifestó con mucho garbo Aurora.

—Ay, señoras mías; no sé si estará o no. Pasen, pasen al salón de visitas entretanto —y se fue.

No tardó en aparecer el padre Olano, grande y sencillo como una montaña, como la montaña nevado también en la cumbre, pero de caspa.

—Siéntense, hijas mías. Vamos, vamos, ¿qué ocurre? —estaba con las manos escondidas dentro de las mangas del balandrán. Aguzaba la mirada por desentrañar el misterio y penumbra de las mantillas.

—Venimos a concluir esa enojosa cuestión de la congregación para el alivio de la trata de blancas, o como se llame. Le juro, padre Olano, que yo no sirvo para esto —con la mano se arreglaba los ricillos de la sien derecha, levantando la mantilla y mostrando la lechosa frente.

—Ni yo tampoco—agregó Maruja.

El padre Olano reía con benevolencia, echando atrás la cabeza. Aurora continuó:

—Así que terminemos con esa... esa...

—Sí, *Telva les burres*. Bonito nombre —el padre Olano dijo estas palabras impregnando de severidad el acento.

—Precioso —continuó Aurora—. Pues bueno; así que de-

295

mos este primer paso, yo no doy otro. Vaya, que no lo doy,
Padre. La idea es muy santa y muy buena, como de usted;
pero yo no doy otro paso. Este sí, ya lo creo, porque nada se
puede hacer más grato al Señor, me parece.

—Así es, hija mía.

—¡Buen trabajo me cuesta, Padrecito! Imagine: tener que
hablar, que oír, que rozarme con una mujerota de esas...

—¡Ay, es horrible! —suspiró Marujina, frunciendo el morrito deliciosamente—. Pero el Sagrado Corazón nos lo premia-
rá. Por supuesto, papá no sabe nada.

—Ni mi marido.

—Ni falta que hace, hijas mías. Esta es una gestión que
hemos de llevar a cabo con absoluta reserva. Sor Florentina
ha convencido a la Superiora, que está ya en ello. Así pues, el
jueves, de anochecida, nos veremos en el locutorio del convento.

—¿Y usted cree que acudirá esa mujerona, padre Olano?
—preguntó la señora, con ansiedad.

—¿Por qué no, Aurora?

—¿Y se dejará tocar de la gracia?

El padre Olano apartó los ojos que tan gratamente se hallaban apoyados en las lindas interlocutoras y los elevó hacia el
cielo raso.

—¡En Dios confío! Además, según mis referencias, es mujer
que no tiene abandonados sus deberes religiosos...

—Insolencia, Padre, insolencia.

—En Dios confío, hijas.

II

El día señalado y a la hora convenida, se hallaban en el
locutorio de las Siervas de Jesús, el padre Olano, la señora de
Enríquez, la señorita de Pelayo y sor Florentina. La monja era
una mujer como de treinta años, rechonchita, bella, graciosa y
desenvuelta, con mucho trato de gentes y un ligero estrabismo
en la mirada, que le caía muy bien. El locutorio daba al jardín.
De fuera de los vidrios de las dos ventanas caían temblando
vástagos tiernos de enredaderas. De un pasillo llegaba un vaho
denso, olor a cera y a potaje, a pobreza y santidad.

Temblaban de expectación las cuatro personas. El padre

296

Olano estaba hundido en sí mismo, como si impetrase la ayuda del Todopoderoso, orando en silencio. Sor Florentina tenía los carrillitos arrebolados y bizqueaba más que de ordinario. Aurora y Maruja revolvíanse en las sillas, muy excitadas y poseídas de bélico ardor. Creíanse poco menos que Juanas de Arco, y la conquista que iban a emprender de más fuste que una cruzada. Al fin y al cabo, aparte de la gloria de Dios y la pureza de las costumbres, a ellas les importaba singularmente el buen éxito de la aventura, porque en casa de la Telva adivinaban un vago y grande peligro.

—¡Oh, si quisiera Su Divina Majestad que extirpásemos esta hedionda llaga que infesta a Regium...! —murmuró sor Florentina.

Pasaba el tiempo. Aurora y Marujina Pelayo se miraban con desaliento.

Por fin apareció la vieja celestina. Entró fingiendo gran timidez y desconcierto, como si no supiera qué hacerse, ni qué decir, ni a dónde mirar. Pero, con solamente examinarle la cara, llena de burla y desenfado, pudiera echarse de ver que era una redomadísima sinvergüenza y más dueña de la situación que quienes la recibían. A favor del aturdimiento que le tenía cuenta aparentar, fuese derecha a abrazar al padre Olano, sollozando más que diciendo:

—¡Ay, santo varón! ¿Cómo le voy a agradecer...? Yo no sé cómo decirle...

El padre Olano hubo de recibir, por sorpresa, el primer abrazo de la infecta anciana. Pero, recobrándose pronto, la apartó de sí con tanta mansedumbre como energía, de manera que Telva abordó a Aurora, que era la que estaba más cercana, con idénticas muestras de agradecimiento y efusión. La señora de Enríquez dio un grito y retrocedió dos pasos. Marujina huía también, temblando, y fue a guarecerse detrás del jesuita. La descarada vieja se detuvo entonces, y humillándose bajo un infinito abatimiento, balbuceó, con voz quebrantada:

—¡Ay, Dios! Es cierto... ¡Dispénsenme! ¡Ay, señoritas! ¿Cómo me van a saludar si yo soy una mala mujer, si estoy condenada, si para mí no hay salvación...?

—De eso se trata —añadió el padre Olano—. Siéntese, buena mujer, y hablemos.

Sor Florentina miró asombrada al jesuita, en oyendo aquello de buena mujer. La celestina replicó:

—¿Yo buena mujer? ¡Ay! No se burle, señor...

—Siéntese, siéntese y hablemos. Siéntense, hijas mías.

Sentáronse todos. Aurora y Marujina tiritaban de miedo y de asco. La alcahueta sacó un gran pañuelo tan cargado de esencia, que el padre Olano creyó desmayarse. Hubo un largo silencio enojoso que sor Florentina interrumpió afirmando:

—La misericordia de Dios es infinita.

El jesuita se agarró a este cabo y asegundó:

—La misericordia de Dios es infinita. No está usted condenada, mujer, ni se ha perdido para siempre; pero ¡ay de usted si no escucha la voz de quien dispone en cielos y tierra y que en este momento suena en sus oídos! ¡Te llamé y me rechazaste! No olvide, hermana, que si la muerte, en todo caso llega de pronto y cuando menos se piensa, y troncha esperanzas y siega juventudes, en la edad de usted...

—¡Ay! señor; yo no soy tan vieja como parezco. Los malos tratos de aquel... Iba a decir una atrocidad. Usted ya me entiende. Estas señoritas no; son unas palomas, las pobres. Treinta años, señor, viví con él, chupándome el dinero y cuanto había que chupar. Era un verdadero... bueno, usted ya me entiende.

—No, no la entiendo, ni falta que me hace —contestó el jesuita, visiblemente malhumorado. Hizo una pausa y continuó—: A lo que vamos. Confío en que no está usted por entero dejada de la mano de Dios y en que se ha de dejar mover a arrepentimiento por mis palabras. El oficio que usted sigue es el más aborrecible, porque ha de saber[342], hermana, que esto que hace es pecado mortal, pues se opone al sexto precepto de la ley de Dios; de manera que, después de matar, no hay pecado mayor contra el prójimo como lo observará si se para un poco en el orden de los mandamientos. En el quinto se nos prohíbe matar, y en el sexto, hacer cosas indecentes. *(Las damas bajan la vista. Telva sigue al orador atentamente. Este ha ido levantándose poco a poco; ahora está en pie.)* Por favorecer este pecado, hermana mía, por intervenir en sucios tratos zurciendo libidinosas voluntades, se ha hecho usted reo de las penas del infierno. A fin de que conozca mejor la malicia de este pecado, me valdré de la razón natural. Ha

---

[342] A partir de aquí, Pérez de Ayala reproduce literalmente las «Reflexiones generales contra los deshonestos» que hace Antonio María Claret en su libro *Llave de oro o serie de reflexiones que, para abrir el corazón cerrado de los pobres pecadores, ofrece a los confesores nuevos...*. Barcelona, Imprenta de Pablo Riera, 1860, págs. 72-73.

de saber, hermana, que ha dado el Creador al hombre una inclinación tan fuerte a esas cosas, porque si el hombre fuera como estatua, dentro de poco ya se habría acabado el género humano. Mas viéndose impelidos los hombres a esto, toman el estado del matrimonio, se casan, y entonces pueden hacer lo que las leyes del matrimonio permiten, y pueden desahogar legítimamente su pasión, sin que de ello resulte ningún desorden, antes bien, es como las pesas de un reloj, que hacen andar con buen orden y concierto la propagación del género humano. Mas si usted, por antojo o codicia hace gastarse al hombre, es ciertísimo que Dios nuestro Señor estará muy agraviado de usted, que le gasta inútilmente y por antojo esa sustancia, medio de conservación y propagación del género humano, y que le impide, destruye y mata aquellos seres que con el tiempo existirían[343]. Si usted toma una naranja y la estruja, ¿cómo queda? ¡Ay, Dios mío! Toda enjuta, árida, seca, y no es buena para nada. Pues lo mismo pasa con los hombres que usted toma entre sus manos, y los estruja de manera que no les quede blanca en los bolsillos, y los deja áridos y disipados de suerte que ellos mismos se abren la puerta a todas las enfermedades y al infierno. Considere cuánto cargo pesa sobre su conciencia, hermana, por favorecer y alentar este hediondo vicio que Séneca llama mal máximo, y Cicerón peste capital. Piense que si la misericordia de Dios es infinita, no lo es menos su justicia, y que las iniquidades que usted promueve van llenando la copa de la divina paciencia. Y entonces, ¡ay de usted y de sus infames asiladas! *(Aquí la voz del padre Olano se hace recia y tonante. Telva simula suspirar.)* Se ha visto perecer a personas repentinamente en medio de los goces venéreos, y a una vieja de Alejandría que se ocupaba en prostituir mancebos y doncellas, como usted, la devoraron cierta noche los diablos en forma de feroces perros negros. *(Telva se estremece. Sor Florentina hace guiños a sus amigas, dándolas a entender que tiene buenos presentimientos. El padre Olano endulza el tono, lo hace confidencial.)* Y bien, hermana: aparte de estas consideraciones que le he hecho, ¿no siente usted el espíritu fatigado con una existencia tan azarosa y triste? Digo triste, porque convienen respetables doctores en que siempre es triste el vicio, y más que ningún otro éste de que se trata y de que

---

[343] Aquí concluye la cita: la parte final del discurso del padre Olano también sigue al padre Claret, pero ya no de modo literal y saltando párrafos.

usted hace profesión. *Omne animal post coitum tristatur*. Lo propio que a las bestias les acontece a los hombres; como que en este caso no son sino bestias del peor linaje, y usted, hermana, puede sernos testigo de mayor excepción por las muchas bestialidades de que ha sido víctima y malos tratos que la han inferido. Pues, ¿y qué diremos del pecado de escándalo en que usted cae de lleno sustentando esa casa de mal vivir? ¡Ay, hermana! Retírse del vicio, cierre esa aduana de Satanás, y guíese por las personas que solamente su bien procuran, como somos nosotros, si quiere salvar el alma y hasta el cuerpo.

Telva escondió el rostro, abrujado y socarrón, entre los pliegues del pestífero pañuelo y rompió a llorar amarguísimamente. Como su llanto se prolongase con exceso, acudieron los presentes a consolarla, pensando para su sayo, «esto es hecho». Alentáronla con palabras amigas; le hacían ver los errores y peligros del pasado y cómo, de continuar al frente del burdel, la asesinaría cualquier día un libertino beodo; daban por sentado que tendría algún dinero con que vivir honestamente, alejada de tratos de tercería, y por si no lo tuviese la prometían favorecerla. En esto, Telva se levantó de su asiento, dispuesta a marcharse. Los otros cuatro la miraron, llenos de ansia, aguardando una contestación concreta. La vieja celestina enjugó sus ojos y arregló el mantón con mucha parsimonia.

—Vaya, yo me voy, que ustedes tendrán que hacer y mis mujeres andarán todas revueltas. ¡Ay, señor! ¡Ay, señoritas! Ustedes, ¡qué buenos son! ¡Qué santinos! ¡Cómo les voy a agradecer! ¡Qué razón tienen! ¡Qué razón tienen, en eso de los maltratos! Parece que los inspira Dios... ¡Si ustedes vieran...! Aquello no es vivir, es un infierno: tiene razón el señor cura. ¡Ay! —dirigiéndose a la señora de Enríquez—. Si todos fueran como el su marido. ¡Qué hombre tan formal, tan simpático! Allí llega todas las noches; tráenos dulces, siéntase en el comedor, y cuándo con la Portuguesa, cuándo con la Pepa, cuándo con Loreto... En fin, mejor no cabe. Ni un grito, ni una bofetada nunca. O como su padre de usté, el señor Pelayo —dirigiéndose a Marujina—. ¡Ay, qué señor! Es un bendito. Antes se seca el mar que él falte por las tardes. ¡Y qué cariñoso! Que pañuelos, que faldas, que blusas, que cadenas, que peinetas; a las niñas no les falta nada. ¡Lo queremos tanto...! Vaya que será tarde. Adiós, señora. Adiós, señorita. Adiós, hermana —a sor Florentina—, ya sabe dónde está su casa, Munuza, 5. Lo mismo le digo, señor cura, y no deje[344] de ir para que concluyamos de hablar de estas cosas.

La proxeneta salió majestuosamente. No había llegado a la calle cuando caían en tierra, tomadas de sendos berrinches o desmayos, sor Florentina, Aurora y Maruja. El padre Olano estaba aterrado, maldiciendo la hora en que se le había ocurrido la liga para la supresión de la trata de blancas. A sus pies, Aurora mostraba las piernas, macizas y gentiles, cuya blanquísima carne trasparecía por el punto de seda. El padre Olano no pudo menos de considerar cuán bellas eran, y con esto sintió que el pecho se le aliviaba de la contrariedad sufrida.

---

[344] P: *dejen*.

ACTA EST FABULA [345]

---

[345] 'La pieza ha concluido.' Palabras con que los directores del teatro antiguo anunciaban al público que el espectáculo había terminado y podían retirarse. Esta frase se hizo célebre porque la pronunció Augusto al morir, aplicándola a su propia vida. Hay quien se la atribuye también al escritor francés Rabelais, en su lecho de muerte (Víctor José Herrero, *op. cit.*, pág. 23).

ACTA EST FABULA

I

En la puerta del refectorio, los inspectores primeros aguardaban la salida de sus grupos respectivos. Aquel día, después de comer, los mayores echaron de menos al padre Sequeros. En su lugar, la temerosa e ingente nariz de Mur avanzaba por el claustro, de salida del comedor, trayendo en pos, casi escondido, al citado jesuita. Se originó un movimiento de sorpresa y expectación. Cada niño construía una hipótesis, que aclarase la ausencia del padre Sequeros. Aun cuando desde el refectorio hasta el patio de recreación había muy corto trecho, Caztán, el mexicano, no supo reprimir su impaciencia y susurró al oído de Coste, que iba delante de él en filas:

—¿Qué será del padre Sequeros?

Coste, con aquella liviana inconsciencia que de ordinario le inclinaba al desatino, respondió:

—Estará durmiendo la siesta con la inglesita.

Y no volvió a acordarse de la réplica. Pero estas palabras aventuradas no se derritieron en el aire, sino que avanzaron por una ruta fatal hasta los oídos de Manolito Trinidad, y luego hasta los de Mur y luego hasta los del Rector.

El mismo día, en el estudio de la noche, sonaron tímidos golpes de nudillos a la puerta. Salió a informarse Ricardín Campomanes, por orden de Mur; subió al púlpito, bajó al pupitre de Coste y le dijo:

—Te llama el hermano Santiesteban.

Coste salió del estudio, campechanote y descuidado, creyendo que alguna visita insólita le reclamaba. Silenciosamente se encaminaron a la ropería.

—Quítese la blusa.

Coste se desvistió el blusón.

—¿Quién viene a verme?

—Nadie por ahora.

—Entonces...

—Sígame.

El niño frunció cejas y morro; los carrillos se le distendieron hasta adquirir alarmante inflazón, como le ocurría cuando sospechaba alguna contrariedad. Echaron a andar en silencio; escaleras arriba, al último piso; luego, a través de oscuros tránsitos, a la enfermería. El hermano empujó una puerta, y con el brazo derecho invitó a Coste a que penetrase en la celda. Ardía un quinqué, colgado del techo. Por todo atalaje, la cama, una mesa y una silla. Sobre la cabecera del lecho una estampa mala del corazón de María. En la mesa, un libro de devoción. Coste creyó que le tomaba un desmayo.

—Es el caso, Hermano —suspiró—, que usted se debe de equivocar. Yo... yo no me he quejado; no me siento mal; estoy sano.

—No creo equivocarme, señor Coste: cumplo las órdenes del reverendo Padre Rector.

Salió de la celda, cerrándola con llave. Y quedó Coste a solas, víctima de lúgubres ideas. No acertaba a ver claro en las causas de su confinamiento. «¿Por qué me encierran? ¿Qué lío es éste?» Recorrió su cárcel impulsado por la vehemencia a que aquella sinrazón le arrojaba; cayó, abatido, sobre la silla; lanzó contra la pared el libro devoto; se precipitó después sobre el lecho, y repitió la suerte, cada vez desde mayor distancia, muy complacido al ver que los muelles del colchón le hacían botar; abrió la ventana, que daba al campo; y al cabo de ensayar todas las formas lícitas de la desesperación, reposó un momento y creyó advertir que el estómago estaba en buena coyuntura para soportar algún lastre. En esto, juzgó lo más sensato revestir de forma audible sus propios pensamientos, desdoblarse, conversar consigo mismo.

—Coste, tú tienes apetito. No me lo niegues.

—Un apetito bárbaro.

—¿Lo ves? ¿Y si no te bajaran al refectorio?

—Mejor. Comida me habían de traer bastante y aquí comería más a mi gusto.

—Puede que te castiguen sin vino.

—¡Bah!

—Quizá, sin postre.

306

—Esas son *caxigalinas*[346]. Pero, vamos a ver, ¿por qué me van a castigar?

—Eso digo yo.

—Como que es una machada[347].

Sonó la campana del regulador, llamando a la cena. Coste se puso en pie, con el rostro inflamado de júbilo. La ansiedad le llevó de muro a muro, en agigantados paseos. Oyóse el estridor de la llave; giró la puerta; surgió Santiesteban con una bandeja y, adelantándose hasta la mesita, la despojó del mantel de hule y dejó al aire el tablero de mármol, en donde depositó un panecillo francés y una botella de agua. Coste sonreía, bañado en saliva el paladar. Pensó: «al parecer me dejan sin vino. Paciencia.» El hermano Santiesteban no se fue en busca del resto de la comida, sino que, tomando la botella de agua, empapó convenientemente el pan, hasta casi dejarlo convertido en papilla. Las piernas de Coste flaquearon visiblemente; los mofletes se le volvieron fláccidos. El hermano Santiesteban desapareció, cerrando la puerta. Coste, vacilando, llegó hasta el lecho, se desplomó sobre él, hozó rabiosamente en la almohada y, a la postre, estalló en hipos y sollozos. A poco se incorporó, enjutándose el llanto y domeñando el hipo.

—Ya soy un hombre; no puedo llorar.

Apretó los puños, amenazando el corazón del monasterio. Sus carrillos atacaban la nota más aguda del invisible cornetín. Escarbó en la memoria, por buscar el vocablo carreteril o marineril ajustado a las circunstancias, y gruñó con sordo acento:

—¡Cabrones, daos pol tal; me lo habéis de pagar!

Desnudóse y se acostó. No quiso probar el misérrimo alimento que le ofrecían. Antes de que se durmiese, entró el hermano Echevarría, y le envolvió en una ojeada cariciosa.

—¡Márchese, márchese pronto! —amenazó el muchacho.

—Calla, hombre, que vengo a apagar el quinqué.

A media noche, despertó, roído por el hambre; fue a tientas a la mesilla y devoró el pan, húmedo aún. Sentía fuego en las fauces y apuró toda el agua de la botella.

A la mañana siguiente, faltáronle materias sólidas con que quebrantar el ayuno del día; es decir, que no desayunó[348]

---

[346] *caxigalina*: 'andar en caxigalinas, andar en vueltas y enriedos' (Rato, *op. cit.,* pág. 85).

[347] P sustituye la frase por ésta: *No te preocupes.*

[348] P: *que no le dejaron desayunar.*

Como la sed le hostigase, hubo de beber de bruces en la jofaina que de mañanita le había entrado el hermano enfermero. Permaneció en el lecho, contemplando a través de la ventana los agros renacientes, tendidos al sol, y reconstruyendo, por los toques de la campana, las etapas de la vida de sus compañeros. Cuando se levantaba, calculó que sería cosa de las diez y media. Sus amigos estarían en clase, esto es, más aburridos que él en aquel momento, y desde luego más temerosos. «Si hubiera moscas por aquí —pensó—; pero no es tiempo. O arañas...» Examinó bien los ángulos, debajo de la cama; se puso en pie sobre la mesilla hasta casi tentar el cielo raso; no había bicho viviente. Tampoco tenía papel con que plegar pajaritas y gabarrones. Se acodó en el alféizar de la ventana y su ruda imaginación campesina voló hacia el pueblo natal, asentado en la orilla de aquel mismo mar que a su derecha se veía [349]. Se acordó de su padre, navegando quizá a tales horas por las alturas de océanos distantes en el barco velero de casco verde y nombre bello, *Las Tres Marías*.

A las once y media, Conejo penetró en el cuarto:

—¿Está el gavilán en la jaula? ¿Hemos acorralado a la fiera? —interrogó de chanza.

Volvióse Coste, quedando de espaldas a la luz. Conejo no era de temer.

El jesuita añadió:

—Conque, ¿qué te parece esto?

—Yo qué sé.

—Ya, ya. Como que estarás en la gloria, sin estudiar, sin clase... Pues bien; el Padre Rector ha acordado expulsarte del colegio.

Coste disimuló su alegría.

—¿Por qué?

—¿Qué has dicho ayer en las filas a Caztán, al salir del comedor?

—Maldito si me acuerdo.

—¿No? ¿No fue algo del padre Sequeros y de la inglesa? ¿Eh, galopín? ¿Quién te ha enseñado esas abominaciones?

—Ahora ya sé: Pero, ¿Caztán es fuelle también?

—No se trata de eso.

—Y bien, Padre Ministro, si me expulsan, ¿por qué me tienen sin comer?

—¿Sin comer?

_____
[349] P: *ahora veía:*

308

—Sí, señor. Anoche el hermano Santiesteban me trajo sólo una bolla mojada en agua. Ya ve usted, Padre, yo soy de mucho alimento. Y si me echan, ellos ya no tienen que ver.

—Ya lo creo que eres de mucho alimento. Canario; yo no sabía[350]... A otra cosa. Como la expulsión es tan vergonzosa, he intercedido con el Rector, y por último, ha resuelto perdonarte, contando con tu enmienda, ya sabes. Y de aquí en adelante procura hacerte simpático al padre Mur.

Ni la expulsión le parecía vergonzosa a Coste, ni la intercesión de Conejo le hacía ninguna gracia. Disponíase a partir el Prefecto.

—Padre Ministro, Padre Ministro. ¿Me van a tener mucho tiempo encerrado?

—No sé. Allá veremos.

—Si usted quisiera que me mudasen a otro cuarto, desde donde pudiera ver a los compañeros durante la hora de la recreación...

—¿Para hacer telégrafos?

—No, Padre; para verlos. Así, solo a todas horas, me da tristeza.

—Allá veremos. Adiós, galopín.

A la hora de comer, Coste volvió a realizar voraces proezas de animal carnívoro. Tras de veinticuatro horas de abstinencia el alimento le pareció gustoso como maná, pero lamentable por la escasez. A la tarde le mudaron de habitación. Desde el nuevo encierro, aunque a mucha altura, podía contemplar los juegos de sus amigos. Observó que el padre Sequeros no bajaba a los patios, ni se le veía nunca, y atando cabos y soldando murmuraciones y cuchicheos de los alumnos, dedujo evidentemente que también el primer inspector sufría la pena de reclusión temporal.

Llevaba Coste ocho días de encerramiento. Con la inacción, las mantecas se le habían dilatado; sentíase torpe y perezoso. Era una mañana transparente y risueña. Por detrás de los vidrios, espiaba el bullicio que movían sus compañeros en el recreo matinal, después del desayuno. Vio a los inspectores agitando la campanilla; a los niños, abandonar sus diversiones y acudir a las filas, y a éstas moverse pesadamente, con derrotero a la clase. De pronto hubo un alto. Apareció el Padre Rector; dijérase que hablaba ante la prole infantil. ¿Qué ocurre? Las filas se deshacen súbitamente; los niños parten a

---

[350] P añade: *que estabas en ayunas...*

la carrera, en todas direcciones, brincan, profieren alaridos, lanzan las boinas al aire; un frenesí. Coste comprende; es *día de campo*. Y a él, ¿lo dejarán preso? El corazón se le alborota, angustiado; enternécensele los ojos; aguza los oídos hacia el tránsito, en espera de pisadas venturosas. Más tarde, ve cómo se forman de nuevo las filas, y desaparecen, y se oye, alejándose, la charanga del colegio que toca la acostumbrada diana:

Después, la pesadumbre de un silencio infinito cae sobre la inmensa casa vacía. Coste se ha tumbado en el camastro. Está rabioso, rechinando los dientes. Se incorpora; ha tenido una idea. Prorrumpe en una risotada, y dice, en voz alta: «Luego, luego.» Se pasea, discurre, robustece su plan.

A mediodía, Santiesteban se presenta con unas viandas fiambres. Coste investiga ladinamente.

—¿Por qué me traen comida fría?

—El cocinero no está en la casa, señor Coste.

—Pero alguno habrá que las caliente.

—Nadie hay, señor Coste.

—Pero, ¿se han ido también los Padres de campo?

—Estamos solos[351] usted y yo, señor Coste, y algún fámulo.

—Pues déjeme aquí la comida. Hoy tengo un hambre tremenda.

—¿Hoy, señor Coste?

Y Santiesteban se va, después de haberle ofrecido su pútrida sonrisa.

Así que ha comido, el muchacho guarda en el pañuelo las sobras y las esconde debajo de la almohada. Permanece sentado hasta que Santiesteban vuelve a retirar el cubierto. En estando nuevamente a solas, arranca el tirador de la mesilla, endereza la argolla y va a la puerta con ánimo de forzar la cerradura, lo cual consigue a los pocos tanteos. Extrae una frazada del lecho, y se la carga al hombro; toma en la diestra el pañolico de la comida y sale decidido. Desciende hasta el tránsito en donde están las celdas de los Padres; recorre varias

---

[351] P añade: *en la casa.*

puertas hasta una en cuyo umbral deposita el cobertor y el hatillo. Llama. «Adelante», responden desde dentro. El niño penetra y se hinca de rodillas a los pies del padre Sequeros.

—Padre, vengo a despedirme de usted, porque me escapo, y a pedirle perdón por el mal que le haya hecho, o que de usted haya dicho. Le juro que nunca tuve mala intención.

—¿Cómo? ¿No ves que no puedo dejarte huir? Sería un remordimiento, un cargo...

—Si no me dejara, Padre, no sé lo que haría, no sé..., no sé. Ya no puedo más.

—Pues que Dios te ampare, hijo mío —y le bendice.

Coste toma al salir su bagaje y viático; baja escaleras; atraviesa pasadizos; se enhebra en la angostura de un tendejón sombrío, húmedo; se detiene, vacila, zozobra, murmura; «¿se lo habrán llevado?» Decídese al fin y éntrase por la cuadra. *Castelar* relincha; Coste grita, abraza a su amigo, lo besa y le dice expresiones tiernas: «¡Queridiño, queridiño! Vamos a Ribadeo. Ya verás allí. Te haré una albarda guapiña, con madroños; te compraré lo que quieras, para comer. Vamos, vamos queridiño, no sea que nos pesquen.» Y, luego de sujetarle la frazada como una cincha, a manera de montura, sale a los patios exteriores, conduciendo al asno del ramal. Cruzan el patio de la segunda, hasta el cobertizo nuevo; en una rinconada hay un portón. El chicuelo hace saltar el candado con una piedra. No sabe si tirar a campo traviesa, o deslizarse junto a los muros hasta la espalda de la casa; resuélvese a favor de la última manera. Camina con tiento, pisando sobre las matas a veces. Ahora ha dado un traspié por haber tropezado con un objeto incomprensible. «¿Qué es esto?» Y saca del matuco unas almadreñas y un enorme paraguas de seda roja. Como no tiene el sentido de la propiedad individual, muerto de risa, se apodera del raro paraguas, y atribuye su hallazgo a la merced divina que se lo coloca a los pies, quizá por valimiento del padre Sequeros, para el caso en que, durante su huida a la dulce patria, se abran en agua las nubes.

Ya está, a rebalgas sobre *Castelar*, en campo abierto. Lo tupido de la población queda a la izquierda; detrás el colegio y la tierra montuosa; al frente una rala prolongación de la ciudad y más al fondo el mar; paisaje de costa, rocas en acantilado, pinares, a la derecha. No cabe duda que siguiendo la orilla del mar todo el tiempo se llega a Ribadeo; pero, ¿de qué costado?, ¿del derecho?, ¿del izquierdo? Coste, dejando a la libre determinación de la cabalgadura, como hizo San Igna-

cio en parecido trance[352], ya no piensa en otra cosa que en su
libertad reconquistada. *Castelar* toma, sin vacilación, un camino con derrotero a la derecha. Aquella parte la conoce bien
Coste, que han venido allí de paseo con frecuencia; sabe que
detrás de la robleda hay praderías, y luego unos pinos, y más
luego arenal, y el río Piles[353] y la playa, y el mar...

—¡Sooo, *Castelar*! Sooo... Párate.

Coste, densamente pálido, escucha. Sí; se oye muy cerca
gran gritería. Son los alumnos del colegio. De seguro están en
los prados del lado de allá de la robleda.

—Riá, riá, *Castelar*. A escondernos, no sea el diaño que nos
atrapen.

Se sumen en lo más intricado y espeso del bosque de robles.
Luego, el niño ata su borrico a un tronco, y con paso furtivo,
reptando entre tojos, avanza hasta la linde de la arboleda. La
tentación es más recia que sus temores. «Si pudiera ver a
Bertuco y a Ricardín, despedirme de ellos... Siempre me han
querido.» Ya ve las praderías, parceladas por seto vivo de
zarzamoras; y ahora a un grupo de Padres, sentados en la
hierba leyendo el breviario; y a los niños, que han traído los
balones y juegan sin reposo. «Si un balón cayera del lado de
acá de aquella sebe[354] y viniera a recogerlo Ricardín o Bertuco...» Pensado y acaecido. La pelota de cuero traza en el aire
una gentil parábola, gana al caer la sebe y rueda por la grama
con tanto impulso que anda el aire a punto de entrar en el

---

[352] El padre Ribadeneyra narra el episodio del encuentro de
San Ignacio con un moro, en el camino que hizo de su tierra a Nuestra
Señora de Monserrate: «... y después de haber buen rato pensado en
ello, al fin se determinó de seguir su camino hasta una encrucijada, de
donde se partía para el pueblo adonde iba el moro, y allí soltar la
rienda a la cabalgadura en que iba, para que si ella echase el camino
por donde el moro iba le buscase y le matase a puñaladas; pero si
fuese por el otro camino, le dejase y no hiciese más caso dél. Quiso la
bondad divina, que con su sabiduría y providencia ordena todas las
cosas para bien de los que le desean agradar y servir, que la cabalgadura, dejando el camino ancho y llano por do había ido el moro, se
fuese por el que era más a propósito para Ignacio» (*Vida del Bienaventurado Padre San Ignacio de Loyola*, en *Historias de la Contrarreforma*, ed. cit., pág. 52).

[353] Río de la provincia de Oviedo, que desemboca en el Cantábrico
al este de Gijón. Da su nombre a una zona en que tiene su residencia
el polígrafo asturiano don Juan Cueto Alas.

[354] *sebe* (Asturias): 'seto vivo' (*DRAE*).

bosque. Un niño salta el seto, corre en seguimiento del balón. El atribulado Coste apenas se atreve a asomar el hociquito. «Si fuera un fuelle...» No, no es un fuelle; es el beatífico Rielas.

—¡Chissst! ¡Chissst...! Rielas...

Rielas alza los ojos y retrocede sorprendido.

—Oye, Rielas, ven aquí; como que tropiezas el balón con el pie y se mete por aquí. Oye.

Obedece Rielas.

—Pero, Coste... Jesús.

—Me he escapado. ¿sabes?

—Jesús, Jesús.

—Quiero despedirme de los amigos; de Bertuco, de Ricardín, de ti, ¿sabes? A ver si os podéis escabullir un momento. ¡Ah! Oye, No me acusarás...

—Calla hombre. Tú aguarda más adentro[355], por si acaso nos ven —y salió corriendo pradera abajo, menudeando los gritos—: ¡Ahí va! ¡Ahí va! —dio un puntapié a la pelota y la proyectó a una altura excelsa.

Coste se internó en el bosque, sentóse sobre un gran guijarro y aguardó. Pasaba el tiempo y nadie venía. A la vuelta de media hora, onduló un silbido cauteloso. Respondió Coste, silbando de su parte. Entre los árboles avanzaban Ricardín, Bertuco y Rielas. Ricardín venía con claras señales en el rostro de no traerlas todas consigo; Bertuco, muy sereno. Se abrazan los niños.

—Adentro, más a la espesura —dice Bertuco.

—¡Por Dios...! ¿Y si nos echan de menos? —pregunta Ricardín.

—Ya daremos cualquier disculpa.

—¿Sabéis? Me escapo. El padre Mur me odia, todos me odian. Yo no puedo vivir así. Sólo vosotros sois buenos... —explica, de camino.

—¿Y cómo te las vas a componer? —inquiere Bertuco.

—Allá veremos. Este debe de ser el camino de Ribadeo. Tú sabrás, Ricardín.

—Yo no sé. Además eso está muy lejos. ¿Vas a pie?

—¿A pie? ¡Quiá! ¿A que no sabéis con quién escapo? No acertáis, de seguro.

Callan.

—Con el padre Sequeros —se atreve a decir Rielas.

---

[355] P: *dentro.*

—Arrea. Con... con *Castelar*.

Entonces lo has robado —observa Ricardín.

—¿Robarlo? Si es más mío que de nadie...

—¿Dónde lo tienes? Yo quiero verlo —añade Bertuco.

—Ahí cerca está atado a un árbol.

Descubren al burro, el cual recibe a los niños alegrando los ojos y entiesando las orejas. Bertuco pregunta:

—¿Qué es esto, Coste?

—Un paraguas, me parece.

—Que encontraste escondido en unas matas, detrás del cobertizo de la segunda —y se echa a reír.

—¿Y cómo sabes?

—¿Acierto?

—Sí que aciertas.

—Pues basta. ¿Llevas dinero?

—¿Cómo dinero?

—Naturalmente. ¿Piensas viajar como Don Quijote?

—Puedes vender el burro.

—¡Vamos, hombre! Tú estás loco, Ricardín —replica Coste, indignado.

—Entonces...

—Entonces, yo qué sé. Dios me ayudará.

Ricardín se desabotona el chaleco, investiga entre los forros, extrae un papel mugriento y lo desarrolla hasta manifestar una pieza de dos pesetas.

—Toma; la pude esconder a principio de curso. De algo te podrá servir.

—No, no la quiero, guardala tú.

Bertuco se interpone.

—Tómala, Coste; a ti te hace más falta. Yo no tengo nada que darte.

Rielas atraviesa empeñada lucha interior, en la cual la victoria corresponde a la munificencia. Revuelve en la faltriquera de la cazadora y expone a la luz del día una cajetilla que entrega a Coste.

—Son de emboquillados de Valencia. La puedes vender, o te la puedes fumar.

Han enmudecido a causa de la emoción. Bertuco, temblándole el acento, reanuda la charla:

—¿Dónde vas a dormir esta noche? Es ya tarde. Viene la noche.

—Sí, es ya muy tarde. Dormiré aquí, en el bosque.

—¿No tendrás miedo? —Ricardín está estremecido.

—¿A qué?

—Reza por si acaso.

—Eso ya se sabe. ¿Crees que soy un hereje?

Tiemblan unas voces en la distancia: «Bertuco... Campomanes...»

—Bueno, adiós.

—Adiós.

—Adiós, Bertuco, Ricardín, Rielas... adiós. Ya no os volveré a ver.

Se abrazan; se besan: lloran. Los tres alumnos van a perderse entre la columnata de robles, enyedrados. Coste, casi lelo, se desdobla e inicia un breve coloquio.

—Coste, tienes mala pata.

—Muy mala me c... en diez.

Castelar sacude las orejas con tanto garbo que, al ruido que mueve, Coste vuelve la cabeza. El burro le mira, diríase que amorosamente.

Se oye la charanga del colegio y cómo se apaga, según retorna al cobijo del casón.

La negrura se filtra dentro del bosque. Levántanse mil rumores. Grazna un cuervo.

El muchacho arregla a tientas un lecho de hojas secas; se cubre con la frazada; invoca al sueño. *Castelar* se acomoda al lado de su amigo, como velándole. Rinde el cansancio al prófugo, que cae dormido murmurando:

Bendita sea tu pureza
Y eternamente lo sea,
Pues todo un Dios...

II

Al día siguiente se despertó con los sentidos ágiles y animoso el pecho. Cabalgó por una carretera durante toda la mañana. Comió en un *chigre;* bebió sidra; fumó dos emboquillados y salió del antro con dos reales en el bolsillo.

Carreteros, jinetes y peatones le miraban al paso con leve estupefacción.

A media tarde dejó pacer a *Castelar* de la hierba de las cunetas, aguardándole sentado en un montón de caliza picada. Preocupábale no ver el mar cerca; pero le habían dicho que aquella era la carretera de la costa. Reputaba como de buen augurio no haberse tropezado con una horda de gitanos, que roban niños y burros. Pero, luego, pensándolo más despacio, consideraba que acaso fuera dulce la vida entre aquellas gentes de bronce, y hembras hoscas y melancólicas que, apoyando el codo en la cintura, tendían la diestra al caminante, como si solicitasen amor.

Cabalgó nuevamente. El cielo se anublaba. Las nubes se fundían, formando una techumbre pizarrosa. Comenzó a gotear. Luego a llover torrencialmente. Fue a guardarse debajo de un árbol, siendo ineficaz el gran paraguas bermejo; pero, como la noche avanzase demasiadamente, resolvió seguir en busca de un mesón.

El terreno era quebrado y estéril; cañadas y montes vestidos de tojo y de esmirriados pinos.

La obscuridad era mucha y el agua más. Oíase un raro retumbo próximo.

A la izquierda del camino, lindando con la tenue blancura de la carretera, las tinieblas se espesaban en una masa angulosa. «Debe de ser una casa de aldea», imaginó Coste, asiéndose a esta esperanza. Acercóse, encendió unas cerillas. Era un tinglado de palitroques, cubierto de paja; asilo de caminantes o pastores. Dentro no llovía. Coste descendió del asno y se acomodó en el suelo. A poco, caía dormido.

Soñó con pesadillas espantables, y despertó porque la angustia le atenazaba la garganta. Tendió las manos en la sombra, solicitando la compañía de su leal camarada. Buscó de un lado, de otro, medio muerto bajo la losa de presunciones horribles[356]. *Castelar* no estaba. «¡Sueño aún. Sueño aún!» Se golpeó con furia la frente, se mesó los cabellos, por volver al estado de vigilia. Rostro abajo le corrían hilos de líquido calentuzo, los cuales se le entraron por la comisura de los labios, desparramándose en densidad acre. «Es sangre. Me he hecho daño. Estoy despierto.» Iba a gritar, a orar a voces, suplicando misericordia del cielo; mas la voz se le disipó antes de salir de los labios y los pulsos se detuvieron. Por la carretera, muy cerca de él, pasaban seres fantásticos. Iban en silencio y llevaban una luz. Enloquecido, corrió hacia el monte. Caía entre espinas, se arrastraba, volvía a correr. Sonó una detonación. Los oídos le zumbaban. Y corrió, corrió, hasta que se derrumbó, sin aliento ni sentido. Recobróse; tenía las ropas

---

[356] P: *pavorosas.*

embebidas en agua; tiritaba. La cerrazón era completa. La lluvia azotaba y el viento se revolvía frenético. Aquel vago retumbo de antes se exacerbaba, era ensordecedor.

Un lanzazo de luz las hendió las negras entrañas de la noche tormentosa. «Es un faro, Estoy al lado del mar. ¿Andará cerca Ribadeo? ¡Padre Sequeros, padre Sequeros, ayúdeme!

> Divina Pastora,
> Dulce, amada prenda,
> Dirige los pasos
> De estas tus ovejas.

¡No me dejes, Madre mía! ¡No me dejes, Madre mía!» Ante las pupilas del niño, que el delirio dilataba, mil fugaces lucecillas urdían diabólica zarabanda. En los oídos le retiñía un campanilleo mareante. Fantasmas sutiles le rozaban, mosconeando, las sienes. Una voz cantó junto a su oreja:

> Lucifer tiene muermo,
> Satanás sarna,
> Y el diablillo Cojuelo
> Tiene almorranas,
> Almorranas y muermo,
> Sarna y ladillas,
> Su mujer se las quita
> Con tenacillas.

Esto mismo lo había leído Coste, de escondite, en un libro que tenía el padre Estich, el literato.

La voz repitió la indecorosa copla. Coste sollozaba:

> «Mírame con compasión.
> No me dejes, Madre mía»[357].

Concentró las flacas fuerzas que conservaba; se puso en pie; dio dos pasos... y caía desde el acantilado al embravecido mar. En un picacho cortante se le partió la cabeza, haciéndole perder la vida, no sin antes bisbisear[358], con débil y delgado soplo: «No me dejes, Madr...»

---

[357] Es el final de la oración «Bendita sea tu pureza».
[358] «Este verbo sumamente sugestivo Ayala lo usa mucho» (Reinink, *op. cit.*, págs. 99-100). *Vid.* nota 97.

embebidas en agua tibia. La cerrazón era completa. La
lluvia arreció y el viento se revolvía frenético. Aquel vaso
estanco de aire se estremecía en convulsiones.

Un lánguido de luz las bañó los negros criadas de la noche
tenebrosa ¿Un luz? ¿Envío el lado del mar? ¿Andará cerca
el Embajador? ¿Acaso Scamura, padre Segarro, evidente?

> Divina locura...
> Como amada rueda,
> Duerme los yacos,
> Me entra mis ojos...

¿No me dejas, Madre mía? ¡No me Segar, Madre mía! Vale
las puntas del niño, que al dentro dilatada una que ese lugar.
Has andan ¡Escucha! y a escondas. La voz rotos. Rotura tu
campesino innecesario. ¡Qué suave silla! Se rozaban, mover
mundo las vienes. Una voz como punto a tu oleaje.

> Acudir tiene mundo
> cumple su día
> Y el Chirillo Colorado
> Largo encarnarás,
> A ninguna a ninguno...
> Suma y facilita...
> En roca se fue mudo
> y en familia...

¡Este mundo de habla laúd Conta de escondite, en un ligar
que revela el padre Segar, el deseado!
La voz liquido la indecisión, canto. Gene sollozaba.

> Mañana con el petunas
> No me dejes, Matanunus...

¡Cuánto a las flacas fuerzas que congregaban, se puro al mar
cada dos pelas! Y vaín desde el poulibdio al doblón cielo mar.
En un pueblo conmido se le partía la cabeza. ¡Jau, jau!
¡cantar la vida, no un amor bárbaro![20] ...¡un dolor y dolgir no
roció ¿chorme de ja, Matu!...

> L. d med dece ued el vibenda sus el puntuar.
> [20] date verbo asombante ungravo Nayda lo que motivo Her-
> naulu... ¿al algra [a] 10...] al mar 2?.

317

MIRABILE VISU [359]

---

[359] 'Admirable de ver, contemplación maravillosa que causa asombro.'

Uno que otro velón, de largo en largo, colocados de manera que el postrero y más débil resplandor del uno se encadenaba con el del siguiente, abrían por entre las sombras del tránsito de los Padres una ruta equívoca y melancólica. El silencio era hondo, de infinita vacuidad, como si habiendo perdido su vida el Criador, porque era aquella noche la del Viernes Santo, el universo se hubiera desplomado en sorda y definitiva inercia, y alumbraban los velones como expirantes pavesas de un mundo pretérito.

Nació un rumor latebroso[360] de la aparente nada; la sombra se espesó en un punto, a modo de cuajarón de tinieblas, cauto y semoviente. Así como se acercaba a la luz de un velón podía advertirse en que era un padre, arrebujado en el manteo, y como su alzada fuese poca y fachendease mucho, ¿quién había de ser sino Conejo?

Germinaron nuevos bultos en las entrañas de la sombra. El resplandor de las lámparas, aunque escaso, los definía. Envolvíanse todos en los manteos. Y pasaron: el larguirucho y adamado Estich; el vivaracho Ocaña; el jesuitófobo Atienza; el imponderable apéndice nasal de Mur, de donde como de una percha pendían los arreos talares; el valetudinario y expectorante e ijadeante Avellaneda; Arostegui, tetinhiesto y solemne; Olano, oblongo y carnal; Landazabal, de las nalgas en asidero; Numarte, vulgar y tosco; Sequeros, rígido y pausado; toda la Comunidad. Caminaban acuciosos, con pie desnudo e inaudible. Los manteos revolaban a veces sobre los talones. Parecían bestias negras y traidoras, hijas de la lobreguez y de la inmundicia, ratas o murciélagos enormes[361].

En las escaleras se adensó el negro torrente, porque a los

---

[360] *Latebroso:* 'que se oculta y esconde y no se deja conocer» *(DRAE)*.

[361] P ha suprimido la comparación, desde *Parecían...* hasta aquí.

Padres se les incorporaron los legos; Santiesteban, de pútrida sonrisa; Calvo, el cocinero, de imposible obesidad, en términos que, al igual de aquel obispo francés, parecía haber venido al mundo a fin de demostrar hasta qué punto puede dar de sí la piel humana; Echevarría, nostálgico del cetro adolescente, y todos los otros.

Los Padres penetraron en el refectorio; los Hermanos permanecieron junto a la puerta. Se verificaba una de las dos disciplinas en común que hay durante el año[362] (la víspera de San Ignacio y el Viernes Santo).

Sobre la mesa de la cabecera, en donde acostumbraba a comer el Rector, había una vela encendida. Arostegui se arrodilló; todos siguieron su ejemplo. Dejaron caer a tierra los manteos, manifestando por las trazas, el torso desnudo; mas no era así, sino que a favor de la poca luz hacían pasar como propio pellejo (¡inocente fraude!) el tejido de la camiseta, en lo cual no andaban muy errados, porque, además de ser el color originario de un tono crudo y moreno, semejante al de la carne, con la cochambre y exudaciones sebáceas que trasudaban aquella prenda, había llegado a convertirse en algo consustantivo al propio cuerpo. Anabitarte apagó la vela, de suerte que el refectorio lobregueció por entero. El Rector dijo con acento jaculatorio:

—Reverendos Padres y carísimos Hermanos; por orden de la santa obediencia decimos nuestra culpa. Por todas las faltas* cometidas durante el año. Por lo cual, y en honra de San Ignacio, tomamos esta disciplina.

Oíase el manso y meticuloso *guitarreo* de los Padres previniendo muy cuerdamente cualquier desperfecto de las respectivas camisetas, y el vehemente zurrido de los legos aplicándose furiosos lapos en los lomos, recios y rústicos, a propósito para la afrenta del látigo y de la servidumbre.

A los diez o doce segundos, Anabitarte tocó en un vaso con un cuchillo. Como por ensalmo cesó el rumor de penitencia. Tan sólo, junto al postigo, algún lego montaraz se aplicaba unos zurriagazos de propina.

---

[362] «Algunas veces entre el año todos rueguen al Superior les mande dar penitencias por las faltas de observar las reglas, porque este cuidado muestre el que se tiene de aprovechar en el divino servicio» *(Reglas,* ed. cit., pág. 609).

* Se supone que un jesuita no peca. Faltas son, por ejemplo: andar de prisa, mirar a una mujer, beber agua sin necesidad...

Y se fueron todos tan frescos a sus celdas. Avellaneda estornudaba. Los legos llevaban las costillas largueadas de verdugones.

Aquella noche, Sequeros recibió otra esquelita azul:

«Desde mañana puede usted bajar a la división. Queda desobligado del retiro.

P. AROSTEGUI, S. J.»

HORTUS SICCUS[363]

---

[363] 'Huerto seco.'

Estos son retazos de unas memorias íntimas de Bertuco. Los transcribimos tal como aparecen, de mano
del niño.

Noviembre.
Sicut cinamomo.
Yo no soy congregante, porque, al parecer, soy bastante
enredoso. Lo fui una vez, y en seguida me echaron. Me
acuerdo del oficio de la Virgen, que cantábamos. ¡Qué hermoso es! La música da mucha tristeza. La letra no la entiendo
toda, porque está en latín; pero hay dos versículos que no los
puedo apartar de la cabeza. Uno sobre todo.

Sicut cinamomo.

Verdaderamente, yo no sé si es cinamomo o cinamomus.
¿Qué más da? Lo tengo pegado a la memoria, y el repetirlo
con el pensamiento, me produce mucha alegría y me emociona; vamos, no sé explicármelo. ¿Por qué será? Como el cinamomo... La Virgen es como el cinamomo. En el parque de San
Francisco[364], mi tío Alberto me enseñó una vez una mata de

---

[364] «El epicentro de la ciudad es el varias veces citado campo de
San Francisco, de sesenta mil metros cuadrados y con dos funciones
muy delimitadas: lugar de sano esparcimiento en las horas diurnas y
bendita oportunidad del desfogue erótico para las parejas más o
menos formales en sus horas nocturnas (...) Su nombre se debe a que
fue huerta de un monasterio del siglo XIII, que se hallaba situado en el
actual palacio de la Diputación. En él se sucedieron algunos acontecimientos de los llamados patrióticos (...) No tiene muchas estatuas. La
más polémica de todas fue la que se levantó a Leopoldo Alas...» (Juan

cinamomo. Las flores eran muy blancas, muy ligeras, olían muy bien y tenían el corazón de oro... ¡Qué guapa debía de ser la Virgen!... Y la señora Ruth, de seguro, es también como el cinamomo. Desde que se mató el marido, no hemos vuelto a verla en los paseos. Si yo no fuera un niño, me casaba con ella, ahora que está viuda. ¡Cómo llorará la pobre!...

Hoy, que es lunes, han salido los congregantes para hacer sus oficios. Nos hemos quedado aquí en el estudio unos pocos, los informales. El padre Sequeros nos ha dicho que, de todos los que quedamos aquí, sólo se salvará uno. Cuando él lo dice... ¿Quién será? ¿Ricardín? ¿Yo? Y como llegan los ecos de los cánticos, *sicut cinamomo*, me han entrado ganas de llorar.

Diciembre.
El temor de Dios[365].
Yo quiero a la Virgen porque es muy buena y hace milagros con los que son sus devotos. En cambio, Dios, tal como nos lo pintan los Padres, es muy malo. ¡Perdón, Dios mío! Quiero decir que castiga mucho y no perdona nunca. ¡Qué horror! Ya veis, la Virgen sólo quiere que se la quiera; Dios quiere que se le tema, que uno se maltrate y haga penitencias para salvar el alma. Yo quiero salvarme. Al parecer, ningún jesuita se ha condenado. Seré jesuita. Vamos, me asusta el que suelen ser muy sucios. Ese padre Olano... Pues ¿y Conejo? No digamos Mur.

Yo hago muchas mortificaciones, para que Dios se apiade de mis pecados, y porque me lo ordena el Padre Espiritual.

Anoche me dijo Conejo que por qué me arrodillaba en los tránsitos y besaba el suelo, lo que le parecía una majadería. Yo no supe explicar por qué lo hacía, y me dijo que me iba a prohibir que confesara y comulgara. ¡Virgen mía; yo no sé qué pensar ni qué hacer! Tu eres guapa y buena...

Ayer, el papá de Pelayo lo sacó del colegio. Un día vi a Marujina, su hermana; cómo me gusta...

Cueto Alas, *Guia secreta de Asturias*, 2.ª ed., Madrid, Al-Borak, 1976, páginas 104-106).

[365] Dice la regla final de los *Ejercicios*: «... debemos mucho alabar el temor de la su divina majestad; porque no solamente el temor filial es cosa pía y sanctíssima, mas aún el temor servil, donde otra cosa mejor o más útil el hombre no alcance, ayuda mucho para salir del pecado mortal» (ed. cit., pág. 238). Recuérdese lo que enseña Tobías a su hijo: «Desde la infancia, has de temer a Dios y abstenerte de todo pecado» (Libro de Tobías, 1).

Marzo.

Solo.

Cuando me acuerdo de mi papá creo volverme loco. No me quiere, ni me ha querido nunca. ¿Por qué será? Yo soy bueno. El único que me quiere es mi tío Alberto y la pobre Teodora...

Hoy me escribe el tío: «la infeliz Teodora, después de pasar muy mal invierno con sus achaques reumáticos, ha fallecido. Como de tu padre no se sabe nada y se acercan las vacaciones, lo más probable es que las tengas que pasar en mi compañía. ¿No te alegras?»

Pues, sí, señor; me alegré, y no sentí remordimiento por haber matado a Teodora, que yo fui quien la mató. Pero después, sin saber cómo, me sentí muy solo, muy solo.

No conocí a mi madre, Virgen mía.
En su regazo nunca me dormí,
Ni su mirada se posó en la mía.
¡Sé tú mi madre; ten piedad de mí!

No he conocido maternal regazo,
Ni un cantar amoroso me acunó,
Ni he gustado su beso, ni su abrazo.
Sin ti, Virgen guapina, ¿qué haré yo?

Mira qué triste ha sido mi fortuna
Y cómo el vendaval secó la flor,
Que fuese aroma y luz sobre mi cuna
Huérfana. Yo no sé lo que es amor.

Ve que lloro perdido y al tirano
Yugo de la tiniebla me rendí.
Tiéndeme tu divina y blanca mano.
Muera ya y vaya al cielo en pos de ti.

Marzo.

La estampa y la lenteja.

Yo tengo una estampa alemana de la litografía de Benziger, y representa a San Estanislao de Kostka. También tengo una planta muy pequeñita de lenteja. La lenteja la encontré en un patio; llené de tierra un pote vacío de pasta para los dientes y planté la lenteja. Prendió. La llevé a la camarilla. Ya tiene unas hojitas muy delgadas. Algunas noches escarbo la tierra y veo las raíces. Son blancas como lombrices. ¡Qué cosa!

Pajolero es el que tiene más fuerza de la división. Me robó la estampa, así, porque le dio la gana, y cuando se la pedí se rió de mí. Me entró una rabia que me hice sangre en los labios. ¿Es que porque tiene más fuerza puede hacer lo que quiere? Me quejé al padre Mur y no me hizo caso; al padre Sequeros, pero Pajolero negó. Me quedé sin la estampa. Esto es una injusticia. Yo no sabía, no entendía bien lo que era injusticia. No sé lo que pasa por mí. Si hubiera tenido un cuchillo se lo hubiera clavado a Pajolero en el corazón. Estoy rabioso. ¿Cómo consiente Dios esto? ¿Por qué inventó él la injusticia, una cosa tan horrible? Porque claro está que todo viene de Dios. Eso está muy mal. A mí no se me hubiera ocurrido nunca que en el mundo cupieran estas atrocidades habiendo providencia. No, no puede ser.

Hoy he mirado de nuevo la lenteja, sus hojitas y sus raíces. Me entró una ternura muy grande, que casi me hizo llorar, y me acordé de que había tenido pensamientos blasfemos. Los Padres hablan de milagros. ¿Qué mayor milagro que esta planta que yo tengo en el pote de pasta dentrífica? ¡Perdón, Dios mío!

Abril.
El Papa a los infiernos.
Hoy, en la plática, el padre Numarte nos ha referido una cosa que me ha dejado asustado. Predicaba un jesuita en una iglesia; de pronto se calló; luego dijo: «en este momento, Su Santidad Clemente XIII acaba de descender a los infiernos». Después se comprobó que a la misma hora que lo dijo el jesuita había muerto el Papa, que fue precisamente quien suprimió la Orden. Me parece demasiado. Es decir que en la Iglesia lo único importante son los jesuitas. A veces creo que son unos farsantes.

Abril.
La bandera misteriosa.
No tenemos clases[366]. Estamos muertos de miedo y los Padres más todavía. Ayer apedrearon el colegio y tiraron cohetes contra las ventanas. ¿Por qué quieren tan mal a los jesuitas? Son los impíos.

Los soldados están paseando por los pasillos y colocados a las entradas. Yo les he oído decir palabrotas y blasfemias.

---

[366] P añade: *Dicen que hay revolución.*

Según parece vienen a protegernos por si atacan otra vez el colegio[367].

A los niños nos dejan hacer en estos días lo que queremos. Esta mañana, Bárcenas me llevó a uno de los desvanes. Fuimos a cencerros tapados y llegamos a un cuarto obscuro. Estaba lleno de fusiles y otras cosas que no sé lo que son. Luego abrió un envoltorio Bárcenas y me enseñó un trapo que parecía una bandera, colorada y azul con rayas cruzadas. Me aseguró que era el pabellón inglés y que poniéndolo en el tejado los Padres no tenían nada que temer. Se me figura que Bárcenas no sabe lo que dice.

Mayo.
El grillo.
Anoche oí un grillo cantando en las camarillas. ¿Quién lo habrá cazado? Si lo averiguan buena la tiene.

Cri, cri, cri; cómo me gustaba oírlo.

La parra de mi casa en Cenciella[368] está por el verano llena de cigarras que chillan. ¡Ay, el sol del verano...! A los grillos les gusta más el prado liso que donde hay pomares. Los pomares de mi casa parecen personas viejas, y las manzanas

---

[367] Ayala traslada al diario de Bertuco escenas de la Barcelona de 1909 (María Dolores Albiac, «La Semana Trágica de Barcelona en la obra de Ramón Pérez de Ayala», *Ínsula*, núm. 404-5, Madrid, julio-agosto de 1980). El padre Victoriano Rivas Andrés relata un «acontecimiento revolucionario» en el Gijón de 1898 que Ayala pudiera haber recordado como antecedente *(Un colegio que saltó a la historia,* Gijón, 1966, pág. 66). Lo sitúa adecuadamente en el contexto histórico Florencio Friera *(op. cit.,* págs. 629 y ss.).

[368] En mi edición del epistolario a Miguel Rodríguez-Acosta, anotaba: «Noreña es un pueblo cercano a Oviedo, donde su padre tenía una casa de campo. Allí pasó temporadas el joven Pérez de Ayala, pintando y escribiendo. Parece evidente la conexión de esas estancias con la creación de *La paz del sendero.* Subraya mucho su importancia Eloy Cuesta Rodríguez: 'Está bastante claro que estuvo de ocho a diez años por Noreña, compartidos con el tiempo de cursar estudios en inmediatas poblaciones, pero resulta del todo significativo que haya sido de esta pequeña villa de donde extrajo la casi totalidad de los personajes y ambientes para sus libros'. («Noreña y Pérez de Ayala. Algunas curiosas referencias», en *Boletín del Instituto de Estudios Asturianos.* núm. 67, año XXIII, Oviedo, mayo-agosto de 1969, páginas 267-274.») Amplía mucho las noticias Florencio Friera, en su estudio de la novela *El último vástago.*

tienen todos los colores y son lisas como de cera. Pero los grillos buscan el prado.

Cri, cri, cri, cómo me gustaba oírlo.

En el verano suenan tantos, tantos... hasta los montes de lejos. Por los prados corre el río, aquel río tan quieto a donde van a lavar las mujeres de Cenciella. Nuestra criada, la *Palomba*, era muy guapa. No llevaba corsé y se le marcaba el pecho.

Cri, cri, cri, cómo me gusta el canto del grillo.

En los prados hay a veces amapolas, con hojas de raso. Soplábamos Rosaura y yo y volaban las hojas. ¡Qué ganas tengo de irme a casa! Me bañaré en el albercón y perderé de vista este colegio.

Mayo.
La tuna de Coimbra.

Hoy nos ha dado un concierto la tuna de Coimbra. Lo que me ha entusiasmado son los panderetólogos. Cómo brincan, y se revuelcan por el suelo, y se retuercen, sonando la pandereta contra el codo, contra el pie, contra la cabeza... Les aplaudimos a rabiar. Yo siempre quise ser un gran poeta; pero hoy he comprendido que es mejor ser un gran panderetólogo.

Voy a hacer el[369] examen de conciencia para confesarme, que mañana es primer viernes de mes.

---

[369] P suprime *el*.

MANU FORTI[370]

---

[370] 'Con mano fuerte.' Más común es la expresión similar «manu militari».

El padre Mur perseguía la oportunidad de satisfacer su venganza en Bertuco, el cual en cierta ocasión, había repelido coléricamente las asiduidades cariciosas y pegajosas del jesuita.

Mur inspeccionaba las filas de alumnos que a la puerta de los confesores aguardaban, cruzados de brazos, la vez de ir descargando[371] la conciencia. A la puerta del padre Arroyo había ocho niños. Bertuco estaba el séptimo, y, aun cuando apercibía sus potencias espirituales para postrarse ante el santo tribunal con el recogiminto debido, no lograba impedir que en su memoria bullesen danzantes imágenes de panderetólogos: la impresión había sido muy intensa y estaba demasiado reciente. Entre las muchas artimañas y máculas ladinas con que Mur cazaba a los enredadores, una de ellas consistía en volverles la espalda, con lo cual ellos, juzgándose libres por el momento, verificaban sin disimulo su travesura; mas, siendo luenga la nariz de Mur, y descansando las gafas en lo más avanzado del apéndice nasal, bastábale subir, como al desgaire, la mano hasta el rostro, poniéndola detrás de los vidrios para tener un espejo en donde se retrataba todo lo que detrás de él acontecía. Por no traicionarse y prolongar en lo posible la astucia, no daba a entender por el momento los resultados de su espionaje, sino al cabo de algún tiempo, con lo cual, los díscolos, creían haber sido acusados por algún compañero fuelle.

Volvióse de espaldas Mur; Bertuco, a quien le sonaban en los oídos las sonajas de mil panderetas, y en cuyos nervios parecía infundirse la energía y agilidad de una falange de panderetólogos, como se viese a salvo de la mirada rapaz de Mur, sopló al oído de su vecino en la fila:

—Mira tú que aquel pequeño, el rubio... ¡canario! —y comenzó a retorcerse y descoyuntarse, remedando al artista del

---

[371] P: *exonerando*.

pandero, y con los ojos pendientes de Mur, en previsión de que se pudiera volver de pronto.

Mur, en aquel punto, hacía espejo de sus gafas; pero no supo interpretar los movimientos del niño en derecho sentido, sino que dio por averiguado que le hacía burla y muecas de odio con todo desembarazo y desvergüenza. Arrebatado de iracundia, giró sobre los talones y puso en las mejillas de Bertuco una sonora y recia bofetada. En las infantiles pupilas había una mezcla de estupor y de odio. A seguida, Mur se aferró con su diestra, huesuda y truculenta, a la oreja de Bertuco, arrastrándolo por el tránsito, y luego escaleras abajo, después de haber ordenado a los otros siete niños que vinieran de testigos, hasta un estrecho y breve pasadizo, enladrillado de rojo, que abre una comunicación entre el claustro central y los patios exteriores, por la parte de los lugares excusados.

Los niños hicieron corro: Mur y Bertuco en el centro.

—¡Arrodíllate!

Bertuco obedeció.

—Vete haciendo una cruz con la lengua en el suelo. Primeramente, desde aquí hasta aquí —señalaba con el pie una extensión como de tres palmos.

Bertuco permaneció inmóvil. Sus ojitos azules parecían de acero, bruñido en la piedra de afilar. Los tiernos espectadores estaban consternados.

—¡A la una! ¡A los dos...! ¡A las tres! —y dio al niño vehemente puñetazo en la nuca, con intención decidida de derribarlo de bruces, y lo hubiera logrado si las manos alertas de Bertuco no se hubieran apoyado en tierra.

—¡Haz la cruz con la lengua!

Bertuco, que había vuelto a colocarse de rodillas, no hizo movimiento alguno.

—A la una, a las dos... ¡a las tres! —segundo golpe, con redoblado vigor.

Juanito Prendes, de pusilánime corazón, se echó a llorar, y entre acongojados hipos balbucía:

—Por Dios, Bertuco, obedece. ¿Qué más te da?

A Bertuco no le repugnaba lo repugnante del castigo, sino la humillación que entrañaba. Adivinaba confusamente que aquello que sentía dentro de sí como espina dorsal de su espíritu, la dignidad, en siendo violada y partida, no era posible rehacerla y enderezarla. Hendíasele el corazón de espanto.

—¡Máteme, máteme por Dios!

336

—La muerte merecías, infame. Haz la cruz, arrástrate, asqueroso reptil —y de un puntapié lo envió redondo contra el muro.

Y ya, no Juanito Prendes, que tambіén los seis restantes le suplicaban que se doblegara, sabiendo que el padre Mur no perdonaría nunca.

Y en un momento de suprema desesperanza y abrumadora vergüenza y asco de sí propio, casi aniquilado por el temor y la amargura, Bertuco se dispuso a obedecer, y sacando la lengua la aplicó al suelo. Dos lágrimas ardientes como la punta de un puñal enrojecido en la lumbre le taladraron los ojos, anublándolos. Dentro del pecho experimentaba el furor de una garra que le rebañase las entrañas.

—¡Lame la tierra! —rugió Mur, con voz estrangulada de ira y torpe fruición.

El paso continuo de centenares de pies había desgastado el ladrillo, formando un polvo terroso y sucio. De otra parte, las fauces de Bertuco estaban resecas. Así que por las tres veces que puso la lengua sobre el suelo convirtiósele en un objeto extraño y asqueroso, como petrificado, que le ocasionaba fuertes torturas y le impedía hablar.

—¡No puedo más...! —articuló con esfuerzo.

Mur le puso el tosco zapato sobre la nuca. El niño, en una convulsión, quedóse rígido, yacente, bañado el rostro en sangre.

—Marchaos ahora mismo de aquí. Y como digáis algo a alguien os hago lo mismo a vosotros.

Los niños huyeron, aterrorizados. Y en estando a solas, el jesuita arrastró el cuerpo exánime de Bertuco hasta un grifo que hay contiguo a los lugares excusados, y chapuzándole la cabeza le devolvió el sentido.

—Lávate bien esas narices. Cuidado con que nadie entienda nada de esto, porque te arranco el alma negra que tienes, canalla. Hoy no te confiesas, porque eres un sacrílego, ni cenas. Te pondrás en el centro del refectorio, en donde todos vean tu cara maldita de criminal, y no probarás bocado hasta que me repitas de memoria la elegía triste de Ovidio. Por la noche, no cerrarás la puerta de la camarilla; te pones de rodillas en el umbral hasta que yo vaya. ¡Ea! Ya estás listo. Al estudio.

A la hora de la cena, convergiendo a él las miradas de todos los alumnos que le abochornaban, procuró desentenderse de todo y aprender cuanto antes la elegía. Su cabeza estaba débil y dolorida; las mallas de la memoria, tan sueltas que dejaban escapar los versos a ella confiados. Al final de la cena sabía tan sólo una pequeña parte:

> Cum subit illius tristisima noctis imago
> quae mihi supremum tempus in urbe fuit,
> cum repeto nocten quae tot mihi cara reliquit,
> labitur ex oculis nunc quoque gata meis [372].

Nada más.

En la camarilla se arrodilló como le habían ordenado. El dolor y el cansancio le rendían. Pasaba el tiempo; oíase el suave ronquido de algún alumno. La luz era escasa y medrosa, a propósito para poblarse de aquellas formas infernales con que los Padres aterrorizaban el cándido corazón de los niños. Aunque la frente le abrasaba, sus miembros estaban ateridos y sus mandíbulas trepidaban de miedo. Cada ruido o susurro le detenía la circulación; cerraba los ojos, por no ver la cabra o el cerdo endiablados. Allá, muy avanzada la noche, se le apareció Mur de pronto. Venía envuelto en una manta de Palencia y descalzo. Sin decir palabra, arremetió sobre Bertuco a puñadas y rodillazos, estrujándolo contra los hierros de la cama. Con el furor de la arremetida, la manta se le desprendió de los hombros, dejándolo en ropas muy menores y descuidadas, a través de las cuales mostraba velludas lobregueces, y las vergüenzas, enhiestas [373]. Cuando tuvo al niño bien molido, se fue, cerrando la portezuela de golpe.

Bregaba aún Bertuco, antes de conciliar un reposado sueño [374], entre la vigilia y un sopor plúmbeo, henchido de incoherencias y desatinos, cuando la frigidez de un chorro de agua y unos sañudos pellizcos, aplicados con mano férrea, le hicieron lanzar un grito y abrir los ojos. Mur estaba en pie, junto al lecho, envuelto en la manta.

—Vístete deprisa, y ponte de rodillas.

Era noche aún. Bertuco siguió el curso del tiempo por el

---

[372] 'Cuando la triste imagen de esta noche vuelva a ver, la noche que fue para mí el último momento en la Ciudad, cuando evoco la noche en la que he dejado tantas cosas queridas, todavía ahora las lágrimas se deslizan desde mis ojos.' P reduce: *sabía tan sólo cuatro versos: Cum subit illius*.

[373] P suaviza: *mostraba su desnudez*.

[374] P suprime *antes de conciliar un reposado sueño*.

reloj del observatorio. Le habían hecho levantarse hora y media antes que los demás.

Cuando bajó a la capilla, con sus compañeros, sentía el cráneo lleno de humo turbio y ardiente; los miembros le obedecían apenas; la tierra era muelle y se balanceaba en un vaivén amplio. En el estudio de la mañana temió caer desplomado en dos ocasiones. No desayunó, porque Mur le hizo continuar estudiando a Ovidio. Al fin, en la clase del padre Ocaña, prorrumpiendo en un alarido desgarrador, escurrióse entre el banco y la mesa y fue a dar en tierra, poseído de frenesí. Sus compañeros se apartaban, sobrecogidos. Ocaña descendió ágil del púlpito y acudió en auxilio de Bertuco.

—Rielas, Benavides, vosotros que sois fuertes; ayudadme a sujetarlo.

Benavides, de rostro de chimpacé, solapado enemigo por envidia de Bertuco, se excusaba.

—No me atrevo... Parece un endemoniado.

—Te digo que vengas; no seas cernícalo. Es un ataque de nervios.

En esto, Bertuco recobró la calma. Yacía sobre el piso, de cemento, sin dar señales de vida. Mirábanse unos a otros, sin osar acercársele, cuando el niño se incorporó, sentándose. Emitía profundos, trágicos gritos de terror; adelantaba los brazos como deteniendo invisibles agresiones; sus ojos se abrían desmesurados, casi blancos, a causa de la extremada contracción de la pupila, como la máscara antigua del espanto. Cayó de nuevo; cerró los ojos; conducía las pálidas manecicas[375] tan pronto al corazón como a la cabeza, suspirando con leve[376] y desolada quejumbre.

El padre Ocaña trajo su sillón, del púlpito a la parte baja del aula, y en él acomodó al enfermo.

—Ahora, ayudadme vosotros dos: vamos a subirlo a la enfermería.

Allí, lo tendieron sobre una cama, desmayado aún. Acudió el hermano Echevarría y se avisó a Conejo.

El caso era alarmante. Temerosos de la nesciencia del enfermero, los Padres acordaron llamar al doctor Cachano con toda urgencia.

Presentóse el doctor, un hombre enjuto, cetrino y alto, cuyas patillas piramidales y rucias eran como claudicantes

---

[375] P: *manecitas.*
[376] P: *débil.*

orejas de borrico. Se armó de doradas gafas, apoyó la oreja sobre la caja torácica de Bertuco y auscultó recogidamente, frunciendo las cejas de manera sombría.

En aquel punto, a Bertuco le atacó una gran convulsión epileptiforme; agitaba desesperadamente brazos y piernas, arqueaba el cuerpo, apoyándose en los talones y en la nuca, o pretendía arrojarse del lecho. A la postre quedó postrado, inerte.

Ya en el pasillo, el doctor Cachano comunicó a Echevarría el plan terapéutico que había de seguir: baños templados, infusión de tila con azahar, bromuro y cloral.

—¿Es grave la cosa, doctor?

—Como puede que sí, puede que no. A mí me inspira serios temores. A este niño han debido darle un susto muy grande. Conviene que no le deje solo un momento, y, sobre todo, yo, en el caso de ustedes, querido Padre Ministro[377], avisaría a la familia para sacudirme de encima responsabilidades —y al sacudir, acordadamente, la cabeza, ondulaban las patillas, espolvoreadas del rapé que le había ofrecido Conejo.

Así que don Alberto recibió la carta con las tristes nuevas del mal de su sobrino, emprendió la marcha acompañándose de Trelles, un médico joven, inteligente y clerófobo furibundo. Llegaron a Regium en el tren de la tarde; a la media hora estaban en el colegio. Encontraron a Bertuco animoso y sonriente; viendo a su tio se sorprendió. Conejo dijo:

—Gracias a Dios, ya está bien. Pero nos ha dado un susto[378]...

—¿Cuándo ha caído enfermo? —preguntó don Alberto, y acariciaba al niño en la mejilla.

—Ayer, en la clase de la mañana. No damos con la causa, porque él no dice nada. Ha sido un ataque nervioso muy violento. Sin duda, como están próximos los exámenes, el estudio excesivo...

—¿Podrá salir del colegio para reponerse? Lo encuentro muy pálido y flacucho.

—Como usted guste; pero no lo creo necesario.

—Sí, mejor será que me lo lleve mañana.

Bertuco oprimió alborozadamente la mano de su tío.

—Supongo que no habrá inconveniente en que el señor Trelles y yo nos quedemos esta noche velándolo aquí.

---

[377] P: *Prefecto.*
[378] P: *Un sobresalto.*

—¡Oh! ¿Inconveniente? Ninguno. Pero, ¿para qué?

—Sí, nos quedaremos.

—Como usted determine.

En estando a solas, pretendieron sonsacar a Bertuco la verdad de lo ocurrido; pero el muchacho no confesó nada.

A las diez de la noche, Bertuco cayó en intenso sopor; su respiración era muy lenta y apenas perceptible; el pulso irregular, los ojos se iban hundiendo y sus extremidades enfriando.

—¡Trelles, Trelles, que se nos muere! —exclamó don Alberto, con la faz desencajada.

—No hay tiempo que perder... Frótele fuerte con el puño sobre el corazón, en tanto yo busco a ese idiota de enfermero —gritó a la puerta—: ¡Enfermero, enfermero de los demonios!

—¿Qué quiere, pues?

—Éter, ¿hay éter?

—Ya, ya hay.

—Deprisa, papanatas. Y botellas de agua caliente; deprisa, deprisa... ¡caracho!

Gracias a la inyección de éter, al calor del agua y a los masajes precordiales, el niño se reanimó.

—No puedo más, tío: hace dos días que no como.

—¡Ave María Purísima! Enfermero, una copa de Jerez y bizcochos; corriendo, hombre —y de que hubo salido el lego—: Bertuco, a ti te han dado una paliza tremenda. No lo niegues, porque acabo de verte todo el cuerpo magullado.

—No, no; sería cuando me caí en la clase. Dicen que me daba golpes contra las patas de la mesa.

Hasta las once fueron llegando Padres, de vez en vez, que subían a interesarse por la salud de Bertuco. El padre Atienza, gran amigo de don Alberto por haber sido compañero de niñez en el colegio de Orduña, subió el último. Los dos hombres se abrazaron con mucha cordialidad.

—¡Voto al chápiro! Entonces, ¿qué? ¿Te llevas al niño?

—Mañana, como no ordene otra cosa el amigo Trelles. ¿Podremos marchar?

—No hay inconveniente.

—¿No le parece a usted mejor, Trelles, ir en coche desde aquí?

—Lo apruebo.

Una pausa.

—Oye, Alberto; voy a decirte una cosa en secreto, regorgojo.

El jesuita cogió de las solapas al caballero y lo condujo junto a la ventana.

—Me voy con vosotros.

—¿Eh?

—Que me voy con vosotros.

—¿Y eso?

—Para no volver más, qué recuerno. Lo he pensado mucho y ahora se me presenta la ocasión: es providencial. ¿Qué dices? —Don Alberto abrazó a su amigo; éste continuó—: Figúrate que no quieren publicarme mi gran obra sobre la evolución, en la cual he consumido mi vida. El tribunal encargado de juzgarla ha dictaminado que no tenía mérito bastante para ser publicada por un hijo de la Compañía, ¿habráse visto mastuerzos? Mira, te traeré de mi celda un paquetito, que sacaréis como cosa vuestra; son mis manuscritos. Mañana, a pretexto de acompañaros un momento, me introduzco con vosotros en el coche y luego, ¡viva la Pepa!

Don Alberto soltó la carcajada.

El resto de la noche se deslizó en paz. Cada vez que despertaba Bertuco, Trelles lo alimentaba con leche, Jerez y bizcochos, restituyéndole de esta suerte las perdidas fuerzas.

Y a la mañana siguiente, el padre Atienza, don Alberto, Bertuco y Trelles, iban camino de Pilares en un arcaico landó que con fatiga arrastraban tres caballejos de evidente y descarnada senectud. En la cuesta del Pedroso[379] el mayoral gritó:

—¡Si no se baja alguno, los caballos no suben!

Descendió, con un salto alegre y muchachil, el padre Atienza; siguióle Trelles. Bertuco se obstinó en imitarlos. Todos echaron pie a tierra.

Era una mañana primaveral y florida. Cubría la mocedad del campo un bozo de verde tierno. Los más vetustos troncos reflorecían de juventud. En los nidos brotaban las primeras voces. El señor malviz tañía su flauta. La vaca matrona rumiaba al pie del roble; temblaba la esquila, y el humo aldeano y azul sujetaba el cielo a la tierra. Luego el caballero grillo rascaba su averiado violín en el umbral de la covacha.

—¡Hay grillos! —suspiró Bertuco.

—¡Cuánta hermosura, Dios mío, cuánta libertad! El padre Atienza abría los brazos y se ponía cara al firmamento.

Don Alberto comenzó a recitar, sonoramente:

---

[379] Conocida popularmente como Cuesta del Pedrosu, en la carretera vieja a Oviedo.

«¿Por qué habláis de un milagro?
No conozco otra cosa que milagros;
si recorro las calles de una urbe,
o paseo con pie desnudo junto al mar,
o permanezco bajo los árboles del bosque,
o contemplo las abejas en torno de la colmena al mediodía,
o los animales que se nutren en los campos,
o los pájaros, o la maravilla de los insectos en el aire,
o la maravilla de la puesta solar,
o las estrellas,
o la exquisita, delicada, fina curva de la luna nueva en primavera.

. . . .

Para mí, cada hora de luz y sombra es un milagro;
cada pulgada de espacio y de tierra,
... las briznas de hierba...
inefables y perfectos milagros. ¡Todo, todo, todo!»[380].

Los otros tres le oían mudos, fascinados.
—¡Bendito sea Dios! —comentó el padre Atienza, así que
hubo concluido don Alberto. Después de una pausa, con
transición absurda, Trelles preguntó en seco al padre Atienza:
—¿Cree usted que se debería suprimir la Compañía de
Jesús?
—¡De raíz!

A.M.D.G.

Pontevedra.
Baliñas. Caldas de Reyes, Octubre 1910.

---

[380] Agustín Coletes ha descubierto que se trata de una adaptación
del poema «Milagros», de Walt Whitman *(op. cit., págs. 791 y 996).*

POSTDATA

Al Sr. D. Enrique Amado.

Querido Enrique:

Este pobre libro mío, que sale al mundo con la arriscada pretensión de mejorarlo un poco, sería incompleto si tu nombre y el recuerdo de tu amistad, que tan obligado me tiene, no aparecieran asociados a él. Gracias a ti se escribió. Si yo mereciera reconocimiento de los hombres de buena voluntad, a ti se te debe en igual medida que a mí. Tú me diste afecto leal y raro en que me apoyara y me proporcionaste asilo adecuado en donde realizara mi obra. Nunca olvidaré la rústica y repuesta casita en donde convivimos; la paz aldeana de que me rodeaste, que tan grande bien me hizo. ¡Aquietantes robledas, mansos maizales, collados revestidos de vides! Si bajo tan docta tutela no acabé empeño de mayor fuste culpa es de mi flaqueza, no de mi intención ni de tu diligencia.

Te abrazo,

RAMÓN.

En Madrid Noviembre, 1910.

Colección Letras Hispánicas